2판

입문 계량분석 가이드

A Guide to Basic Econometric Techniques

지음

Elia Kacapyr

옮김

이선호, 전계형, 황진영

역자 약력

이선호
고려대학교 경제학박사
한남대학교 중국경제통상학과 교수

전계형
서울대학교 경제학박사
한남대학교 경제학과 교수

황진영
Vanderbilt University 경제학박사
한남대학교 경제학과 교수

입문 계량분석 가이드

2019년 12월 5일 인쇄
2019년 12월 15일 발행

지은이 Elia Kacapyr
옮긴이 이선호, 전계형, 황진영

발행인 / 이원일
펴낸곳 / 도서출판 학림
서울시 도봉구 도봉로 180나길 41,
제상가 1동 239호
등록 : 2009년 8월 17일
제25100-2009-000026호
전화 : 02)941-7898 팩스 : (02)931-7868
홈페이지 : www.haklim.com
ISBN 979-11-86422-28-1 93320

정 가 : 20,000원

저자와의 협의하에 인지를 생략함

A Guide to Basic Econometric Techniques

Contents

역자 머리말

계량경제학은 현실의 자료를 이용해 경제이론을 실증적으로 검증할 수 있는 방법론을 제공함으로써 경제학의 이해를 증진하는 학문분야이다. 즉 우리는 계량경제학을 공부함으로써 현실의 경제상황을 보다 잘 이해하고, 미래의 경제 흐름을 어느 정도 예측할 수 있게 된다. 따라서 계량경제학은 "현실 친화적일" 뿐만 아니라 상당히 흥미로운 과목이다. 그러나 많은 학생이 계량경제학을 어렵고 비현실적인 학문 분야로 생각해, 그 중요성에 비해 관심의 정도가 떨어지는 것도 사실이다.

특히 수학과 통계학의 기초가 부족한 학생들은 계량경제학을 힘든 과목으로 생각하는 경향이 있다. 역자들은 오랜 기간 대학에서 계량경제학을 강의하면서 어떻게 하면 기초가 부족한 학생들에게 계량경제학의 내용을 쉽게 전달할 수 있을지 고민해 왔다. 비록 시중에는 다양한 계량경제학 교재가 있지만, 어떤 교재는 너무 계량이론에만 치우치고, 어떤 교재는 현실 적용에 대한 사례가 부족하며, 어떤 교재는 수학과 통계학에 대한 상당한 지식을 전제하고 있어, 중요한 개념을 간결하게 설명하고 현실 적용을 쉽게 기술한 "학생 친화적인" 계량경제학 교재는 찾기 힘들었다.

역자들은 우연한 기회에 엘리아 카캬피르(Elia Kacapyr)의 저서인 "입문 계량분석 가이드"(A Guide to Basic Econometric Techniques)를 교재로 사용하게 되었는데, 기초가 부족한 학생들에게 좋은 호응을 얻어, 우리는 이 책을 번역하기로 결심했다. 본서는 많은 계량경제의 개념을 직관적인 이해와 함께 간결한 설명을 제공할 뿐만 아니라 통계학의 기초적인 내용과 다양하고 현실적인 예제를 통해 대학 3·4학년 학생이면 쉽게 접근할 수 있도록 내용들을 구성하였다. 또한 본서는 다양한 연습문제를 제공함으로써 계량경제학의 적용에도 이해도를 높일 수 있게 만들어졌다.

역자들은 본서를 번역하는 과정에서 저서에 나타난 몇몇 부분의 오류를 수정하거나 보충하려 노력하였다. 그러나 일부 오류는 수정 없이 번역하였는데, 이는 전체의 내용을 침해하지 않으면서 본질적인 내용과도 무관할 수 있는 오류들이다. 본 번역서는 수학과 통계학의 기초가 부족한 학생들에게 계량경제학을 쉽게 이해하고 현실에 적용할 수 있는 지침서가 될 수 있도록 하기 위해 기획되었으며, 역자들은 그 목적이 충분히 달성될 수 있길 기대한다. 마지막으로 역자들은 본 번역서가 저서의 명성을 침해하지 않으면서 가능한 한 의미가 정확히 전달되기를 소망한다.

아름다운 오정골 캠퍼스에서

이선호, 전계형, 황진영

학생과 강사를 위한 보충자료 안내

본서의 5장 이후 각 장의 뒷부분에 있는 연습문제를 풀기 위해 필요한 모든 입력 자료는 www.mesharpe-student.com에서 제공합니다.

자료 파일은 Excel 형식으로 되어 있어 이뷰즈(Eviews)와 gretl을 포함한 다양한 통계 소프트웨어 패키지로 가져올 수 있습니다.

비록 본서는 문제를 해결하는 데 IHS가 제공하는 이뷰즈를 사용하였지만, 다른 소프트웨어 패키지의 사용도 가능합니다. 독자들은 본서의 모든 문제를 해결하는 데 무료 소프트웨어 패키지(예를 들어 gretl)를 사용할 수 있습니다. 마이크로소프트(Microsoft)의 엑셀(Excel)은 본서 앞부분의 회귀분석을 실행할 수 있지만, 뒷부분의 통계량을 계산하는 데에는 적합하지 않습니다.

강사는 본서의 출판사(www.mesharpe-instructor.com)에서 제공하는 모든 보충 자료를 이용할 수 있습니다.

저자 머리말

계량경제학은 많은 경제이론에 대한 의문을 실질 세계의 자료를 사용해 검정할 수 있는 방법을 제공함으로써 학생들이 경제학을 제대로 이해할 수 있게 해주는 과목입니다. 본서(입문 계량분석 가이드, A Guide to Basic Econometric Techniques)의 2판은 계량경제학의 입문과정을 기술한 보편적인 교재입니다. 학생 친화적인 본서는 회귀분석 결과의 적절한 적용과 해석을 강조하면서 계량경제학 및 경제 예측에 대한 소개를 제공함으로써 대학생과 대학원생은 물론 관련 실무자까지 사용할 수 있게 기술되었습니다.

"학생 친화적인"이라는 의미는 단순히 피상적이거나 쉽다는 사실보다는 중요한 개념들을 간결하고 명확하면서도 단계적으로 설명하였음을 의미합니다. 예를 들어 우리는 연쇄법칙(chain rule)을 적용하면 간단한 대수를 사용해 통상 최소제곱 추정량(ordinary least squares estimator)들을 유도할 수 있습니다. 만약 계량경제의 적용에만 관심이 있는 독자라면, 이상의 유도를 생략하고 읽으셔도 무방합니다.

대부분 개념들은 흥미로운 예제를 사용해 설명하였으며, 학생들은 각 장의 뒷부분에 있는 연습문제를 풀어봄으로써 공부한 내용들을 실질적으로 적용할 수 있습니다. 또한 본서는 학생들이 여러 개념에 대한 숙달의 정도를 측정할 수 있도록 7가지의 자체평가 문제를 제공합니다.

본서에서는 홀수 번호의 연습문제와 자체 평가 문제의 해답을 제공합니다. 독자들은 각 장의 뒷부분에 있는 연습문제들을 해결하는 데 필요한 자료를 샤프(M. E. Sharpe)의 학생 전용 웹사이트(www.mesharpe-student.com)에서 찾을 수 있습니다. 이상의 자료들은 다양한 통계 소프트웨어 패키지를 이용할 때 사용 가능합니다.

또한 강사들에게는 파워포인트 슬라이드와 함께 연습문제 풀이와 시험문제 자료가 제공됩니다. 이상의 보충자료는 암호로 보호된 샤프(M. E. Sharpe)의 강사 웹사이트(www.mesharpe-instructor.com)에서 찾을 수 있습니다.

독자들은 "이분산성"(heteroskedasticity), "마코프 1차 자기회귀 체계"(first-order Markov scheme) 및 "허위자기상관"(pseudoautocorrelation) 등의 용어들을 사용하는 본서의 내용이 상당히 어렵다고 느낄 수 있지만, 저는 반드시 그렇다고 생각하지 않습니다.

대학 3, 4학년 경제학 전공자라면 본서를 여러 번 읽고 각 장의 뒷부분에 있는 연습문제를 풀어봄으로써 이상의 내용들을 이해할 수 있을 것으로 생각합니다. 또한 독자들은 자체평가 문제들을 해결함으로써 계량경제학의 기본 개념에 대한 새로운 이해를 확인할 수 있습니다. 마지막으로 저는 훌륭한 강사의 강의가 보태져 본서의 내용에 생명력이 돋아나길 기대합니다.

EK

뉴욕 이타카(Ithaca, NY)

PART 1

계량경제학의 본질

1.1 계량경제학이란?

계량경제학은 문자 그대로 "경제의 측량"을 의미한다. 즉 계량경제학은 자료를 수집해 국내총생산, 소비자물가지수 등과 같은 경제통계를 생성한다. 계량경제학의 실질적인 내용은 통계 기법을 사용해 경제 가설을 검정하는 방법론으로 구성된다. 저명한 계량경제학자들은 계량경제학에 대해 각기 다르게 정의하고 있다. 저자는 헨리 타일(Henri Theil)이 간결하게 표현한 정의, 즉 "계량경제학은 경제법칙의 실증적 확인에 관심을 둔다."(Theil 1971, p. 1)를 좋아한다.

1.2 계량경제학 방법론

여러분은 아마도 중학교 과학시간에 공부한 "과학적 방법"을 기억할 수 있다. 과학적 방법의 첫 번째 단계는 실험할 가설을 명확하게 설정하는 데 있다. 이상의 특정한 형태가 계량경제학의 방법론이다. 이하에서는 케인스(Keynes)의 소비 법칙과 관련된 예를 통해 살펴본다.

> "우리가 인간 본성에 대한 지식과 다방면의 경험으로부터 우선적으로 신뢰하는 기본적인 심리 법칙은 다음과 같다. 즉 사람들은 소득이 상승할수록 일반적으로 소비지출을 증가시키지만, 소득의 상승만큼 소비지출을 증가시키지는 않는다" (Keynes 1936, p. 96).

이상과 같은 케인스의 주장에 대해 계량경제학 방법론을 단계별로 적용하면 다음과 같다.

1단계) 이론, 법칙 혹은 가설의 설정

케인스 법칙을 경제전문가인 그보다 더 설득력 있게 서술하는 것은 불가능하다. 그러나 우리는 이상의 내용을 보다 간결하게 정리할 수 있다. 즉 소비지출은 소득이 상승하면 증가하지만, 소득의 상승보다는 적게 증가한다.

2단계) 계량경제 모형의 설정

이 단계에서는 이상의 생각을 수학적 형태로 표현한다. 가장 간단한 수학적 형태는 절편과 기울기로 표현되는 선형함수이다. 여러분은 중학교 때 공부하였던 1차 함수 $y = mx + b$를 생각할 수 있다. 만약 우리가 y를 소비지출($CONS$), x를 소득(INC)으로 정의하면, 다음의 식과 같다.

$$CONS = m(INC) + b$$

계량경제학에서는 관례적으로 b와 m 대신 β_0과 β_1로 표기하며, 다음과 같이 나타낸다.

$$CONS = \beta_0 + \beta_1 INC + u$$

이상의 식에서 u는 오차항, 교란항 혹은 잔차를 의미한다. (여러분은 앞으로 계량경제학을 공부하면서 대부분 계량경제학 용어가 적어도 2개 이상의 이름으로 불린다는 사실을 확인할 수 있다.) 이상의 식은 소비지출($CONS$)과 소득(INC) 간에 절편과 기울기로 정의되는 선형 관계가 성립한다고 가정한다. 또한 오차항이 추가된다는 사실은 두 변수가 정확히 선형 관계를 만족하지 않는다는 것을 제시한다. 케인스 법칙은 이상의 식에서 $0 < \beta_1 < 1$이 성립함을 의미하며, 이는 소득이 1$ 상승하면 소비지출이 $\beta_1$$ 증가할 때 성립한다.

3단계) 자료의 수집

소득이 상승하면 소비지출이 증가하지만, 소비지출은 소득의 상승분보다는 적게 증가한다는 주장의 진위를 확인하기 위해서는 소득과 소비지출에 대한 자료가 필요하다. 이하에서는 자료를 수집하는 몇 가지 방법을 제시한다.

먼저 미국 노동통계국(Bureau of Labor Statistics)은 매년 가구들의 소득과 소비지출에 대해 조사한다. 우리는 2011년 가구들의 소비지출과 소득 자료를 구할 수 있으며, 이는 횡단면 자료이다.

가계	소비지출	소득
1	76,234$	83,234$
2	22,346$	23,457$
3	56,873$	57,876$
4	44,829$	35,987$
…	…	…

또 다른 가능한 방법으로써 경제분석국(Bureau of Economic Analysis)의 거시경제 자료를 이용할 수 있다. 즉 다음의 자료는 수년 동안 국가 전체의 소비지출과 소득을 보여준다. 이 자료들은 인플레이션을 감안해 조정된 1인당 평균값이며, 이는 통상적으로 시계열 자료라고 불린다.

연도	1인당 소비지출	1인당 소득
…	…	…
2008	30,248$	33,229$
2009	29,339$	32,016$
2010	29,687$	32,335$
2011	30,217$	32,527$

마지막으로 횡단면 자료와 시계열 자료를 함께 사용할 수 있다. 만약 우리가 수년 동안 동일 가구에 대해 반복적으로 조사한다면, 다음의 패널자료(횡단면 자료+시계열 자료)를 확보할 수 있다.

연도	가계	소비지출	소득
2002	1	76,234$	83,234$
2003	1	77,703$	82,316$
2002	2	22,346$	23,457$
2003	2	29,294$	34,970$
…	…	…	…

우리는 어떤 방식의 자료를 사용하든지 소비지출과 소득의 자료 벡터를 확보할 수 있다. 다음 그림은 1960년~2011년의 시계열 자료를 나타낸다.

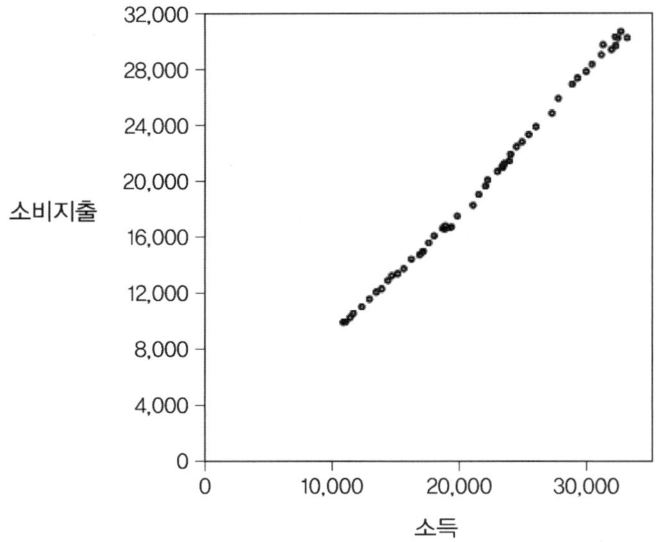

산점도(scattergram) 상의 각 점들은 특정 연도의 소득과 소비지출의 조합이다.

4단계) 모형의 모수 추정

이번 단계에서는 β_0과 β_1의 값을 찾는다. 두 모수의 가능한 후보 값들은 무수히 많이 존재한다. "눈으로 판단하는 기법"(eyeball technique)은 산점도 위에 손으로 직선을 그린다. 즉 우리는 그래프용지를 사용해 세로축과 직선이 만나는 수직절편 β_0과 직선의 기울기 β_1을 찾을 수 있다.

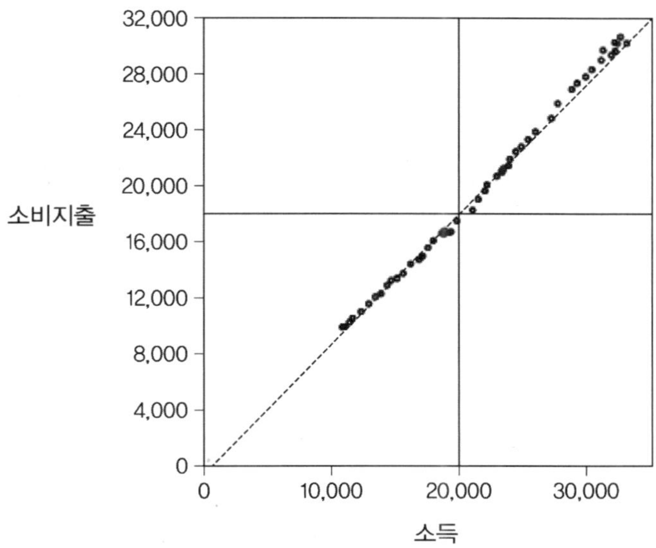

이상의 그림에서 직선을 연장하면, 세로축은 약 (−1,000) 위치에서 만날 것으로 보인다. 소득이 20,000일 때 소비지출이 18,000이므로 직선의 기울기는 1보다 작은 0.95(= 세로축 증가분 / 가로축 증가분 = 0→18,000 / 1,000→20,000 = 18,000/19,000)이다. 따라서 우리는 $CONS = -1,000 + 0.95\,INC + u$의 식으로 표현할 수 있다.

그러나 "눈으로 판단하는 기법"은 선을 그릴 때마다 다르게 그릴 수 있다는 문제점이 있다. 따라서 우리는 과학적인 접근법을 사용할 필요가 있다. 다음 장에서는 보다 과학적 기법인 통상 최소제곱(ordinary least-squares)에 대해 논의한다.

5단계) 이론, 법칙 혹은 가설의 검정

통상 최소제곱을 이용해 추정한 β_0과 β_1의 결과는 다음과 같다.

$$CONS = -1,216 + 0.96\,INC + u$$

이상의 결과는 "눈으로 판단하는 기법"의 경우와 크게 다르지 않으며, $\beta_1 = 0.96$, 즉 β_1의 값이 0에서 1 사이의 값이므로 케인스의 소비 법칙이 성립함을 증명한다. 이상의 식은 소득이 1$ 상승할 때 소비지출의 0.96$ 증가가 기대됨을 의미한다. 실제로 0.96 $는 미국의 한계소비성향의 추정량이다. 만약 보통의 미국인이 1$를 추가적으로 가진다면, 소비지출은 96¢ 증가한다.

통계학자들은 이론을 "수용하는" 데 매우 인색하다. 우리는 이상의 분석을 통해 케인스의 소비 법칙이 증명되었다고 말할 수는 없지만, 케인스의 이론이 "거부되지 않았다"라고 생각할 수는 있다. 만일 우리가 다른 국가나 기간의 자료를 사용해 분석하거나 혹은 시계열 자료 대신 횡단면 자료를 사용한다면, 다른 결과를 도출할 수 있다. 새로운 결과는 β_1의 값이 0보다 작거나 1보다 클 수 있으며, 이 경우에는 케인스 이론이 성립하지 않는다.

6단계) 예측

우리는 예측을 위해 추정결과를 사용할 수 있다. 예를 들어 2010년 소득이 32,335$이므로 $CONS = -1,216 + 0.96\ INC = -1,216 + 0.96 \times 32,335\$ = 29,826\$$이다. 2010년 실질 소비지출의 값은 29,871$이다. 따라서 예측오차는 29,826$ − 29,871$ = −45$이다. 이상의 계량경제 방정식은 2010년 실질 소비지출의 값보다 45$ 적게 예측한다. 즉 45$는 $CONS = -1,216 + 0.96\ INC + u$의 모형에서 u의 값으로 나타난다.

1.3 다양한 적용 사례

지금까지 설명한 계량경제 방법론은 믿기 힘들 정도로 다양한 이론과 가설에 적용되고 있다. 『괴짜경제학』(*Freakonomics*: Levitt and Dubner, 2009)이라는 유명한 책에서는 다소 색다른 응용 사례들을 상세히 다루고 있다: 낙태의 합법화가 범죄율을 낮추었는가? 어린 아이들에게는 뒤뜰 수영장이 총보다 더 위험한가? 길거리 마약 판매상들의 수입이 최저임금에도 못미치는가?

이상의 내용들 중 일부는 경제학과 무관해 보이지만 실제로는 경제학의 영역에 포함된다. 경제학은 사람들이 그들의 만족을 극대화하기 위해 어떻게 선택하는지를 연구한다. 괴짜경제학에서 다루는 모든 응용 사례들은 사람들의 유인에 대한 반응을 다루고 있다.

계량경제학 방법론은 생물통계학, 계량심리학, 계량사회학 등의 많은 분야에서 활용되고 있다. 야구통계학은 계량경제학 방법론을 사용해 야구를 분석한다. 우리는 관심 분야에 관계없이 통계적 기법을 사용해 가설을 검정하는 데 목적이 있다.

○ 용어정의

- 횡단면 자료 - 특정 시점의 여러 개체에 대한 정보

- 계량경제학 - 경제의 법칙, 이론 및 가설의 실증적 방법론

- 오차항(잔차항 혹은 교란항) - 이 변수는 계량경제 모형의 마지막에 추가되며, 종속변수(Y-변수)의 관측값과 계량경제 모형에 의한 예측값 간의 차이를 측정

- 통상 최소제곱 - 계량경제 모형의 구조적 모수를 잔차제곱합($\sum e_i^{\,2}$)을 최소화함으로써 추정하는 기법

- 패널자료 - 여러 개체의 여러 시점의 정보이며, 횡단면 자료와 시계열 자료의 조합

- 시계열 자료 - 특정 개체의 여러 시점의 정보

1장 연습문제

1. 다음의 표와 그림은 세 학생의 주당 공부시간과 학부학점에 대한 정보이다.

주당 공부시간	학부학점
2	2
4	3
2	3

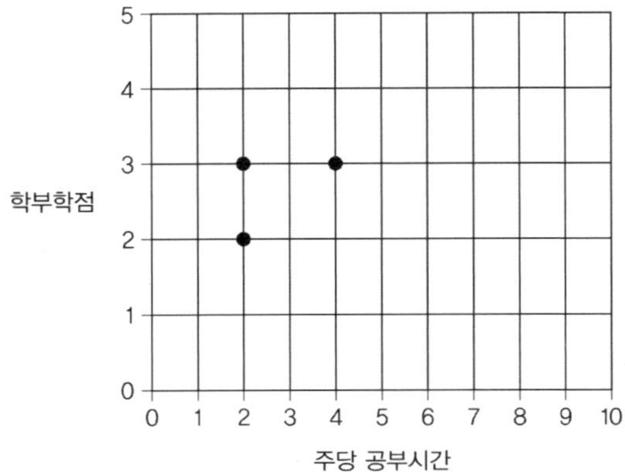

A) 점과 선 사이의 수직 거리의 합이 영(0)이 되도록 점 사이에 선을 그려보자. 만약 점이 선보다 위에 있으면, 거리(점과 선 사이의 거리)는 양수이다. 만약 점이 선보다 아래에 있으면, 거리(점과 선 사이의 거리)는 음수이다. 이상의 기준을 충족하는 선을 추가로 그릴 수 있는가?

풀이 (주당 공부시간 = 2.67, 학부학점 = 2.67) 조합의 점을 지나는 모든 직선이 가능하다(완벽히 수직선은 제외). 가능한 직선들 중 2개의 선을 임의로 선택해 나타내면 다음 그림과 같다.

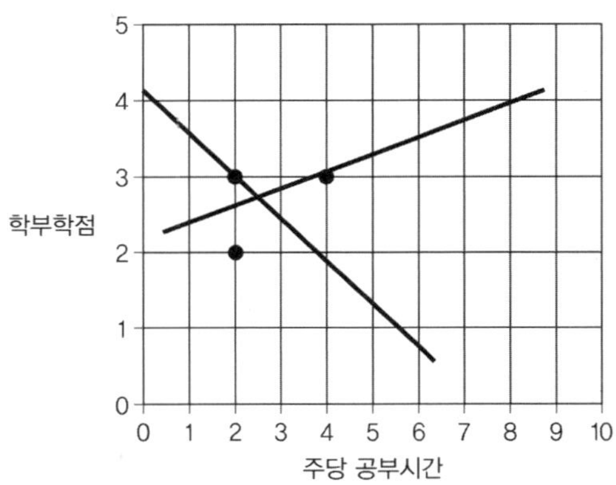

B) 이제 점과 선 사이의 수직 거리의 절대값 합계가 최소화되도록 점들 사이에 선을 그려보자. 이상의 기준을 충족하는 선을 추가로 그릴 수 있는가?

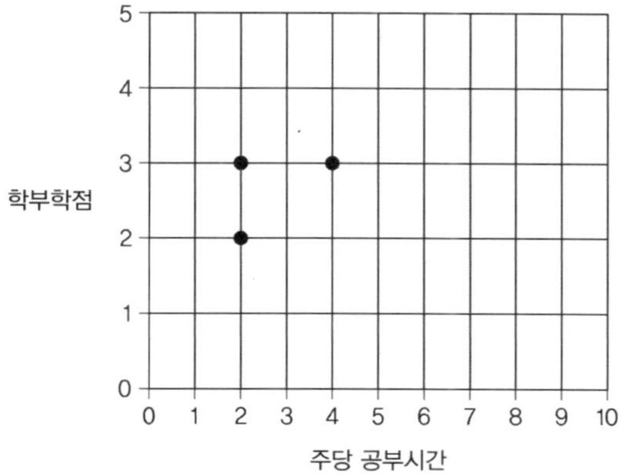

풀이 최소값은 1이다. 이는 (주당 공부시간 = 4, 학부학점 = 3) 조합의 점을 지나고, 다음 그림에서와 같이 두 직선 사이에 그릴 수 있는 모든 직선이 조건을 만족한다.

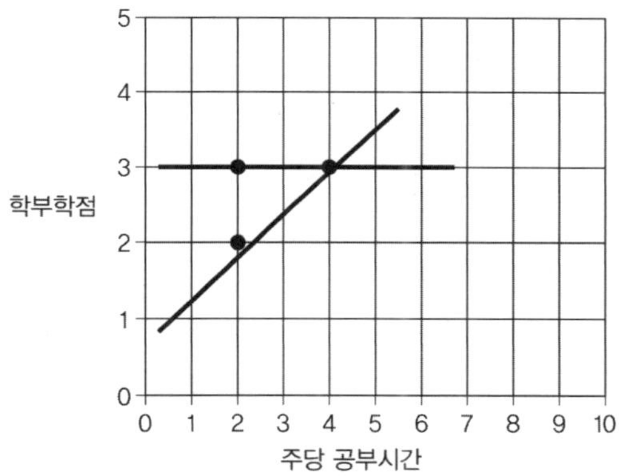

2. 다음의 표와 그림은 세 학생의 학업성취도평가(SAT)와 학부학점에 대한 정보이다.

학업성취도평가	학부학점
800	2
1000	2
1000	3

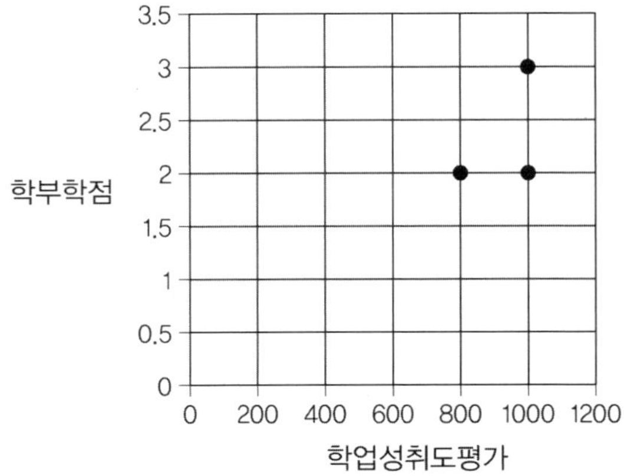

A) 점과 선 사이의 수직 거리의 합이 영(0)이 되는 선을 2개 그려보자. 만약 점이 선 위에 있으면, 거리는 양수이다. 만약 점이 선 아래에 있으면, 거리는 음수이다.

B) 이제 점과 선 사이의 수직 거리의 절대값 합계가 최소화되도록 점들 사이에 선을 2개 그려보자.

학업성취도평가	학부학점
800	2
1000	2
1000	3

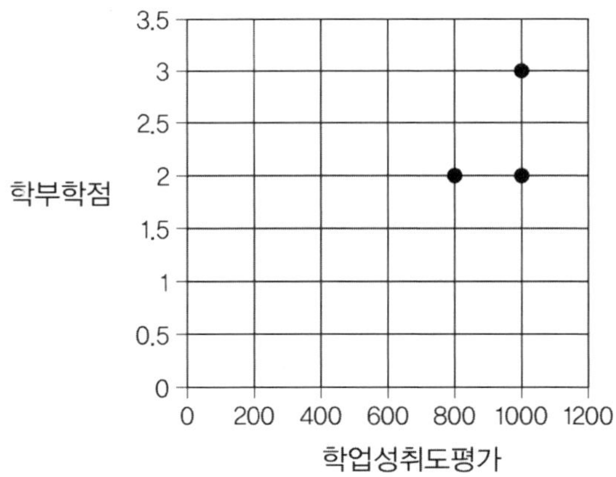

3. 다음은 회귀분석을 통해 얻은 추정결과이다.

$$CONS = -1,218 + 0.97INC + u$$

A) 1960년의 소득(INC)이 9,735$이면, 소비지출($CONS$)에 대한 예측값은 얼마인가?

풀이 $CONS = -1,218 + 0.97\,(9,735) = 8,224.95\$$

B) 1960년의 실제 소비지출은 8,837$이다. 실제값이 A)의 예측값과 다른 몇 가지 이유를 제시하라.

풀이 1) 중요한 설명변수가 분석에서 제외되었을 수 있다.
2) 소비지출($CONS$)과 소득(INC) 간의 관계에는 무작위적(randomness)인 부분이 있을 수 있다.
3) 자료는 오류를 포함할 수 있다.
4) 사소하거나 혹은 측정 불가능한 변수들이 분석에서 제외되었을 수 있다.
5) 소비지출과 소득 간의 관계가 비선형의 관계일 수 있다.

4. 다음은 회귀분석을 통해 얻은 추정결과이다.

$$CONS = -1,218 + 0.97INC + u.$$

A) 2005년의 소득(INC)이 27,340$이면, 소비지출($CONS$)에 대한 예측값은 얼마인가?
B) 2005년의 실제 소비지출은 26,476$이다. 실제값이 A)의 예측값과 다를 수 있는 몇 가지 이유를 제시하라.

5. A) 화폐공급의 증가가 실질 국내총생산에 영향을 미치지 않는다는 이론을 검정하기 위한 계량경제 모형을 수식으로 표현하라.

풀이 $RealGDP = \beta_0 + \beta_1 MS + u$

B) 이상의 이론은 β_1 값이 어떻게 추정되어야 함을 의미하는가?

풀이 $\beta_1 = 0$

6. A) 자동차 대출 금리의 상승이 자동차 판매를 감소시킨다는 이론을 검정하기 위한 계량경제 모형을 수식으로 표현하라.
   B) 이상의 이론은 β_1 값이 어떻게 추정되어야 함을 의미하는가?

7. 한 대학교수는 대학생들의 성적과 음주량에 대한 자료를 수집해 음주량이 대학생의 성적에 영향을 미치는지 여부를 검토하려 한다. 이와 같은 연구가 계량경제학 분야로 분류될 수 있는가? 왜 그런지 혹은 왜 그렇지 않은지 설명하라.

   풀이 이상의 연구는 학생의 선택이 학생의 성취도에 미치는 영향에 대해 관심을 가지기 때문에 계량경제학의 영역이라고 할 수 있다. 학생들이 술을 마시면서 학업 성적을 희생하는가? 이 연구는 계량사회학(sociometrics)의 영역으로 간주할 수 있다.

8. 프랑스 보르도 지역의 강우량과 온도에 대한 자료를 수집해 특정 연도에 생산된 포도주의 품질을 예측할 수 있는지 여부를 판단하려 한다. 이상의 연구가 계량경제학 분야로 분류될 수 있는가? 왜 그런지 혹은 왜 그렇지 않은지 설명하라.

PART

2

단순회귀분석

2.1 기본 개념

우리는 X가 Y에 음(–) 영향을 미친다는 가설을 설정한다. 즉 X의 증가는 Y의 감소를 유도하며, 이 가설을 검정하기 위한 계량경제 모형은 $Y = \beta_0 + \beta_1 X + u$ 이다. 만약 이상의 가설이 사실이라면, β_1은 반드시 음수가 되어야 한다.

다음은 X와 Y의 수집된 자료와 산점도이다.

X	Y
1,514.567	11.20333
1,560.333	11.57667
1,593.433	12.83000
1,620.733	13.16333
1,664.600	13.98333
1,694.067	14.92000
1,737.767	14.61667
1,777.133	15.01000
1,815.133	14.51000
1,849.000	13.75333
1,891.133	11.87667
1,994.133	11.84333
2,045.000	11.57000
2,076.933	12.34333
2,114.700	12.41000
…	…

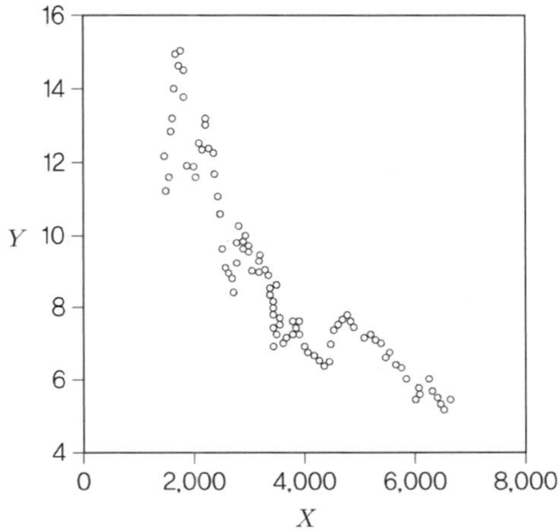

우리는 산점도 상의 점들을 통과하는 직선을 그릴 수 있으며, 1장에서는 "눈으로 판단하는 기법"을 논의하였다. 또 다른 방법은, 다른 모든 점들을 무시한 채 가장 왼쪽에 위치한 점과 가장 오른쪽에 위치한 점을 연결하는 선을 그리면 된다. 이상의 두 가지 방법은 단순하고 적용하기 용이하지만, 정확성이 부족하다는 한계를 지닌다.

따라서 가장 선호되는 방법은 여러 점들로부터 임의의 선까지 수직적 거리의 제곱 합이 최소가 되는, 즉 $\sum u^2$ 이 최소가 되는 선을 적합시킨다. 이와 같은 방법이 선호되는 이유를 이후의 논의에서 확인할 수 있다.

2.2 표기법

비록 표기법이 복잡해 보이지만, 표기법은 계량경제학에서 매우 중요하다. 우리는 모든 하첨자, 삽입기호 및 바(bar) 등을 상징적 개념으로 사용한다. 만약 여러분이 표기법을 부정확하게 사용한다면, 이는 기본 개념들에 대한 이해가 잘못되었을 수 있음을 의미한다.

X가 Y에 음(−)의 영향을 미친다는 가설을 검정하기 위해 $Y = \beta_0 + \beta_1 X + u$의 계량경제 모형이 제시된다. 이와 같은 표기법에는 아무런 이상이 없다. 그러나 X와 Y의 n개 관측값 중에서 "i번째"를 나타내기 위해 하첨자를 추가해 나타내면 다음과 같다.

$$Y_i = \beta_0 + \beta_1 X_i + u_i$$

이때 u_i는 n개 오차항이 존재함을 나타낸다. Y_i는 "종속변수" 혹은 "$y-$변수", X_i는 "독립변수" 혹은 "$x-$변수"로 알려져 있다. β_0과 β_1은 "추정량"(estimator) 혹은 "구조적 모수"(structural parameter)로 언급된다. 우리는 β_0과 β_1의 값을 알지 못하지만, 추정할 수 있다. 전체 방정식은 "계량경제 모형", "구조방정식" 혹은 "회귀함수"로 불린다. 이미 언급하였듯이, 여러분은 계량경제학의 용어가 적어도 2개 이상의 이름으로 불린다는 사실을 기억하기 바란다.

만약 우리가 오류 없이 Y_i와 X_i의 모든 자료를 확보할 수 있다면, "눈으로 판단하는 기법"과 같은 방법을 사용해 β_0과 β_1을 추정할 수 있다. 그러나 대부분의 경우 Y_i와 X_i의 관측값들 중에서 일부의 표본만을 획득할 수 있으며, 이는 의심의 여지없이 다소의 오차를 야기한다. 즉 우리는 실제 Y_i와 X_i가 아닌 오차가 있는 표본을 사용하기 때문에 β_0과 β_1의 실제(정확한) 값을 관측하지 못한다. 이상의 상황을 반영해 실제값을 추정한 값에는 삽입기호(^)를 사용한다.

$$Y_i = \widehat{\beta_0} + \widehat{\beta_1} X_i + e_i$$

u_i가 이상의 과정에서 e_i로 바뀌는 이유는 β_0과 β_1의 실제값을 확보할 수 없는 상황에서 진정한 오차항들을 구할 수 없기 때문이다. $Y_i = \beta_0 + \beta_1 X_i + u_i$는 "모집단 회귀함수"라고 한다. 오직 하나님만이 오류 없이 모든 자료에 접근할 수 있기 때문에 β_0과 β_1의 실제값을 알 수 있다.

우리는 $Y_i = \widehat{\beta_0} + \widehat{\beta_1} X_i + e_i$를 "표본 회귀함수"라고 부른다. 왜냐하면 Y_i와 X_i에 대한 전체 모집단 자료 중에서 일부의 표본을 사용해 추정하기 때문이다. 우리는 β_0과 β_1

이 실제값의 추정량임을 나타내기 위해 이들 값에 삽입기호(종종 햇(hats)으로 불림)를 사용한다. 또한 e_i는 u_i의 추정량이다.

우리가 Y의 예측값을 언급할 때 또 다른 표기상의 복잡성이 생겨난다. 주어진 i에 대한 Y_i의 예측값은 X_i를 대입해 계산된다.

$$E(Y_i|X_i) = \hat{Y}_i = \hat{\beta}_o + \hat{\beta}_i X_i$$

이상의 경우에는 Y_i의 실제값을 사용해 예측값($\hat{Y}_i$)을 구하기 때문에 더 이상 e_i를 추가하지 않는다. 또한 삽입기호가 Y_i 위에 나타나는데, 이는 실제값이 아니라 추정한 값임을 의미한다. $\hat{Y}_i$는 $E(Y_i|X_i)$로 나타낼 수 있으며, 이 표기는 "주어진 X_i에 대한 Y_i의 예측값"으로 읽는다.

2.3. 통상 최소제곱법

우리는 Σe_i^2을 최소화하는 $\hat{\beta}_0$과 $\hat{\beta}_1$의 값을 구하고자 한다. 이 작업은 점에서 선까지의 수직 거리를 제곱한 값이 최소화되도록 산점도 상의 관측값들 사이에 선을 그리는 방법으로 구체화할 수 있다. 이 방법은 "눈으로 판단하는 기법"과 "첫 번째 점/마지막 점"을 연결하는 방법에 비해 많은 장점을 가지고 있다. $\hat{\beta}_0$은 그려진 선의 세로축 절편을 나타내고, $\hat{\beta}_1$은 그려진 선의 기울기이다. 우리는 이상의 기준을 만족하는 하나의 직선을 그릴 수 있을 때 이를 "통상 최소제곱"(ordinary least-squares)이라 부른다.

Σe_i^2이 최소화되도록 $\hat{\beta}_0$과 $\hat{\beta}_1$을 계산하는 방법을 선택하는 데에는 많은 이유가 있다. 이와 같은 기준은 "눈으로 판단하는 기법"에 비해 훨씬 정확하며, 첫 번째 점/마지막 점을 연결하는 방법만큼 많은 자료를 낭비하지도 않는다. 비록 우리는 통상 최소제곱을 통해 도출된 추정량들이 바람직한 우수성을 많이 가진다는 사실을 이후에 확인할 수 있지만, 이하에서는 한 가지 혹은 두 가지 장점만을 언급하고자 한다.

통상 최소제곱선은 Σe_i^2을 최소화하는 유일한 선이다. 이는 $\Sigma e_i = 0$이 되도록 $\hat{\beta}_0$과 $\hat{\beta}_1$을 계산하는 것과 같이 다른 기준을 적용하는 경우에는 적용되지 않는다. 어떤 주어진 상황에서 이상의 기준(즉 $\Sigma e_i = 0$)에 부합하는 선들은 무수히 많이 존재한다고 알려져 있다. 즉 통상 최소제곱선은 Σe_i^2을 최소화할 뿐만 아니라 $\Sigma e_i = 0$인 무수히 많은 선들 중 하나이다.

우리는 유일한 선을 도출할 가능성이 높은 또 다른 방법으로써 $\Sigma |e_i|$ 를 최소화하는 선을 찾을 수 있다. 그러나 이 경우의 $\widehat{\beta_0}$과 $\widehat{\beta_1}$ 추정량은 통상 최소제곱 추정량들의 바람직한 통계적 속성들을 만족하지 못한다.

통상 최소제곱법은 간단하게 수행된다. 즉 Σe_i^2이 최소화되도록 선을 그리기 위해서는 오로지 다음의 계산이 요구된다.

$$\widehat{\beta_0} = \overline{Y} - \widehat{\beta_1}\overline{X}$$

$$\widehat{\beta_1} = \frac{\Sigma (X_i - \overline{X}) Y_i}{\Sigma (X_i - \overline{X})^2}$$

이상의 식에서 $\overline{Y}$와 $\overline{X}$는 Y와 X의 평균을 의미한다. 또한 $\widehat{\beta_0}$은 Σe_i^2을 최소화하는 선의 세로축 절편이고, $\widehat{\beta_1}$은 선의 기울기이다. 각각의 추정량들에 대한 도출과정은 이후에 설명하기로 하고, 우선 예시를 살펴보면 다음과 같다.

학생들의 공부시간($HOURS$)이 학부학점(GPA)에 영향을 미친다는 가설을 검정하기 위해 다음과 같은 계량경제 모형을 설정한다.

$$GPA_i = \widehat{\beta_0} + \widehat{\beta_1} HOURS_i + e_i$$

우리는 계산의 간소화를 위해 오직 3명의 학생만을 고려한다.

학생	학부학점	공부시간
1	2	2
2	3	4
3	3	2

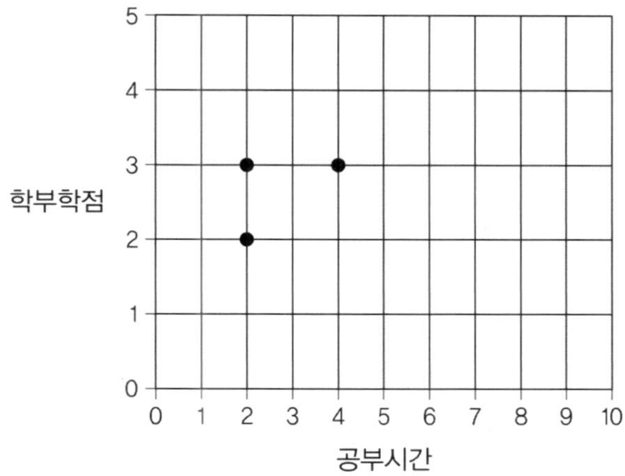

먼저 방정식에서 분자의 값을 계산한다.

$$\widehat{\beta_1} = \frac{\Sigma(X_i - \overline{X})Y_i}{\Sigma(X_i - \overline{X})^2} :$$

$$\Sigma(X_i - \overline{X})Y_i = (2-2.667)(2) + (4-2.667)(3) + (2-2.667)(3) = 0.667$$

또한 방정식에서 분모의 값을 계산하면 다음과 같다.

$$\Sigma(X_i - \overline{X})^2 = (2-2.667)^2 + (4-2.667)^2 + (2-2.667)^2 = 2.667$$

이상의 과정을 통해 다음의 값을 구할 수 있다.

$$\widehat{\beta_1} = \frac{\Sigma(X_i - \overline{X})Y_i}{\Sigma(X_i - \overline{X})^2} = \frac{0.667}{2.667} = 0.25$$

이제 이상의 과정에서 도출한 값을 $\widehat{\beta_0} = \overline{Y} - \widehat{\beta_1}\overline{X}$에 대입한다.

$$\widehat{\beta_0} = \widehat{Y} - \widehat{\beta_1}\overline{X} = 2.667 - 0.25(2.667) = 2.0$$

따라서 회귀분석 결과는 다음과 같다.

$$GPA_i = 2.0 + 0.25HOURS_i + e_i$$

구조적 모수들은 다음과 같이 해석된다.

$\widehat{\beta_0}$ = 2.0: 공부시간이 영(0)인 학생들의 GPA는 2.0으로 기대된다.

$\widehat{\beta_1}$ = 0.25: 만약 공부시간이 1단위 증가하면, GPA는 0.25단위 증가할 것으로 기대된다.

즉 $\widehat{\beta_0}$은 회귀선의 세로축 절편이고, $\widehat{\beta_1}$은 회귀선의 기울기를 나타낸다.

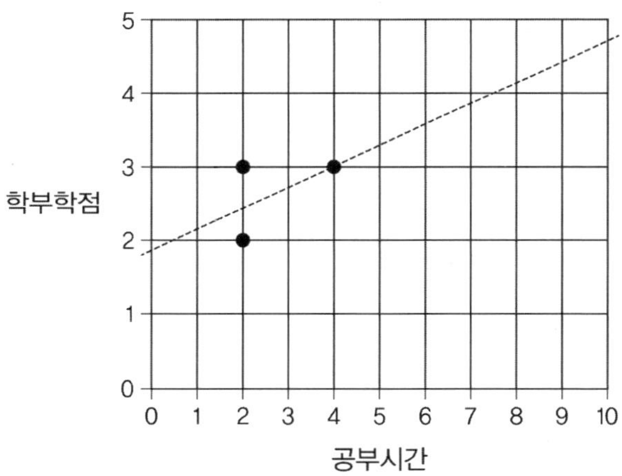

우리는 이상의 결과를 사용해 3개의 오차항들을 계산할 수 있다.

$$GPA_i = 2.0 + 0.25\,HOURS_i + e_i$$
$$e_i = GPA_i - 2.0 - 0.25\,HOURS_i$$

$$e_1 = 2 - 2.0 - 0.25(2) = -0.5$$
$$e_2 = 4 - 2.0 - 0.25(3) = 0.0$$
$$e_3 = 2 - 2.0 - 0.25(3) = 0.5$$

이미 언급한 바와 같이 $\Sigma e_i = 0$이다. 또한 $\Sigma e_i^2 = -0.5^2 + 0.0^2 + 0.5^2 = 0.5$이다. 우리는 더 작은 Σe_i^2을 산출하는 또 다른 선이 존재하지 않는다는 사실을 어떻게 알 수 있을까? 그 이유는 $\widehat{\beta_0}$과 $\widehat{\beta_1}$이 Σe_i^2을 최소화하게끔 유도되었기 때문이다. 우리가 그린 선이 유일하다는 사실은 도출과정을 통해 명백해진다.

2.4 통상 최소제곱 추정량의 도출

우리는 $Y_i = \widehat{\beta_0} + \widehat{\beta_1} X_i + e_i$에서 Σe_i^2, 즉 $\Sigma(Y_i - \widehat{\beta_0} - \widehat{\beta_1} X_i)^2$의 최소화를 희망한다. 즉 우리는 $\Sigma(Y_i - \widehat{\beta_0} - \widehat{\beta_1} X_i)^2$을 최소화하는 $\widehat{\beta_0}$과 $\widehat{\beta_1}$에 대한 방정식을 찾기 위해 $\widehat{\beta_0}$에 대한 편도함수(partial derivative)가 영(0)과 같다고 설정한다.

$$\frac{\partial \Sigma(Y_i - \widehat{\beta_0} - \widehat{\beta_1} X_i)^2}{\partial \widehat{\beta_0}} = 2\Sigma(Y_i - \widehat{\beta_0} - \widehat{\beta_1} X_i)(-1) = 0$$

이상의 방정식에서 양변을 -2로 나누면 $\Sigma(Y_i - \widehat{\beta_0} - \widehat{\beta_1} X_i) = 0$이고, 합계기호($\Sigma$)를 풀어쓰면(분배하면) $\Sigma Y_i - n\widehat{\beta_0} - \widehat{\beta_1}\Sigma X_i = 0$이 된다. 이때 n은 관측값 i의 개수이다. 또한 두 번째 항과 세 번째 항을 이항시키면 $\Sigma Y_i = n\widehat{\beta_0} + \widehat{\beta_1}\Sigma X_i$이 된다. 이와 같은 결과는 "정규방정식"(normal equation)으로 명명된다.

우리는 $\widehat{\beta_1}$에 대해 이상의 과정을 반복한다. 즉 $\Sigma(Y_i - \widehat{\beta_0} - \widehat{\beta_1} X_i)^2$을 최소화하기 위해 $\widehat{\beta_1}$에 대한 편도함수가 영(0)과 같다고 설정한다.

$$\frac{\partial\Sigma(Y_i-\widehat{\beta_0}-\widehat{\beta_1}X_i)^2}{\partial\widehat{\beta_1}}=2\Sigma(Y_i-\widehat{\beta_0}-\widehat{\beta_1}X_i)(-X_i)=0$$

이상의 방정식에서 양변을 −2로 나누면 $\Sigma(Y_i-\widehat{\beta_0}-\widehat{\beta_1}X_i)(X_i)=0$이 되고, 합계 기호를 풀어쓰면 $\Sigma Y_iX_i-\widehat{\beta_0}\Sigma X_i-\widehat{\beta_1}\Sigma X_i^2=0$이 된다. 다음으로 두 번째 항과 세 번째 항을 오른쪽으로 이항시키면 $\Sigma Y_iX_i=\widehat{\beta_0}\Sigma X_i+\widehat{\beta_1}\Sigma X_i^2$이 되며, 이 결과는 "정규방정식"으로 불린다.

우리는 2개의 정규방정식과 2개의 미지수 $\widehat{\beta_0}$과 $\widehat{\beta_1}$을 가진다. 첫 번째 정규방정식에서 $\widehat{\beta_0}$은 다음과 같이 나타난다.

$$\Sigma Y_i=n\widehat{\beta_0}+\widehat{\beta_1}\Sigma X_i$$
$$n\widehat{\beta_0}=\Sigma Y_i-\widehat{\beta_1}\Sigma X_i$$
$$\widehat{\beta_0}=\frac{\Sigma Y_i-\widehat{\beta_1}\Sigma X_i}{n}=\overline{Y}-\widehat{\beta_1}\overline{X}$$

$\widehat{\beta_1}$을 풀기 위해서는 이상의 식을 두 번째 정규방정식에 대입하면 된다.

$$\Sigma Y_iX_i=\widehat{\beta_0}\Sigma X_i+\widehat{\beta_1}\Sigma X_i^2$$
$$\Sigma Y_iX_i=(\overline{Y}-\widehat{\beta_1}\overline{X})\Sigma X_i+\widehat{\beta_1}\Sigma X_i^2$$

다음으로 ΣX_i을 풀어쓰면 $\Sigma Y_iX_i=\overline{Y}\Sigma X_i-\widehat{\beta_1}\overline{X}\Sigma X_i+\widehat{\beta_1}\Sigma X_i^2$이며, 우측 변의 마지막 두 항을 인수로 분해하면 $\Sigma Y_iX_i=\overline{Y}\Sigma X_i+\widehat{\beta_1}(\Sigma X_i^2-\overline{X}\Sigma X_i)$가 된다. 이상의 항들을 다시 배열해 $\widehat{\beta_1}(\Sigma X_i^2-\overline{X}\Sigma X_i)=\Sigma Y_iX_i-\overline{Y}\Sigma X_i$로 나타내고, $\widehat{\beta_1}$을 도출하기 위해 양변을 $(\Sigma X_i^2-\overline{X}\Sigma X_i)$로 나누면 $\widehat{\beta_1}=\frac{\Sigma Y_iX_i-\overline{Y}\Sigma X_i}{\Sigma X_i^2-\overline{X}\Sigma X_i}$가 구해진다. 이때 $\widehat{\beta_1}$을 보다 편리하게 나타내면 $\widehat{\beta_1}=\frac{\Sigma(X_i-\overline{X})Y_i}{\Sigma(X_i-\overline{X})^2}$가 되는데, 이는

$\widehat{\beta_1} = \dfrac{\sum Y_iX_i - \overline{Y}\sum X_i}{\sum X_i^{\,2} - \overline{X}\sum X_i}$와 동일하다.

이상의 두 표현이 동일하다는 사실의 증명은 본 장의 마지막 연습문제에 제시된다. 그러므로 우리가 $\sum e_i^2$이 최소화되도록 선을 그리고자 할 때 단지 2개의 수식을 이용해 선의 절편과 기울기를 계산하면 된다.

2.5 회귀분석의 예시

이하에서는 회귀분석의 한 가지 예시를 제시한다. 즉 우리는 다음의 주어진 Y와 X의 자료를 이용해 $Y_i = \beta_0 + \beta_1 X_i + e_i$에서 $\widehat{\beta_0}$과 $\widehat{\beta_1}$을 계산하고자 한다.

Y	X
11.20	5.40
-27.10	6.70
33.40	7.10
0.02	8.80

먼저 $\widehat{\beta_1} = \dfrac{\sum(X_i - \overline{X})Y_i}{\sum(X_i - \overline{X})^2}$의 분자 값부터 계산한다.

첫 번째 X_i에서 $\overline{X}$를 차감한다. 5.40 - 7.00 = −1.60
두 번째 X_i에서 $\overline{X}$를 차감한다. 6.70 - 7.00 = −0.30
세 번째 X_i에서 $\overline{X}$를 차감한다. 7.10 - 7.00 = 0.10
네 번째 X_i에서 $\overline{X}$를 차감한다. 8.80 - 7.00 = 1.80

이제 이상의 결과들에 대해 각각 Y_i를 곱한다.

−1.60 × 11.20 = −17.92

−0.30 × −27.10 = 8.13

0.10 × 33.40 = 3.34

1.80 × 0.02 = 0.04

분자 값을 구하기 위한 마지막 연산은 이상의 곱한 값들을 모두 합하는 것이며, 이는 −6.41이다.

$$\widehat{\beta_1} = \frac{-6.41}{\sum(X_i - \overline{X})^2}$$

다음으로 분모 값을 계산하기 위해 다시 한 번 각각의 X_i에서 $\overline{X}$를 차감하고, 이후 각각의 결과를 제곱한다.

$$-1.60^2 = 2.56$$

$$-0.02^2 = 0.09$$

$$0.10^2 = 0.01$$

$$1.80^2 = 3.24$$

분모 값을 구하기 위한 마지막 연산은 이상의 네 가지 제곱한 결과를 합하는 것이며, 이는 5.90이다.

$$\widehat{\beta_1} = \frac{-6.41}{5.90} = -1.09$$

만약 우리가 $\widehat{\beta_1}$ =−1.09를 계산할 수 있다면, $\widehat{\beta_0}$은 다음과 같이 쉽게 구할 수 있다.

$$\widehat{\beta_0} = \overline{Y} - \widehat{\beta_1}\overline{X} = 4.38 - (-1.09)(7.00) = 11.99$$

따라서 회귀선의 기울기는 −1.C9이고, 세로축 절편은 11.99이다.

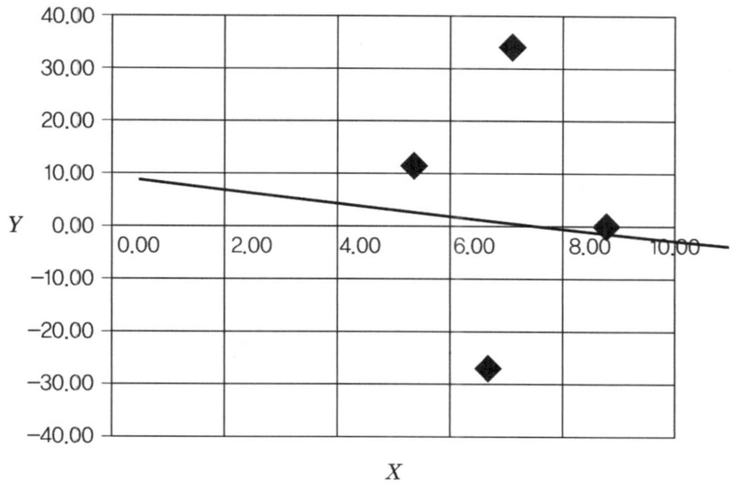

2.6 확률적 오차항

앞의 예시에서 회귀선은 4개 관측값의 어떤 점도 통과하지 않는다. 회귀선과 각 관측값 간의 거리가 오차항 혹은 e_i이다.

$$e_i = Y_i - \widehat{Y_1} = Y_i - (\widehat{\beta_0} + \widehat{\beta_1} X_i) = 11.20 - \{11.99 + (-1.09 \times 5.40)\} = 5.08$$

첫 번째 관측값은 회귀선보다 5.08단위 위에 위치한다. 다른 오차항들도 비슷한 방법으로 계산된다.

$$\begin{aligned} e_i = Y_i - \widehat{Y_i} = Y_i - (\widehat{\beta_0} + \widehat{\beta_1} X_i) &= -27.10 - \{11.99 + (-1.09 \times 6.70)\} \\ &= -31.81 \end{aligned}$$

$$e_i = Y_i - \widehat{Y_i} = Y_i - (\widehat{\beta_0} + \widehat{\beta_1} X_i) = 33.40 - \{11.99 + (-1.09 \times 7.10)\} = 29.13$$

$$e_i = Y_i - \widehat{Y_i} = Y_i - (\widehat{\beta_0} + \widehat{\beta_1} X_i) = 0.02 - \{11.99 + (-1.09 \times 8.80)\} = -2.40$$

이상의 4개 오차항 값의 합은 영(0)이다. 즉 회귀선 위에 위치한 오차항들 거리의 합은 회귀선 아래에 위치한 오차항들 거리의 합과 정확히 일치한다. 비록 우리가 Σe_i^2이 최소화되도록 선을 그렸지만, 이는 $\Sigma e_i = 0$을 성립시킨다.

마지막으로 우리는 회귀선이 $(\overline{Y}, \overline{X}) = (4.38, 7.00)$을 통과한다는 사실을 주목해야 한다. 만약 우리가 회귀선에 7.00을 대입하면, $\widehat{Y}_i = 11.99 + (-1.09)(7.00) = 4.38$이 된다.

2.7 예제: 경제성과와 부패

한 국가의 부패가 경제성과에 음(−)의 영향을 미친다는 가설을 검정하기 위해 다음과 같은 계량경제 모형을 설정한다.

$$GDP_i = \widehat{\beta_0} + \widehat{\beta_1}\, COR_i + e_i$$

이때 COR은 0(최소값)~10(최대값)의 사이의 값을 갖는 특정국가의 부패를 측정하며, GDP는 $로 나타낸 1인당 총생산이다. 다음의 표는 4개 국가의 횡단면 자료를 나타낸다.

국 가	*COR*	*GDP*
브 라 질	5.9	6,100
불가리아	6.7	4,100
칠 레	3.1	12,500
중 국	6.6	3,600

우리는 앞서 공부한 공식을 적용해 $\widehat{\beta_0}$과 $\widehat{\beta_1}$을 계산할 수 있다.

$$\widehat{\beta_1} = \frac{\Sigma(X_i - \overline{X})Y_i}{\Sigma(X_i - \overline{X})^2} = \frac{-20,652.5}{8.55} = -2,416.20$$

$$\widehat{\beta_0} = \overline{Y} - \widehat{\beta_1}X = 6,575.00 - (-2,416.20)(5.58) = 20,045.33$$

이상의 결과에서는 $\widehat{\beta_1}$이 음수인데, 이는 COR과 GDP 간에 음(−) 관계가 성립함을 의미한다. 구체적으로 $\widehat{\beta_1} = -2,416.20$은 "$COR$이 1단위 증가할 때 GDP는 2,416.20 단위만큼 감소할 것으로 기대된다"라고 해석된다.

또한 $\widehat{\beta_0}$=20,045.33은 "COR=0일 때 GDP는 20,045.33단위와 동일할 것으로 기대됨"을 의미한다. 그러나 이와 같은 $\widehat{\beta_0}$에 대한 엄격한 해석은 종종 터무니없는 결과를 초래하며, 이는 이후에도 경험하게 된다.

이상의 모형에 대한 4개의 오차항들은 다음과 같다.

$$e_i = Y_i - \widehat{Y_i} = Y_i - (\widehat{\beta_0} + \widehat{\beta_1} X_i) = 6{,}100 - \{20{,}045.33 + (-2{,}416.20 \times 5.9)\} = 310.27$$

$$e_i = Y_i - \widehat{Y_i} = Y_i - (\widehat{\beta_0} + \widehat{\beta_1} X_i) = 4{,}100 - \{20{,}045.33 + (-2{,}416.20 \times 6.7)\} = 243.23$$

$$e_i = Y_i - \widehat{Y_i} = Y_i - (\widehat{\beta_0} + \widehat{\beta_1} X_i) = 12{,}500 - \{20{,}045.33 + (-2{,}416.20 \times 3.1)\} = -55.10$$

$$e_i = Y_i - \widehat{Y_i} = Y_i - (\widehat{\beta_0} + \widehat{\beta_1} X_i) = 3{,}600 - \{20{,}045.33 + (-2{,}416.20 \times 6.6)\} = -498.39$$

오차들의 크기는 추정량의 크기에 비해 다소 작게 관측된다. 이상의 오차들이 크게 혹은 작게 나타나는 이유는 무엇일까? 오차항의 크기는 다음의 네 가지 범주의 요인들에 의해 영향을 받는다.

1) **중요 변수들의 누락** – 특정국가의 다양한 변수들이 1인당 GDP에 영향을 미친다. 예를 들어 통화공급이나 재정정책 등이 1인당 GDP에 영향을 미칠 수 있으며, 이와 같은 중요 요인들이 계량경제 모형에서 누락될 경우에 오차는 커지게 된다.
2) **무작위성**(randomness) – 만약 중요한 변수들이 누락되지 않았다고 할지라도 종속변수가 불규칙적(무작위적)일 때 오차는 크게 나타난다. 예를 들어 주가는 매우 큰 무작위성을 갖기 때문에 주가의 일간 변화를 예측한다는 것은 지극히 어렵다. 이와 같은 무작위성은 회귀분석에서 큰 오차를 유도한다.
3) **측정오차**(measurement error) – 만약 COR 혹은 GDP를 측정할 때 오차가 발생할 경우에도 큰 오차가 생겨난다. 즉 COR과 GDP는 추정된 수치들이며, 이 추정이 잘못될수록 더 큰 오차를 유발한다.
4) **사소한 변수들의 누락** – 의심의 여지없이 특정국가의 많은 사소한 변수들도 GDP에 영향을 미친다. 이와 같이 측정이 불가능한 요인들이 서로 상쇄될 수 있다면 다행이지만, 만약 그렇지 않을 경우에는 회귀분석에서 큰 오차가 발생한다.

○ 용어정의

- 종속변수(Y-변수) - 계량경제 모형에서 종속변수는 등호(=)의 왼쪽에 위치하며, 독립변수에 의해 영향을 받음

- 계량경제 모형(구조방정식 혹은 회귀방정식) - 두 변수 간의 인과관계를 나타내는 수학적 표현

- 오차항(잔차항 혹은 교란항) - 이 변수는 계량경제 모형의 마지막에 추가되며, 종속변수(Y-변수)의 관측값과 계량경제 모형에 의한 예측값 간의 차이를 측정

- 독립변수(X-변수) - 계량경제 모형에서 독립변수는 등호(=)의 오른쪽에 위치하며, 종속변수에 의해 결정됨

- 정규방정식 - 통상 최소제곱 추정량을 구하기 위한 공식의 전개로 도출되는 방정식

- 통상 최소제곱법 - 계량경제 모형의 구조적 모수를 추정하기 위한 방법으로 잔차제곱합($\Sigma {e_i}^2$)을 최소화하는 모수 값을 찾음

- 모집단 회귀함수 - 전체 관심대상의 모집단에 포함되는 오류 없는 자료를 사용해 추정되는 계량경제 모형

- 표본 회귀함수 - 표본 자료로부터 추정되는 계량경제 모형

- 확률변수 - 표본 자료에 따라 다른 값을 가질 수 있는 변수로서 $\widehat{\beta_0}$과 $\widehat{\beta_1}$은 e_i와 마찬가지로 확률변수

- 구조적 모수 - 계량경제 모형에서 $\widehat{\beta_0}$과 $\widehat{\beta_1}$은 구조적 모수

2장 연습문제

1. 다음 중 옳지 않은 것은?

A) $Y_i = \beta_0 + \beta_1 X_i + e_i$ D) $Y_i = \widehat{\beta_0} + \widehat{\beta_1} X_i + e_i$ G) $Y_i = \beta_0 + \beta_1 X_i$

B) $\widehat{Y_i} = \beta_0 + \beta_1 X_i + e_i$ E) $\widehat{Y_i} = \widehat{\beta_0} + \widehat{\beta_1} X_i + e_i$ H) $\widehat{Y_i} = \beta_0 + \beta_1 X_i + u_i$

C) $Y_i = \beta_0 + \beta_1 X_i + u_i$ F) $Y_i = \widehat{\beta_0} + \widehat{\beta_1} X_i + u_i$ I) $E(Y_i | X_i) = \widehat{\beta_0} + \widehat{\beta_1} X_i + e_i$

풀이 A, B, E, F, G, H, I

2. 다음 중 옳지 않은 것은?

A) $Y_i = \beta_0 + \beta_1 X_i + u_i$ D) $Y_i = \widehat{\beta_0} + \widehat{\beta_1} X_i + u_i$ G) $Y_i = \beta_0 + \beta_1 X_i$

B) $\widehat{Y_i} = \beta_0 + \beta_1 X_i + u_i$ E) $\widehat{Y_i} = \widehat{\beta_0} + \widehat{\beta_1} X_i + u_i$ H) $\widehat{Y_i} = \beta_0 + \beta_1 X_i + e_i$

C) $Y_i = \beta_0 + \beta_1 X_i + e_i$ F) $Y_i = \widehat{\beta_0} + \widehat{\beta_1} X_i + e_i$ I) $E(Y_i | X_i) = \beta_0 + \beta_1 X_i + u_i$

3. 다음은 4개 가구의 저축(sav)과 자녀의 수($Child$)를 나타낸다.

저축(sav)	자녀의 수($child$)
0.03	2
0.874	2
0.374	0
1.2	1

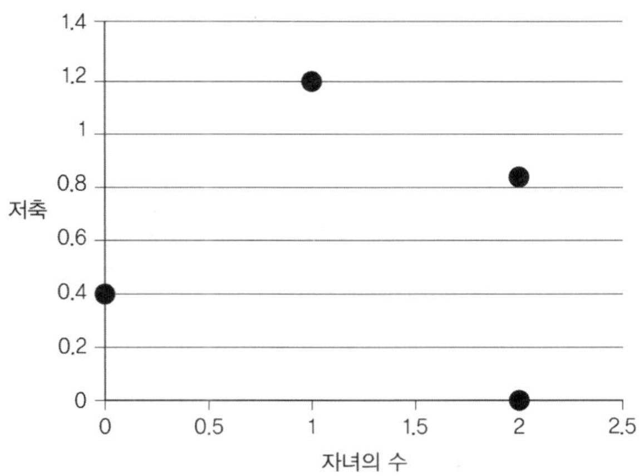

A) $sav_i = \widehat{\beta_0} + \widehat{\beta_1} child_i + e_i$에서 Σe_i^2가 최소화되는 $\widehat{\beta_0}$과 $\widehat{\beta_1}$을 계산하라.

풀이

$sav(Y)$	$child(X)$	$X_i - \overline{X}$	$(X_i - \overline{X})Y_i$	$(X_i - \overline{X})^2$
0.03	2	0.75	0.02	0.56
0.874	2	0.75	0.66	0.56
0.374	0	-1.25	-0.47	1.56
1.2	1	-0.25	-0.30	0.06
$\overline{Y} = 0.62$	$\overline{X} = 1.25$		$\Sigma(X_i - \overline{X})Y_i = -0.09$	$\Sigma(X_i - \overline{X})^2 = 2.75$
		$\widehat{\beta_0} = 0.66$, $\widehat{\beta_1} = -0.03$		
X_i^2	$\hat{Y_i}$	$Y_i - \hat{Y_i}$	e_i^2	$(Y_i - \overline{Y})^2$
4.00	0.60	-0.57	0.32	0.35
4.00	0.60	0.28	0.08	0.06
0.00	0.66	-0.29	0.08	0.06
1.00	0.63	0.57	0.33	0.34
$\Sigma X_i^2 = 9$		$\Sigma(Y_i - \hat{Y_i}) = 0$	$e_i^2 = 0.81$	$\Sigma(Y_i - \overline{Y})^2 = 0.81$

B) $\widehat{\beta_0}$과 $\widehat{\beta_1}$이 의미하는 바를 해석하라.

풀이 β_0: 만약 $CHILD$=0이면, SAV는 0.66단위로 기대된다.

β_1: 만약 $CHILD$가 1단위 증가하면, SAV는 0.03단위 감소할 것으로 기대된다.

C) 그래프에 회귀선을 그려라.

풀이

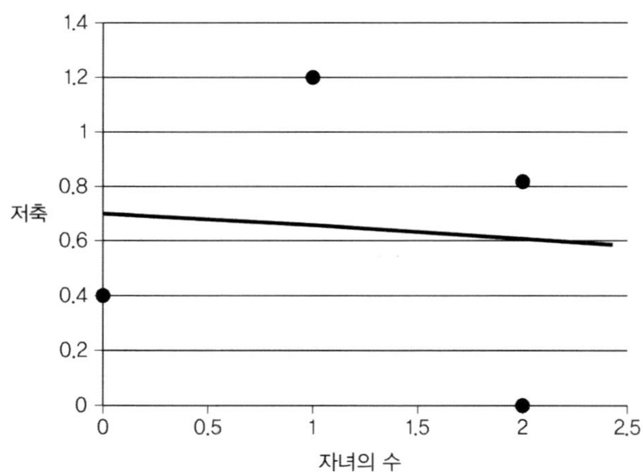

4. 다음은 4명의 학생에 대한 공부시간($prep$)과 수학 SAT 점수($Math\ SAT$)를 나타낸다.

공부시간 ($prep$)	수학 SAT 점수 ($Math\ SAT$)
1	300
3	400
1	400
3	500

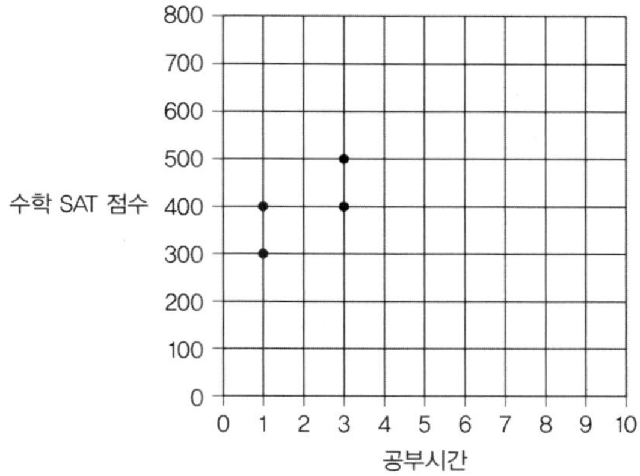

A) $Math\ SAT_i = \widehat{\beta_0} + \widehat{\beta_1} prep_i + e_i$에서 $\sum e_i^2$가 최소화되는 $\widehat{\beta_0}$과 $\widehat{\beta_1}$을 계산하라.

B) $\widehat{\beta_0}$과 $\widehat{\beta_1}$이 의미하는 바를 해석하라.

C) 그래프에 회귀선을 그려라.

5. A) 다음의 주어진 자료를 바탕으로 Y에 대한 X의 회귀모형의 구조적 모수 값들을 계산하라.

Y	X
1.8	2
1.7	5
1.5	−2
0.6	5
25.4	6

풀이 β_0= 1.32, β_1= 1.53

B) 이 경우에는 $\sum e_i = 0$을 보여라.

풀이 $e_1 = -2.57$

$e_2 = -7.25$

$e_3 = 3.24$

$e_4 = -8.35$

$e_5 = 14.93$

합 = 0

6. A) 다음의 주어진 자료를 바탕으로 Y에 대한 X의 회귀모형의 구조적 모수 값들을 계산하라.

Y	X
1.8	1.2
1.7	−8.4
1.5	4.8
0.6	3.5
25.4	2.2

B) 이 경우에는 $\sum e_i = 0$을 보여라.

7. 다음의 관계가 성립함을 증명하라.

$$\frac{\sum Y_i X_i - \overline{Y}\sum X_i}{\sum X_i^2 - \overline{X}\sum X_i} = \frac{\sum(X_i - \overline{X})(Y_i - \overline{Y})}{\sum(X_i - \overline{X})^2}$$

풀이 두 번째 항의 분자를 포일(FOIL)하면서 시작한다.

$$\sum(X_i - \overline{X})(Y_i - \overline{Y}) = \sum(X_i Y_i - X_i\overline{Y} - \overline{X}Y_i + \overline{XY})$$
$$= \sum X_i Y_i - \overline{Y}\sum X_i - \overline{X}\sum Y_i + n\overline{XY}$$

위 식의 마지막 두 항은 동일하며, 양수와 음수이므로 상쇄되어 분자는 다음과 같다.

$$\sum X_i Y_i - \overline{Y}\sum X_i$$

위 식의 두 분모가 동일함을 증명하기 위해 오른쪽 항의 분모를 포일한다.

$$\sum(X_i - \overline{X})(X_i - \overline{X}) = \sum(X_iX_i - X_i\overline{X} - \overline{X}X_i + \overline{X}\overline{X})$$
$$= \sum X_i^2 - \overline{X}\sum X_i - \overline{X}\sum X_i + n\overline{XX}$$

마지막 두 항은 동일하며, 양수와 음수이므로 상쇄되어 분모는 다음과 같다.

$$\sum X_i^2 - \overline{X}\sum X_i$$

8. 다음의 관계가 성립함을 증명하라.

$$\frac{\sum(X_i - \overline{X})(Y_i - \overline{Y})}{\sum(X_i - \overline{X})^2} = \frac{\sum(X_i - \overline{X})Y_i}{\sum(X_i - \overline{X})^2}$$

9. 통상 최소제곱 회귀선에 대한 $\sum e_i X_i = 0$ 임을 증명하라.

풀이 e_i에 다음과 같이 대입하고 포일한다.

$$\sum e_i = \sum(Y_i - \widehat{\beta}_0 - \widehat{\beta}_1 X_1)X_i = \sum Y_iX_i - \widehat{\beta}_0\sum X_i - \widehat{\beta}_1\sum X_i^2$$

$\widehat{\beta}_0$에 대입하그 풀어쓰면 다음과 같다.

$$\sum Y_iX_i - (\overline{Y} - \widehat{\beta}_1\overline{X})\sum X_i - \widehat{\beta}_1\sum X_i^2 = \sum Y_iX_i - \overline{Y}\sum X_i - \widehat{\beta}_1\overline{X}\sum X_i - \widehat{\beta}_1\sum X_i^2$$

마지막 두 항을 조합한다.

$$\sum Y_iX_i - \overline{Y}\sum X_i - \widehat{\beta}_1(\sum X_i^2 - \overline{X}\sum X_i)$$

위 식을 $(\sum X_i^2 - \overline{X}\sum X_i)$로 나누면 다음과 같다.

$$\frac{\sum Y_iX_i - \overline{Y}\sum X_i - \widehat{\beta}_1(\sum X_i^2 - \overline{X}\sum X_i)}{\sum X_i^2 - \overline{X}\sum X_i}$$

분모에 대한 분자의 첫 번째와 두 번째 항의 값은 $\widehat{\beta}_1$과 같다. 마찬가지로 분모에 대한 분자의 마지막 항은 $-\widehat{\beta}_1$이다. 따라서 위 식의 전체는 $\widehat{\beta}_1 - \widehat{\beta}_1 = 0$이다.

10. 통상 최소제곱 회귀선에 대한 $\sum e_i = 0$임을 증명하라.

2장 부록 합계기호(Summation Sign)의 대수

대부분 학생들은 합계기호(Σ)가 포함된 대수의 실행을 거의 경험하지 않았을 수 있다. 이 책의 모든 전개과정과 증명을 이해하기 위해서는 단지 몇 가지 규칙만이 요구된다.

포일링(FOILing): 우리는 다음의 표현을 풀어 쓴다고 상정하자: $\Sigma(X_i - \overline{X})(Y_i - \overline{Y})$. 우리는 FOIL, 즉 첫 번째(first, 각 괄호 안의 첫 번째 값들, 즉 X_i와 Y_i를 곱함); 바깥쪽(outer, 각 괄호 안에서 바깥쪽에 있는 값들, 즉 X_i와 $-\overline{Y}$를 곱함); 안쪽(inner, 각 괄호 안에서 안쪽에 있는 값들, 즉 $-\overline{X}$와 Y_i를 곱함); 마지막(last, 각 괄호 안의 마지막 값들, 즉 $-\overline{X}$와 $-\overline{Y}$를 곱함)의 순서로 수행하면 된다.

$$\Sigma(X_i - \overline{X})(Y_i - \overline{Y}) = \Sigma(X_i Y_i - X_i \overline{Y} - \overline{X} Y_i + \overline{XY})$$

풀어쓰기(분배하기, distribution): 우리는 다음과 같은 표현에서 합계기호를 괄호 안으로 풀어쓴다고 상정한다.

$$\Sigma(X_i Y_i - X_i \overline{Y} - \overline{X} Y_i + \overline{XY})$$

각각의 4개 항들 앞에 합계기호를 나타내면 다음과 같다.

$$\Sigma X_i Y_i - \Sigma X_i \overline{Y} - \Sigma \overline{X} Y_i + \Sigma \overline{XY}$$

첫 번째 항($\Sigma X_i Y_i$)은 더 이상 단순화할 수 없다. 이는 각 X_i에 상응하는 Y_i를 곱한 다음 i개 곱한 값들의 합계이다.

두 번째 항($\Sigma X_i \overline{Y}$)은 $\overline{Y} \Sigma X_i$로 고쳐 쓸 수 있다. 상수($\overline{Y}$는 Y_i의 평균)는 합계기호 앞에 놓을 수 있다.

세 번째 항($\Sigma \overline{X} Y_i$)은 $\overline{X} \Sigma Y_i$가 된다.

네 번째 항($\Sigma\,\overline{XY}$)은 논리적이지 못하다. 이는 두 상수($\overline{XY}$)의 곱을 합계하는 것을 의미하지만, 실제로 합계할 수 있는 것은 아무 것도 없다. 이와 같이 합계기호가 하나의 상수 혹은 상수들만으로 구성된 항 앞에 있을 때에는 "n"으로 변한다. 즉 네 번째 항은 $n\overline{XY}$가 된다.

요약하면, $\Sigma\,(X_iY_i - X_i\overline{Y} - \overline{X}\,Y_i + \overline{XY})$에서 합계기호를 괄호 안으로 풀어쓰기를 하면, $\Sigma\,X_iY_i - \overline{Y}\,\Sigma\,X_i - \overline{X}\,\Sigma\,Y_i + n\overline{XY}$이 도출된다.

대입(substitution): $\Sigma\,X_iY_i - \overline{Y}\,\Sigma\,X_i - \overline{X}\,\Sigma\,Y_i + n\overline{XY}$는 몇 가지 대입을 통해 더욱 단순화할 수 있다. 즉 $\Sigma\,X_i$은 $n\overline{X}$ 와 동일하다. 이와 같은 대입을 통해 두 번째 항은 $\overline{Y}n\overline{X}$가 된다. 마찬가지로 세 번째 항은 $\overline{X}n\overline{Y}$가 된다. 따라서 우리는 다음과 같이 표현할 수 있다.

$$\Sigma\,X_iY_i - \overline{Y}\,n\,\overline{X} - \overline{X}\,n\,\overline{Y} + n\overline{XY}$$

소거(cancellation): 여러분은 $\Sigma\,X_iY_i - \overline{Y}\,n\,\overline{X} - \overline{X}\,n\,\overline{Y} + n\overline{XY}$의 표현에서 마지막 3개의 항들이 동일하다는 사실을 발견할 수 있다. 2개 음(−)의 항들 가운데 1개를 네 번째 양(+)의 항과 소거하면 $\Sigma\,X_iY_i - \overline{Y}\,n\,\overline{X}$만 남는다.

PART 3

잔차 통계량

3.1 적합도의 측정값

2장 마지막 예지의 회귀분석 결과는 다소 작은 오차항의 값을 보여준다.

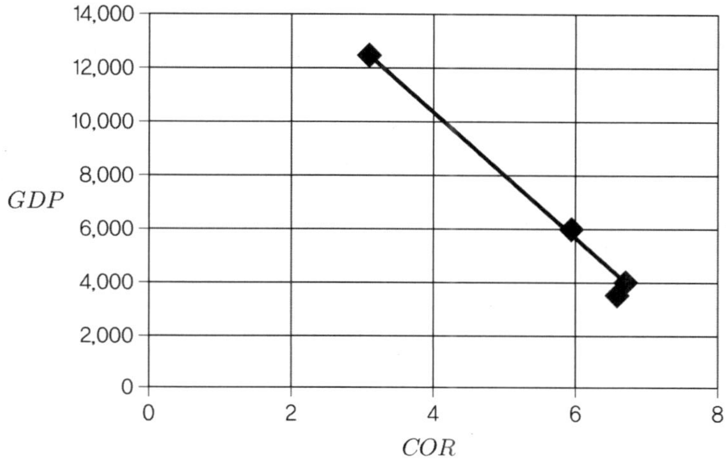

2.5의 예시에서는 오차항의 값이 상대적으로 큰 것처럼 나타난다.

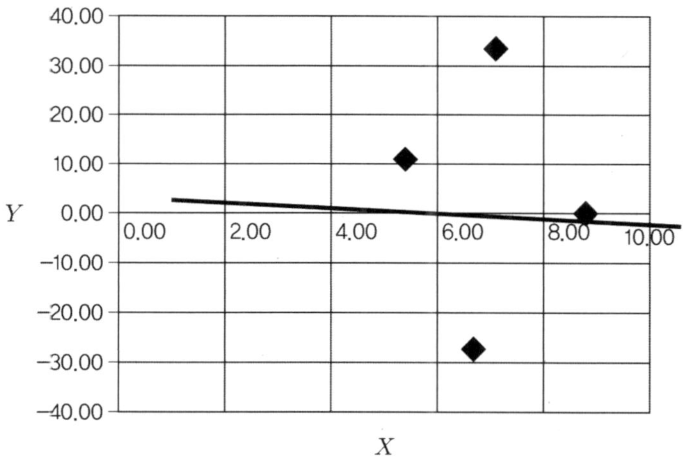

이상의 그림에서는 세로축 단위의 차이로 인해 현혹될 수 있다. 사실상 두 번째 그림에서의 가장 큰 오차는 −31.81인 반면, 첫 번째 그림에서의 가장 작은 오차는 −55.10이다. 그러나 비율의 관점에서는 첫 번째 그림의 오차가 상대적으로 더 작은 값이다.

우리는 작은 오차(높은 적합도) 혹은 큰 오차(낮은 적합도)를 구분해야 할 때 활용할 수 있는 통계량이 필요하다. 이상의 목적에 부합하는 것으로 알려진 몇 가지 통계량이 존재한다. 이들 중에서 다음의 두 가지 통계량에 대해 살펴본다.

$$\text{회귀분석의 표준오차(SER)} = \hat{\sigma} = \sqrt{\frac{\Sigma e_i^2}{n-2}}$$

이상의 통계량은 관측값과 회귀선 간의 통상적인 거리를 의미한다. 우리가 SER (standard error of the regression)를 유용하게 사용하려면 종속변수와 비교할 필요가 있다. 만약 SER이 0.487이면, 우리는 이것이 큰지, 작은지 평가할 방법이 없다. 우리는 경험적 기준에 의해 SER이 종속변수 평균에 대한 절대값의 절반보다 작을 때 적합도가 충분하다고 판단한다.

위의 첫 번째 그림에서의 SER은 451.03이고, 두 번째 그림에서의 SER은 30.75이다. 즉 첫 번째 그림에서의 오차가 외형상 작아 보이지만, 실제로 계산된 오차는 더 크다. 그러나 종속변수의 크기 대비 비율로 파악하는 상대적인 오차는 첫 번째 그림에서 더 작게 관측된다.

첫 번째 그림은 GDP의 평균에 대한 절대값(6,575.00) 대비 SER이 1/2보다 작으므로 높은 적합도를 나타낸다. 첫 번째 그림에서의 SER(=451.03)은 회귀선과 관측값 간의 통상적인 거리가 451.03임을 의미한다. 이는 종속변수의 평균이 6,575.00임을 감안할 때 상당히 작은 오차이다.

두 번째 그림은 SER이 종속변수 평균에 대한 절대값(4.38)의 1/2보다 크기 때문에 낮은 적합도를 제시한다. 두 번째 그림에서의 SER(=30.75)은 회귀선과 관측값 간의 통상적인 거리가 30.75임을 의미한다. 그러나 30.75는 종속변수가 4.38을 중심으로 흩어져 있기 때문에 다소 큰 오차이다.

적합도를 측정하는 두 번째 통계량은 결정계수(coefficient of determination)이다.

$$\text{결정계수}(r^2) = 1 - \frac{\Sigma e_i^2}{\Sigma(Y_i - \overline{Y})^2}$$

결정계수(혹은 r^2)는 회귀모형의 적합도를 측정하는 대표적인 방법이다. 이는 0에서 1 사이의 값이며, 1은 완벽한 적합도를 나타내며 0은 수평의 회귀선, 즉 관측값의 무작위성을 의미한다.

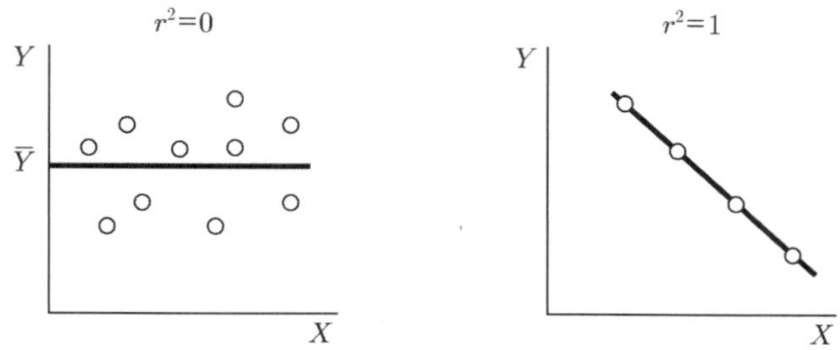

본 절의 시작 부분에 있는 두 그림으로 돌아가서 첫 번째 그림의 r^2는 0.99이다. 이는 부패가 *GDP* 변동의 99%를 설명함을 의미한다. 두 번째 그림의 r^2은 0.004이다. 즉 Y 변동의 0.4%만이 X에 의해 설명된다.

두 그림의 SER과 r^2은 동일한 결과를 제시한다. 부패와 *GDP* 간의 회귀분석은 적절한 혹은 높은 적합도를 보이는 반면, Y에 대한 X의 회귀분석은 낮은 적합도를 나타낸다.

3.2 $\widehat{\beta}_0$과 $\widehat{\beta}_1$의 표준오차

$\widehat{\beta}_0$과 $\widehat{\beta}_1$이 반복 표본추출을 통해 추정될 때 그 값들은 표본별로 상이하게 나타난다. 우리가 X와 Y의 자료를 확보해 회귀분석을 실행하면 $\widehat{\beta}_0$과 $\widehat{\beta}_1$의 추정량을 구할 수 있다. 만약 새로운 X와 Y의 자료를 확보해 다시 회귀분석을 실행한다면, $\widehat{\beta}_0$과 $\widehat{\beta}_1$ 추정량이 이전의 경우와 정확히 동일할 가능성은 매우 희박하다. 우리는 $\widehat{\beta}_0$과 $\widehat{\beta}_1$의 새로운 추정량이 첫 번째 추정량과 차이가 거의 없을 것으로 기대할 수 있을까? 이는 경우에 따라 상이하다. $\widehat{\beta}_0$의 표준오차는 반복 표본추출에서 $\widehat{\beta}_0$이 얼마만큼 변동하는지 나타내는 추정량이다.

$$\widehat{\beta_0}\text{의 표준오차} = SE(\widehat{\beta_0}) = \sqrt{\frac{\hat{\sigma}^2 \Sigma X_i^2}{n\Sigma(X_i - \overline{X})^2}} \text{ ; 여기서, } \hat{\sigma}^2 = \frac{\Sigma e_i^2}{n-2} = SER^2$$

마찬가지로 $\widehat{\beta_1}$의 표준오차는 반복 표본추출에서 $\widehat{\beta_1}$이 얼마만큼 변동하는지를 나타내는 추정량이다.

$$\widehat{\beta_1}\text{의 표준오차} = SE(\widehat{\beta_1}) = \sqrt{\frac{\hat{\sigma}^2}{\Sigma(X_i - \overline{X})^2}}$$

앞서 살펴보았던 경제성장에 대한 부패의 영향에 관한 예제로 돌아가서, 우리는 이제 더 풍부한 결과들을 도출할 수 있다.

$$GDP_i = 20{,}045.33 - 2{,}416.20\, COR_i + e_i$$

(889.14)　　(154.27)　　← 표준오차

$SER = 451.03$　　$\overline{GDP} = 6{,}575.00$　　$r^2 = 0.99$　　$n = 4$

COR은 특정국가의 부패를 나타내며, 0(최소값)에서 10(최대값) 사이의 값이다.
GDP는 \$로 나타낸 1인당 총생산이다.

이상의 결과에서 β_0의 추정량 $\widehat{\beta_0}$은 20,045.33이다. 만약 우리가 새로운 자료를 이용해 매번 반복적으로 회귀분석을 실행한다면, $\widehat{\beta_0}$은 평균적으로 약 889.14의 크기만큼 차이가 생겨날 것으로 기대한다. 이는 아무리 반복적으로 새로운 자료를 확보해 추정할지라도 $\widehat{\beta_0}$이 절대로 영(0)일 수 없음을 의미하지는 않는다. 그러나 $\widehat{\beta_0}$이 영(0)으로 추정되는 것은 매우 놀라운 일이다. 왜냐하면 반복적으로 추정된 $\widehat{\beta_0}$이 평균적으로 889.14의 크기만큼 변동하며, $\widehat{\beta_0}$의 추정량이 20,045.33이기 때문이다.

$\widehat{\beta_1}$은 −2,416.20으로 추정되며, 이때 표준오차는 154.27이다. 이상의 회귀분석에서 SER은 451.03이며, 이는 GDP 평균(6,575.00)의 절반보다 작으므로 회귀모형의 적합

도가 높음을 제시한다. 또한 r^2은 0.99인데, 이는 GDP 변동의 약 99%가 부패에 의해 설명될 수 있음을 의미한다. 마지막으로 $n=4$는 이상의 통계량을 추정하기 위해 총 4개 점(관측값)의 자료가 사용되었음을 나타낸다.

3.3 반복 표본추출

반복 표본추출의 개념은 이후의 논의에서 광범위하게 사용된다. 이는 가상적인 개념으로써 구조적 모수 $\widehat{\beta}_0$과 $\widehat{\beta}_1$은 매번 새로운 자료를 사용해 수만 번 반복적으로 추정할 수 있을 뿐만 아니라 매번 상이한 값이 도출될 수 있음을 의미한다. 즉 반복 표본추출에서 $\widehat{\beta}_0$과 $\widehat{\beta}_1$은 다양한 값을 가지며, 이로 인해 $\widehat{\beta}_0$과 $\widehat{\beta}_1$은 "확률적(stochastic)"이라는 용어와 함께 표현된다.

○ 용어정의

- 결정계수(r^2) - 회귀선이 자료와 어느 정도 적합한지를 측정하는 통계량
- 반복 표본추출 - 반복적으로 새로운 자료를 확보해 회귀분석을 통한 구조적 모수의 추정
- 추정량의 표준오차 - 반복 표본추출에서 구조적 모수의 값이 평균적으로 어느 정도의 크기만큼 차이가 생겨나는지 추정하는 통계량
- 회귀분석의 표준오차(SER) - 회귀선과 관측값 간의 통상적인 거리를 나타내는 통계량

3장 연습문제

1. A) 다음의 자료를 이용해 Y에 대한 X의 회귀분석을 통한 구조적 모수 값을 추정하라.

Y	X
1.8	2
1.7	5
1.5	-2
0.6	5
25.4	6

풀이 $\widehat{\beta_0} = 1.3$, $\widehat{\beta_1} = 1.5$

B) 절편에 대한 추정량을 해석하라.

풀이 만약 $X=0$이면, Y는 1.3으로 기대된다.

C) 기울기에 대한 추정량을 해석하라.

풀이 만약 X가 1단위 증가하면, Y는 1.5단위 증가할 것으로 기대된다.

D) 회귀모형의 r^2을 계산하라.

풀이 $$r^2 = 1 - \frac{\Sigma e_i^{\,2}}{\Sigma(Y_i - \overline{Y})^2} = 1 - \frac{362.0}{461.7} = 0.22$$

E) 회귀모형의 r^2 값을 해석하라.

풀이 Y 변동의 22%가 X에 의해 설명된다.

F) SER를 계산하라.

풀이 $$SER = \sqrt{\frac{362.0}{3}} = 10.99$$

G) SER 값을 해석하라.

풀이 관측값과 회귀선 간의 통상적인 거리는 10.990이다.

H) 절편의 표준오차를 계산하라.

풀이 $SE(\widehat{\beta}_0) = \sqrt{\dfrac{\hat{\sigma}^2 \Sigma X_i^2}{n\Sigma(X_i - \overline{X})^2}} = \sqrt{\dfrac{11,353.3}{213.0}} = 7.3$

I) 절편의 표준오차 값을 해석하라.

풀이 반복 표본추출에서 $\widehat{\beta}_0$은 통상적으로 7.3만큼 차이가 생겨난다.

J) 기울기의 표준오차를 계산하라.

풀이 $SE(\widehat{\beta}_1) = \sqrt{\dfrac{\hat{\sigma}^2}{\Sigma(X_i - \overline{X})^2}} = \sqrt{\dfrac{120.8}{42.6}} = 1.7$

K) 기울기의 표준오차 값을 해석하라.

풀이 반복 표본추출에서 $\widehat{\beta}_1$은 통상적으로 1.7만큼 차이가 생겨난다.

2. A) 다음의 자료를 이용해 Y에 대한 X의 회귀분석을 통한 구조적 모수 값을 추정하라.

Y	X
1.8	1.2
1.7	-8.4
1.5	4.8
0.6	3.5
25.4	2.2

B) 절편에 대한 추정량을 해석하라.
C) 기울기에 대한 추정량을 해석하라.
D) 회귀모형의 r^2을 계산하라.
E) 회귀모형의 r^2 값을 해석하라.
F) SER를 계산하라.

G) SER 값을 해석하라.
H) 절편의 표준오차를 계산하라.
I) 절편의 표준오차 값을 해석하라.
J) 기울기의 표준오차를 계산하라.
K) 기울기의 표준오차 값을 해석하라.

3. 다음과 같은 회귀모형이 주어진다고 가정하자.

$$GDP_i = \widehat{\beta_0} + \widehat{\beta_1} COR_i + e_i$$

여기서, COR은 0(최소값)에서 10(최대값) 사이의 값을 갖는 특정국가의 부패를 측정하며, GDP는 \$로 나타낸 1인당 총생산이다.

국 가	*COR*	*GDP*
우크라이나	7.4	2,200
영 국	1.4	21,200
미 국	2.5	31,500
베 트 남	7.4	1,770

A) 회귀모형의 구조적 모수 값들을 계산하라.

풀이 $\widehat{\beta_1} = -127,124.25/30.31 = -4,194.5$

$\widehat{\beta_0} = 14,167.5 - (-4,195.5 \times 4.68) = 33,776.7$

B) 구조적 모수 값들을 해석하라.

풀이 만약 $COR = 0$이면, GDP는 33,776.7로 기대된다.
만약 COR이 1단위 증가하면, GDP는 4,194.5단위 증가할 것으로 기대된다.

C) 회귀모형의 r^2을 계산하라.

풀이 $$r^2 = 1 - \frac{\Sigma e_i^2}{\Sigma(Y_i - \overline{Y})^2} = 1 - \frac{113,570,352}{646,790,675} = 0.82$$

D) 회귀모형의 r^2 값을 해석하라.

풀이 GDP 변동의 82%가 COR에 의해 설명된다.

E) SER를 계산하라.

풀이 $SER = \sqrt{\frac{113,570,352}{2}} = 7,535.6$

F) SER 값을 해석하라.

풀이 관측값과 회귀선 간의 통상적인 거리는 7,535.6이다.

G) 회귀모형의 적합도는 높게 나타나는가? 그 이유를 설명하라.

풀이 $(SER > \frac{1}{2} GDP$ 평균값$)$이므로 적합도가 낮다.

혹은 $r^2 = 0.82$이므로 적합도가 높다.

H) 절편 항의 표준오차를 계산하라.

풀이 $SE(\widehat{\beta_0}) = \sqrt{\frac{\hat{\sigma}^2 \Sigma X_i^2}{n\Sigma(X_i - \overline{X})^2}} = \sqrt{\frac{117.73 \times 56,785,267}{121.24}} = 7,425.0$

I) 절편 항의 표준오차 값을 해석하라.

풀이 반복 표본추출에서 $\widehat{\beta_0}$은 통상적으로 7,425.0만큼 차이가 생겨난다.

J) 만약 우리가 이상의 사례와 다른 4개 국가의 자료를 이용해 새로 추정한 절편 항이 26,776.70이라면, 이는 놀라운 결과인가? 그 이유를 설명하라.

풀이 그렇지 않다. $\widehat{\beta_0}$은 통상적으로 7,425.0만큼 차이가 생겨나며, 26,776.70은 범위 내의 값이다.

4. 다음과 같은 회귀모형이 주어진다고 가정하자.

$$GDP_i = \widehat{\beta_0} + \widehat{\beta_1} COR_i + e_i$$

여기서, COR은 0(최소값)에서 10(최대값) 사이의 값을 갖는 특정국가의 부패를 측정하며, GDP는 $로 나타낸 1인당 총생산이다.

국 가	*COR*	*GDP*
불가리아	6.7	4,100
캐 나 다	0.8	22,400
칠　　레	3.1	12,500
중　　국	6.6	3,600

A) 회귀모형의 구조적 모수 값들을 계산하라.
B) 구조적 모수 값들을 해석하라.
C) 회귀모형의 r^2을 계산하라.
D) 회귀모형의 r^2 값을 해석하라.
E) SER를 계산하라.
F) SER 값을 해석하라.
G) 회귀모형의 적합도는 높게 나타나는가? 그 이유를 설명하라.
H) 기울기 계수의 표준오차를 계산하라.
I) 기울기 계수의 표준오차 값을 해석하라.
J) 만약 우리가 이상의 사례와 다른 4개 국가의 자료를 이용해 새로 추정한 기울기 계수가 -3,342.80이라면, 이는 놀라운 결과인가? 그 이유를 설명하라.

1장~3장에 대한 자체평가

1. 다음과 같이 주어진다.

Y	X
11.2	5.4
−27.1	6.7
33.4	7.1
0.02	−8.8

A) $Y_i = \widehat{\beta_0} + \widehat{\beta_1} X_i + e_i$로 표현된 회귀모형의 구조적 모수 값들을 계산하라(계산과정을 상세히 서술하라).

풀이 $\widehat{\beta_0} = 3.33 \quad \widehat{\beta_1} = 0.4$

B) $\widehat{\beta_0}$과 $\widehat{\beta_1}$ 추정량의 의미를 해석하라.

풀이 $\widehat{\beta_0} = 3.33$: 만약 $X=0$이면, Y는 3.33으로 기대된다.
$\widehat{\beta_1} = 0.4$: 만약 X가 1단위 증가하면, Y는 0.4단위 증가할 것으로 기대된다.

C) SER를 이용해 회귀모형의 적합도가 적절한지 판단하라. 그 이유를 설명하라.

풀이 적절하지 않다. SER (= 30.58)이 Y 평균 (= 4.38)의 1/2보다 크다.

D) 이상의 회귀분석에서는 Y의 변동이 X에 의해 몇 %를 설명되는가?

풀이 $r^2 = 0.015$: Y 변동의 1.5%가 X에 의해 설명된다.

E) 우리가 새로운 자료를 확보해 이상의 회귀분석을 다시 실행하였다고 가정하자. 이때 새로 계산된 $\widehat{\beta_1}$이 −2.0이라면, 이는 놀라운 결과인가? 왜 그런지 혹은 왜 그렇지 않은지 설명하라.

풀이 $SE(\widehat{\beta_1}) = 2.31$

놀라운 결과가 아니다. 왜냐하면 −2.0은 반복 표본추출에서 $\widehat{\beta_1}$의 예상되는 변동 수준인 2.31에 대단히 근접하기 때문이다.

2. 다음의 질문에 답하라.

A) 모집단 회귀함수와 표본 회귀함수의 차이를 설명하라.

풀이 모집단 회귀함수는 X와 Y의 관측값이 아닌 모집단 전체의 오차들에 대해 $\sum e_i^2$을 최소화하는 선이다. 표본 회귀함수는 전체 모집단으로부터 추출된 X와 Y의 관측값들로 구성된 표본의 오차들에 대해 $\sum e_i^2$을 최소화하는 선이다.

B) 횡단면 자료와 시계열 자료의 차이를 설명하라.

풀이 횡단면 자료는 동일 시점에서 X와 Y에 대한 관측값이다. 시계열 자료는 시간의 흐름에 따른 X와 Y의 관측값이다.

C) 정규방정식이란?

풀이 정규방정식은 회귀방정식에서 구조적 모수들을 유도하기 위한 공식을 도출할 때 나타난다. 즉 함수값의 최소화를 위해 도함수 혹은 편도함수를 도출한 이후 영(0)과 같다고 설정하면, 정규방정식(들)이 미지수(들)를 풀기 위해 생겨난다. 정규방정식에는 음(−)의 부호를 갖는 항이 없다.

D) 완벽하게 수직인 회귀선은 불가능한 이유를 설명하라.

풀이 산점도 상에서 완벽하게 수직인 회귀선을 그리면 그 직선에서 벗어나 있는 관측값은 회귀선과의 수직거리가 무한대가 된다. 회귀선은 선과 관측값 사이의 수직거리의 제곱합을 최소화해야 하는데, 수직선은 최소값을 제공할 수 없다.

3. 다음 중 옳지 않은 것은?

A) $Y_i = \beta_0 + \beta_1 X_i$

B) $\widehat{Y_i} = \beta_0 + \beta_1 X_i$

C) $Y_i = \beta_0 + \beta_1 X_i + u_i$

D) $Y_i = \widehat{\beta_0} + \widehat{\beta_1} X_i + e_i$

E) $\widehat{Y_i} = \widehat{\beta_0} + \widehat{\beta_1} X_i + e_i$

F) $Y_i = \widehat{\beta_0} + \widehat{\beta_1} X_i + u_i$

G) $E(Y_i | X_i) = \beta_0 + \beta_1 X_i$

H) $\widehat{Y_i} = \beta_0 + \beta_1 X_i + u_i$

I) $E(Y_i | X_i) = \widehat{\beta_0} + \widehat{\beta_1} X_i + e_i$

풀이 A, E, F, H, I

4. 다음의 서술이 참인지 혹은 거짓인지 답하라.

A) 야구통계학은 통계적 방법론을 사용해 전쟁을 분석한다. **풀이** 거짓

B) 모든 관측값이 하나의 직선 상에 놓여있지 않는다면, 우리는 $\sum |e_i| = 0$을 만족하는 직선을 찾을 수 없다. **풀이** 참

C) 어떤 직선이 $\sum e_i^2$이 최소화되도록 산점도 상의 관측값들과 부합한다면, $\sum e_i = 0$이 성립한다. **풀이** 참

D) 어떤 직선이 $\sum e_i^2$이 최소화되도록 산점도 상의 관측값들과 부합한다고 가정하면, 이 상의 직선은 하나가 아니라 종종 둘 이상인 경우도 있다. **풀이** 거짓

E) $\sum (X_i - \overline{X})(Y_i - \overline{Y}) = \overline{X} \sum Y_i - \overline{Y} \sum X_i$ **풀이** 거짓

F) $\sum (X_i - \overline{X}) = 0$ **풀이** 참

G) Y-변수가 무작위적일수록 SER이 크고 r^2 값은 작게 나타난다. **풀이** 참

H) 만약 $r^2 = 0$이면, 반드시 $\beta_1 = 0$이다. **풀이** 참

I) 만약 $r^2 = 1$이면, 반드시 $\beta_1 = 1$이다. **풀이** 거짓

J) 만약 SER=0이면, 반드시 $r^2 = 1$이다. **풀이** 참

PART 4

가설 검정

4.1 가설 검정

우리가 $\widehat{\beta_0}$과 $\widehat{\beta_1}$을 계산한 이후에는 실제 β_0과 β_1에 대한 통계적 추론을 할 수 있다. 예를 들어 우리가 $\widehat{\beta_0}$을 0.12로 계산하였다고 가정하면, 이는 실제 $\beta_0 = 0$을 제시할만큼 β_0이 영(0)에 충분히 가까운 값인가? 이 물음에 대한 답은 $\widehat{\beta_0}$의 표준오차(SE)에 의해 결정된다. 만약 SE($\widehat{\beta_0}$)가 0.03이라고 가정하면, 우리가 다른 표본들을 사용해 여러 번 회귀분석을 실행할지라도 $\widehat{\beta_0}$이 많은 경우에 0 혹은 음수로 추정될 가능성이 낮음을 알 수 있다. 따라서 $\widehat{\beta_0} = 0.12$가 0에 매우 가깝게 보일지라도, 실제 $\beta_0 = 0$으로 제시하기에는 0으로부터 너무 멀리 떨어져 있다.

그러나 어느 누구도 $\beta_0 \neq 0$이 틀림없는 사실이라고 확실히 말하지 못한다. 그렇지만 우리는 $\beta_0 = 0$이 어느 정도 확실한지에 관해 설명할 수 있는 가설 검정 절차를 수행할 수 있으며, 그 절차는 다음의 박스에 간단히 나타나 있다.

5단계 가설 검정 절차
1. 귀무가설과 대립가설의 설정
2. 유의수준의 선택
3. 의사결정의 규칙 설정
4. 검정 통계량 계산
5. 귀무가설의 기각 혹은 기각하지 못함

이하에서는 다양한 가설 검정들을 설명하기 위해 다음의 회귀분석 결과를 사용한다. 즉 다음은 계량경제학을 수강하는 30명 학생들을 대상으로 평균 학부학점(GPA)과 공부시간(ST)에 대한 회귀분석 결과이다.

$$GPA_i = 2.87 - 0.02\,ST_i + e_i$$
$$(0.21)\ (0.06) \leftarrow \text{표준오차}$$
$$SER = 0.45 \quad \overline{GPA} = 2.81 \quad r^2 = 0.004 \quad n = 30$$

GPA_i는 학생 i의 평균 학부학점

ST_i는 학생 i의 1일 평균 공부시간

회귀분석 결과에 대한 설명은 다음과 같다.

$\widehat{\beta_0}$=2.87: 공부시간이 영(0)인 학생의 GPA=2.87로 기대된다.

$\widehat{\beta_1}$=−0.02: 만약 공부시간이 1단위 증가하면, GPA는 0.02단위만큼 감소할 것으로 기대된다.

SER=0.45: 회귀선과 관측값 간의 통상적인 거리는 0.45단위이다.

$\overline{GPA}$=2.81: 30명 학생들의 평균 GPA는 2.81이다. 모형의 적합도는 SER$<\frac{1}{2}\overline{GPA}$이기 때문에 적절하다.

r^2=0.004: GPA 변동의 0.4%는 공부시간에 의해 설명된다.

n=30: 회귀분석은 30명 학생으로 구성된 표본을 사용해 추정된다.

4.2 유의성 검정

유의성 검정은 추정량이 영(0)과 동일한지 혹은 동일하지 않은지 결정하기 위해 사용된다. 우리는 다음의 5단계 절차를 통해 $\widehat{\beta_1}$=−0.02에 관한 유의성 검정을 수행하고자 한다.

1. 귀무가설과 대립가설의 설정

우리가 검정하고자 하는 가설은 귀무가설(null hypothesis, H_o)이다. 대립가설(alternative hypothesis, H_a)은 귀무가설이 기각될 때 의미를 갖는다.

H_o: $\beta_1 = 0$ H_a: $\beta_1 \neq 0$

귀무가설과 대립가설은 모두 $\widehat{\beta_1}$이 아닌 β_1과 관련된다는 사실에 주의해야 한다. 우리는 $\beta_1 \neq 0$임을 알고 있다. $\widehat{\beta_1} = -0.02$로 주어진 상황에서 우리는 실제 β_1이 영(0)과 같을 수 있다고 추론할 수 있을까?

2. 유의수준의 선택

유의수준은 종종 검정의 "임계수준"(critical level)으로 명명된다. 이는 검정이 제1종 오류(TYPE I error)를 야기할 확률을 나타낸다. 제1종 오류는 귀무가설이 사실임에도 불구하고 기각될 때 생겨난다. 계량경제학에서는 전통적으로 5% 혹은 10%의 임계수준을 설정한다. 우리는 이후의 논의에서 5%의 임계수준을 사용한다.

5%

제1종 오류와 제2종 오류(TYPE Ⅱ error) 간의 차이를 설명하기 위해 미국의 사법체계를 고려한다. 피고인은 유죄가 입증될 때까지 무죄로 간주되며, 귀무가설은 피고인을 무죄라고 설정한다.

H_o: 피고인은 무죄. H_a: 피고인은 유죄

만약 피고인이 진정으로 결백하지만 배심원이 피고인을 유죄로 평결한다면, 이는 귀무가설이 사실임에도 불구하고 기각되기 때문에 제1종 오류를 발생시킨다. 만약 피고인이 유죄이지만 배심원이 무죄로 평결하다면, 이는 제2종 오류이다. 왜냐하면 거짓의 귀무가설이 기각되지 않았기 때문이다.

사실 →	**피고인은 유죄**	**피고인은 무죄**
배심원 평결 ↓		
피고인은 유죄	올바른 평결	제1종 오류
피고인은 무죄	제2종 오류	올바른 평결

계량경제학자들은 법관들과 마찬가지로 제1종 오류를 싫어한다. 우리의 사법절차는 결백한 피고인이 무죄 판결을 받을 수 있도록 모든 유형의 체계를 갖추고 있다. 이와 같은 체계의 대표적인 두 가지 예는 미란다(Miranda) 원칙과 변호사 선임 권리이다.

계량경제학자들은 가설 검정에서 매우 낮은 임계수준을 설정함으로써 제1종 오류를 방지하려 노력한다. 우리는 제1종 오류가 발생할 5% 확률을 기준으로 설정한다. 대부분 계량경제학자들이 가설 검정에서 위험을 감수하는 가장 높은 임계수준으로는 통상 10%를 고려한다.

제1종 오류가 발생하지 않도록 보장하기 위해서는 불행히도 "어떠한 귀무가설도 기각하지 않는" 오로지 한 가지 방법만이 존재한다. 즉 모든 피고인이 무죄라고 선언해야 한다. 그러나 이 경우에는 제2종 오류가 최대값을 갖게 된다. 즉 제1종 오류와 제2종 오류의 확률 간에는 역의 관계가 성립한다.

계량경제학에서는 제1종 오류가 발생될 가능성을 방지하기 위해 가설 검정의 임계수준을 5%로 설정한다. 이는 임계수준을 더 높게 설정할 경우에 비해 더 많은 제2종 오류가 생겨날 수 있음을 의미한다. 그러나 특정 사건에 대해 확신할 수없는 법관과 같이 우리는 결백한 사람을 유죄로 판결하는 것보다 유죄의 피고인을 방면하는 것이 낫다고 판단한다.

주어진 자유도(degree of freedom)의 수에 기초한 t-분포는 H_o이 참일 때 어떤 t-통계량에 대한 확률을 제시하며, 이는 다음과 같은 그림으로 나타난다.

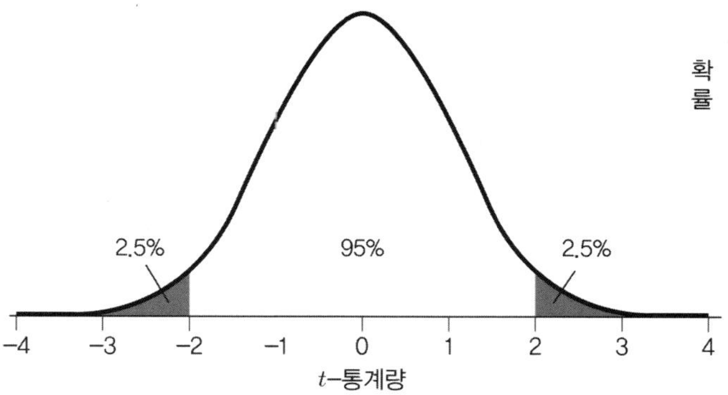

이상의 그래프에서 t-통계량이 2보다 클 확률은 2.5%이다. 이는 t-통계량=2의 오른쪽에 위치한 t-분포의 아래 영역으로 표현된다. 마찬가지로 t-통계량이 –2보다 작

을 확률도 2.5%이다. 만약 우리가 | t-통계량 | > 2일 때 H_o을 기각한다면, 이는 귀무가설이 참인데도 불구하고 기각할 가능성이 5%임을 의미한다. 즉 우리가 제1종 오류를 범할 가능성은 5%이며, 이는 가설 검정의 임계수준이 5%로 설정됨을 의미한다.

3. 의사결정의 규칙 설정

우리가 가설 검정을 수행하기 위해서는 각각의 검정에 사용되는 의사결정의 규칙을 알아야 한다. 이하에서는 몇몇의 검정을 수행함으로써 어떤 상황에서 어떤 규칙이 사용되는지 분명히 제시하고자 한다. 유의성 검정에 대한 의사결정의 규칙은 다음과 같다.

|t-통계량| > t^c이면, H_0 기각

t-통계량은 다음과 같이 정의된다.

$$t-\text{통계량} = \frac{\widehat{\beta_1} - \beta_{H_0}}{SE(\widehat{\beta_1})}$$, 여기서, β_{H_0}는 귀무가설에 명시된 β_1의 값이다.

t^c는 본서의 뒷부분에서 제시되는 t-분포표에서 찾을 수 있는 t-통계량의 임계값이며, 이를 찾기 위해서는 세 가지 정보가 필요하다.

1) 검정의 자유도 $= n - k = 30 - 2 = 28$
2) 검정의 임계수준 $= 5\%$
3) 유의성 검정이 양측검정이라는 사실

마지막 정보는 대립가설이 $\beta_1 \neq 0$라는 사실을 나타낸다. β_1이 영(0)이 아니라는 사실은 β_1이 0보다 크거나 혹은 0보다 작을 수 있음을 의미한다. 우리는 더 많은 예제를 풀어봄으로써 단측검정 혹은 양측검정을 구별할 수 있는 능력을 갖추게 된다.

4. 검정 통계량 계산

우리는 다음과 같이 t-통계량을 계산하고 t^c를 찾을 수 있다.

$$t-\text{통계량} = \frac{\widehat{\beta_1} - \beta_{H_0}}{SE(\widehat{\beta_1})} = \frac{-0.02-0}{0.06} = -0.33$$

본서의 뒷부분에 있는 표에서 $t^c=2.048$이다. 우리는 t-분포는 물론 다른 분포들의 임계값들을 온라인에서도 찾을 수 있다. 또한 어떤 사람들은 엑셀을 활용해 임계값들을 구한다.

5. 귀무가설의 기각 혹은 기각하지 못함

우리는 $|t-\text{통계량}| < t^c$이기 대문에 H_0을 기각하지 못한다. 이는 β_1이 영(0)과 유의하게 다르지 않다는 사실을 의미한다. 즉 β_1이 0과 통계적으로 다르지 않다는 H_0이 기각되지 않는다. 우리가 이상의 결과를 잠깐 해석해 보면 다음과 같다. 만약 $\beta_1=0$이면, 공부시간(ST)이 무한히 증가할지라도 학부학점(GPA)은 영향을 받지 않는다. 다시 말해 학생의 공부시간은 학부학점을 결정하는 데 있어 무의미한 요인이다. 당신은 이러한 결과를 받아들일 수 있는가? 혹은 받아들일 수 없는가? 그 이유는 무엇인가?

다음은 이상의 유의성 검정에 대한 5단계 절차의 요약이다.

유의성 검정
1. H_o: $\beta_1=0$ H_a: $\beta_1 \neq 0$
2. 5%
3. 만약 $|t-\text{통계량}| > t^c$이면, H_0 기각
4. 0.33 < 2.048 (자유도$=n-k=30-2=28$)
5. H_0 기각하지 못함; β_1은 통계적으로 영(0)과 다르지 않음

4.3 신뢰구간

신뢰구간은 추정된 모수의 실제값이 포함될 가능성이 있는 값들의 범위이다. 이상의 예시에서 $ST(\hat{\beta_1}=-0.02)$ 계수 주위의 95% 신뢰구간(CI)은 다음과 같이 형성된다.

$\hat{\beta_1}=-0.02$에 대한 95% CI: $\hat{\beta_1}$ +/− SE($\hat{\beta_1}$)(t^c)

−0.02 +/−0.06(2.048) → −0.14~0.10

만약 구간이 무한대로 설정되면, 실제 β_1은 이상의 구간에 95% 포함된다. 우리는 이상의 구간이 영(0)을 포함한다는 사실에 주목해야 한다. 이는 $\hat{\beta_1}$이 통계적으로 0과 다르지 않음을 나타내는 5% 임계수준의 유의성 검정과 부합한다.

90% 신뢰구간도 마찬가지로 형성된다.

$\hat{\beta_1}$에 대한 90% CI: −0.02 +/−0.06(1.701) → −0.12~0.08

만약 구간이 무한대로 설정되면, 실제 β_1은 이상의 구간에 90% 포함된다. 또한 우리는 90% 신뢰구간이 95% 신뢰구간에 비해 작다는 사실을 인식해야 한다. 이는 더 많이 신뢰하기 위해서는 더 넓은 구간이 필요하다는 당연한 사실을 반영한다. 극단적으로 100% 신뢰구간은 음의 무한대로부터 양의 무한대까지 이어진다.

4.4 음(−)의 부호 검정

음(−)의 부호 검정은 추정량이 단지 영(0)보다 작은지에 대해 관심을 가진다는 측면에서 유의성 검정과는 다르다. 즉 음의 부호 검정은 H_a가 $\beta_1 \neq 0$이 아니라 $\beta_1 < 0$이므로 보다 구체적인 형태이다. 이상의 예시에서 $\hat{\beta_1}= -0.02$인데, 이 추정량이 유의하게 0보다 작은지 검정하면 다음과 같다.

1) H_o: $\beta_1 = 0$ H_a: $\beta_1 < 0$

2) 5%

3) 만약 $t-$통계량 $< -t^c$이면, H_0 기각
4) $-0.33 > -1.701$ (자유도$= n-k = 30-2 = 28$)
5) H_0 기각하지 못함; β_1은 유의한 음수가 아님

이상의 검정과 유의성 검정 간에는 몇 가지 차이가 있다.

1) H_a는 $\beta_1 \neq 0$이 아니라 $\beta_1 < 0$이다.
2) 의사결정의 규칙은 $|t-$통계량$| > t^c$일 때 H_0이 기각되지 것이 아니라 $t-$통계량 $< -t^c$일 때 H_0이 기각된다. 이때 $t-$통계량은 지금까지 사용한 공식을 이용해 계산된다.
3) 자유도는 동일하다. 그러나 단측검정에서는 상이한 t^c가 사용된다.

4.5 양(+)의 부호 검정

양(+)의 부호 검정은 추정량이 단지 영(0)보다 큰지에 대해 관심을 가진다는 측면에서 유의성 검정과 다르다. 이상의 예시에서 $\widehat{\beta_0} = 2.87$인데, 이 추정량이 유의하게 0보다 큰지 검정하는 5단계 절차는 다음과 같다.

1) H_0: $\beta_0 = 0$ $\quad H_a$: $\beta_0 > 0$
2) 5%
3) 만약 $t-$통계량 $> t^c$이면, H_0 기각
4) $13.67 > 1.701$(자유도$= n-k = 30-2 = 28$)
5) H_0 기각; β_0은 유의한 양수

H_0을 기각한다는 사실은 β_0가 유의한 양수임을 의미한다.

4.6 의사결정 규칙의 요약

우리는 유의성 검정과 두 가지 부호 검정을 수행하면서 세 가지 의사결정 규칙을 공

부하였다. 의사결정 규칙들은 모든 경우 대립가설에 적용되기 때문에 쉽게 기억된다.

의사결정 규칙의 요약
H_a가 $\neq$일 때: 만약 $\mid t-\text{통계량} \mid > t^c$이면, H_0 기각 (양측검정)
H_a가 $>$일 때: 만약 $t-\text{통계량} > t^c$이면, H_0 기각 (단측검정)
H_a가 $<$일 때: 만약 $t-\text{통계량} < -t^c$이면, H_0 기각 (단측검정)

4.7 특정값 검정

특정값(specific value) 검정은 추정량이 영(0)이 아닌 사전에 특정된 어떤 값과 같은지를 결정하기 위해 사용된다. 특정값 검정은 어떻게 설정하느냐에 따라 단측검정 혹은 양측검정이 가능하다. 예를 들어 우리는 이상의 예시에서 $\widehat{\beta_0} = 2.87$로 추정된 β_0이 유의하게 3이하인지 의문을 가질 수 있다. 이 경우에는 대립가설이 $H_a : \beta_0 < 3$이기 때문에 단측검정이다.

이 검정은 $\beta_{H_0} \neq 0$이기 때문에 t-통계량을 계산하는 데 주의가 요구된다.

$$t-\text{통계량} = \frac{\widehat{\beta_0} - \beta_{H_0}}{SE(\widehat{\beta_0})} = \frac{2.87-3}{0.21} = -0.62$$

전체의 검정 절차는 다음과 같다.

1) H_0: $\beta_0 = 3$ $\quad$ H_a: $\beta_0 < 3$
2) 5%
3) 만약 $t-\text{통계량} < -t^c$이면, H_0 기각
4) −0.62 〉 −1.701(자유도$= n-k = 30-2 = 28$)
5) H_0 기각하지 못함; β_0은 유의하게 3보다 작지 않음

H_0을 기각하지 못한다는 사실은 β_0이 유의하게 3보다 작지 않음을 의미한다.

4.8 $r=0$에 대한 검정

두 변수들 간의 상관계수(correlation coefficient) r은 −1에서 1 사이의 값을 가지며 다음과 같이 계산된다.

$$r=\frac{\Sigma(X_i-\overline{X})(Y_i-\overline{Y})}{\sqrt{\Sigma(X_i-\overline{X})^2(Y_i-\overline{Y})^2}}$$

$r=1$은 두 변수가 완전히 선형으로 관련되어 있음을 의미한다. 예를 들어 X가 7씩 증가할 때마다 Y는 3씩 증가한다. $r=-1$은 두 변수가 완전히 반대로 관련되어 있음을 제시한다. 즉 X가 7씩 증가할 때마다 Y는 3씩 감소한다. $r=0$은 변수들이 선형적으로 전혀 관련되지 않음을 의미한다.

이전의 예시에서 GPA와 ST 간의 상관계수는 −0.061이다. 이 값은 GPA와 ST 간의 상관관계가 없다고 말할 정도로 영(0)에 충분히 가까운가?

이상의 검정을 위한 t−통계량은 다음과 같이 계산된다.

$$t\text{−통계량}=\frac{r\sqrt{n-2}}{\sqrt{(1-r^2)}}=\frac{-0.061\sqrt{30-2}}{\sqrt{1-0.0037}}=\frac{-0.323}{0.998}=-0.324$$

1) H_0: $r=0$ H_a: $r\neq 0$
2) 5%
3) 만약 $|t-\text{통계량}| > t^c$이면, H_0 기각
4) 0.324 〈 2.048(자유도$=n-k=30-2=28$)
5) H_0 기각하지 못함; r은 통계적으로 영(0)과 다르지 않음

우리가 H_0을 기각하지 못한다는 사실은 r이 통계적으로 0과 다르지 않음을 의미한다. 지금까지 공부한 모든 가설검정에는 반드시 "t−통계량"이 포함된다. 비록 혼란스러울 수 있지만, 우리는 이상의 통계량이 일부 검정에서 다르게 계산된다는 사실을 인식해야 한다. 즉 유의성 검정, 양(+)의 부호 검정 및 음(−)의 부호 검정에서는 t−통계량을 계산하기 위해 동일한 공식을 사용한다. 그러나 특정값 검정과 $r=0$에 대한 검정에

서는 t−통계량을 계산하기 위해 다른 공식을 사용한다.

다음의 가설 검정은 F−통계량을 사용한다.

4.9 $r^2 = 0$에 대한 검정

만약 결정계수(coefficient of determination, r^2)가 영(0)이면, 이는 독립변수가 종속변수의 어떤 변동도 설명하지 못한다는 것을 의미한다. 우리의 예시에서 $r^2 = 0.004$이다. 이 결과는 실제 r^2가 0과 동일하다고 제안할 만큼 0에 충분히 가까운가?

이는 F−통계량으로 분포되어 있는 검정 통계량을 구해야 하는 첫 번째 가설 검정이다. F−통계량은 양수이기 때문에 항상 단측검정을 수행한다. 다음은 5단계 절차를 제시한다.

1) H_0: $r^2 = 0$　H_a: $r^2 > 0$
2) 5%
3) 만약 $F > F^c$이면, H_0 기각
4) $0.104 < 4.20$(자유도=분자 $k-1$, 분모 $n-k$)
5) H_0 기각하지 못함; r^2은 통계적으로 영(0)보다 크지 않음

F−통계량은 다음의 두 가지 공식 중 하나를 사용해 계산된다.

$$F = \frac{\Sigma(Y_i - \overline{Y})^2/(k-1)}{\Sigma e_i{}^2/(n-k)} \quad \text{혹은} \quad F = \frac{r^2/(k-1)}{(1-r^2)/(n-k)}$$

F^c는 본서의 뒷부분에 있는 표에 나타나 있다. F^c를 얻기 위해서는 분자의 자유도($k-1=1$)와 분모의 자유도($n-k=30-2=28$)가 서로 교차하는 값을 찾으면 된다. F^c는 온라인이나 엑셀에서도 찾을 수 있다.

이상의 예시에서는 H_0이 기각되지 않으며, r^2는 통계적으로 0보다 크지 않다. 우리의 예시에서 고려한 30명 학생들에서는 공부시간이 학부학점의 변동을 설명하지 못한다.

4.10 P-값

P-값(probability value)은 H_0을 여전히 기각하면서 가설 검정에 사용되는 가장 낮은 수준의 유의성이다. 즉 P-값은 가설 검정의 결과를 결정하는 빠른 방법을 제공한다. 만약 P-값이 0.05보다 작으면, 가설 검정의 결과는 H_0을 기각한다.

우리는 지금까지 사용한 *GPA* 회귀분석을 고려한다. 즉 유의성 검정을 위한 *ST* 계수에 대한 P-값은 0.73이다. 이 값은 검정의 임계수준(0.05)보다 크기 때문에 유의성 검정은 귀무가설을 기각하지 못하는 결과를 나타낸다. 다시 말해 우리는 P-값이 0.05보다 크기 때문에 *ST* 계수는 5% 임계수준에서 무의미하다는 사실을 즉각적으로 확인할 수 있다.

이상의 유의성 검정에서는 심지어 72%의 임계수준을 설정할지라도 우리는 여전히 H_0을 기각하지 못한다. 임계수준이 73%를 초과할 때에만 우리는 H_0을 기각할 수 있으며, *ST* 계수가 유의하다고 결론내릴 수 있다. 그러나 10% 이상의 임계수준은 가설 검정에서 받아들여지지 않는다.

P-값은 주어진 t-통계량과 자유도에서 H_0을 기각하기 위해 고려되어야 할 t-분포 아래의 영역이다.

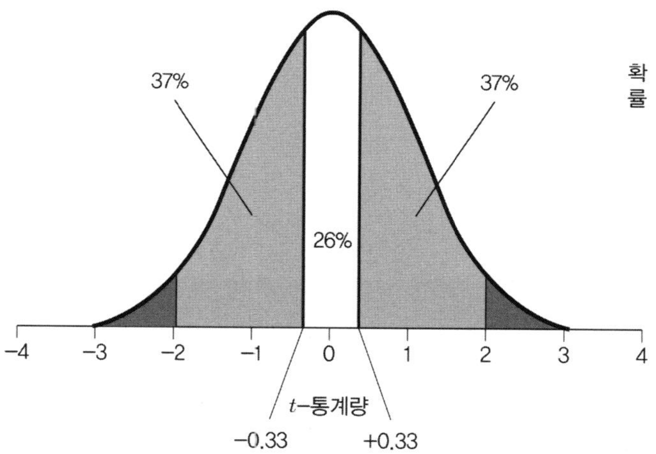

이상의 경우에서는 H_0을 기각하기 위해 74%(37%+37%)의 임계수준이 요구된다.

○ 용어정의

- 신뢰구간 - 추정된 모수의 실제값이 포함될 가능성이 있는 값들의 범위
- 상관계수(r) - 두 변수가 선형으로 관련되는 정도를 측정하는 -1과 1 사이의 통계량
- 임계수준(유의성수준) - 가설 검정에서 제1종 오류가 발생될 확률
- F-통계량 - F-분포를 따르는 통계량
- P-값 - H_0을 여전히 기각하면서 가설 검정에 사용되는 가장 낮은 수준의 유의성
- t-통계량 - t-분포를 따르는 통계량
- 제1종 오류 - 귀무가설이 사실임에도 불구하고 기각될 때 생겨나는 오류
- 제2종 오류 - 귀무가설이 사실이 아님에도 불구하고 기각하지 못할 때 생겨나는 오류

4장 연습문제

1. 어떤 교수가 25명의 학생들을 대상으로 안전벨트 착용(당신은 정규적으로 안전벨트를 착용하십니까?)과 흡연(당신은 담배를 피우십니까?)에 관한 여론조사를 실시하였다.

A) 안전벨트 착용과 흡연 간의 상관계수(r)가 −0.034이다. 여러분은 상관관계가 음수라는 사실이 놀라운가? 그 이유를 설명하라.

풀이 그렇지 않다. 흡연하는 사람들은 위험을 감수하거나 삶의 가치를 높이 평가하지 않기 때문에 안전벨트를 착용하지 않을 가능성이 더 크다.

B) r이 영(0)과 상이한지 결정하기 위한 5단계 검정 절차를 수행하라.

풀이 1. $H_0 : r = 0 \qquad H_a : r \neq 0$
2. 5%
3. 만약 $|t-$통계량$| > t^c$이면, H_0 기각
4. 0.163 〈 2.069 (자유도= n−2 = 25−2 = 23)
5. H_0 기각하지 못함; r은 통계적으로 0과 다르지 않음

$$t-\text{통계량} = \frac{r\sqrt{n-2}}{\sqrt{(1-r^2)}} = \frac{-0.034\sqrt{25-2}}{\sqrt{1-0.001156}} = \frac{-0.163}{0.998} = -0.163$$

C) r이 0보다 작은지 결정하기 위한 5단계 검정 절차를 수행하라.

풀이 1. $H_0 : r = 0 \qquad H_a : r < 0$
2. 5%
3. 만약 $t-$통계량 〈 $-t^c$이면, H_0 기각
4. −0.163 〉 −1.714 (자유도=n−2 = 25−2 = 23)
5. H_0 기각하지 못함; r은 통계적으로 0보다 작지 않음

D) 이상의 검정에도 불구하고 안전벨트 착용과 흡연이 상호 관련될 수 있는 이유를 설명하라.

풀이 제2종 오류가 발생할 가능성이 있다.

2. 어떤 교수가 30명의 학생을 대상으로 학업의 형태(당신은 이번 학기에 전일제 학생 혹은 학점제 학생입니까?)와 평균 학부학점(당신의 평균 학부학점은 얼마입니까?)에 관한 여론조사를 실시하였다.

A) 학업의 형태와 평균 학부학점 간의 상관계수(r)가 0.21이다. 여러분은 상관관계가 양수라는 사실이 놀라운가? 그 이유를 설명하라.

B) r이 영(0)과 상이한지 결정하기 위한 5단계 검정 절차를 수행하라.

C) r이 0보다 큰지 결정하기 위한 5단계 검정 절차를 수행하라.

D) 제1종 오류가 이상의 검정에서 발생할 확률은 얼마인가?

3. 다음과 같은 회귀분석 결과가 주어진다고 가정하자.

$$CORUPT_i = 5.47 - 0.05MIL_i + e_i$$

$$(0.49)\ (0.05) \leftarrow \text{표준오차}$$

$$(0.00)\ (0.34) \leftarrow P - \text{값}$$

$$SER = 2.35 \quad \overline{CORUPT} = 5.14 \quad r^2 = 0.02 \quad n = 48$$

$CORUPT_i$는 특정국가의 부패수준(0은 최소값; 10은 최대값)

MIL_i 는 특정국가의 군사력(국민 1,000명당 군인 수)

A) MIL 계수에 대한 5단계 유의성 검정을 수행하라.

풀이 1. $H_0 : \beta_1 = 0 \qquad H_a : \beta_1 \neq 0$

2. 5%

3. 만약 $|t-\text{통계량}| > t^c$이면, H_0 기각

4. 1.00 〈 2.021 (자유도=40을 적용; 자유도=$n-k$ = 48−2 = 46)

5. H_0 기각하지 못함; β_1은 통계적으로 0과 다르지 않음

B) 만약 검정의 임계수준이 5%가 아니라 40%라면, 검정 결과가 달라지는가? 그 이유를 설명하라.

풀이 그렇다. P−값이 0.340기 때문에 40% 임계수준에서는 H_0가 기각된다.

C) 상수항은 1% 임계수준에서 유의한가? 이 문제는 유의성 검정을 수행하지 않고 단지 설명하는 형태로 답하라.

풀이 그렇다. 상수항은 P-값이 0.000이기 때문에 1% 임계수준에서 유의하다.

D) MIL 계수의 90% 신뢰구간을 설정하라.

풀이 $\widehat{\beta}_1$의 90% 신뢰구간 = $\widehat{\beta}_1 + / - se(\widehat{\beta}_1)(t^c)$

$-0.05 + / - 0.05(1.684) \rightarrow -0.13 \sim 0.034$

E) 회귀분석에 대한 $r^2=0$인지 여부를 5단계 검정 절차를 수행하라(F-통계량=0.95).

풀이 1. $H_0 : r^2 = 0 \qquad H_a : r^2 > 0$

2. 5%
3. 만약 $F > F^c$이면, H_0 기각
4. 0.95 < 4.08 (자유도= 분자가 $k-1$, 분모가 $n-k$; 자유도=1 & 46 대신 1 & 40을 적용)
5. H_0 기각하지 못함; r^2는 통계적으로 0보다 크지 않음

F) 만약 검정의 임계수준이 33%이었다면, E)의 결과가 달라지는가? 그 이유를 설명하라(검정을 위한 P-값은 0.34이다).

풀이 그렇지 않다. P-값이 검정의 임계수준보다 크기 때문에 여전히 H_0를 기각하지 못한다.

G) MIL 계수가 영(0)과 같거나 혹은 0보다 큰지 결정하기 위한 5단계 검정 절차를 수행하라.

풀이 1. $H_0 : \beta_1 = 0 \qquad H_a : \beta_1 > 0$

2. 5%
3. 만약 $t-$통계량 $> t^c$이면, H_0 기각
4. −1.00 < 1.684 (자유도=$n-k$ = 48−2 = 46; 자유도=40을 적용)
5. H_0 기각하지 못함; β_1은 유의한 양의 값이 아님

H) MIL 계수가 −0.1과 같은지 여부를 결정하기 위한 5단계 검정 절차를 수행하라.

풀이 1. $H_0 : \beta_1 = -0.1 \qquad H_a : \beta_1 \neq -0.1$

2. 5%
3. 만약 $|t-\text{통계량}| > t^c$이면, H_0 기각

4. 1 〈 2.021 (자유도 = $n-k$ = 48−2 = 46; 자유도=40을 적용)

5. H_0 기각하지 못함; β_1은 통계적으로 −0.1과 다르지 않음

$$t-\text{통계량} = \frac{\widehat{\beta_0}-\beta_{H_0}}{SE(\widehat{\beta_0})} = \frac{-0.05-(-0.1)}{0.05} = 1$$

4. 다음과 같은 회귀분석 결과가 주어진다고 가정하자.

$$CORUPT_i = 7.54 - 0.25 - OVER65_i + e_i$$

$$\begin{array}{ll} (0.62)\ (0.06) \leftarrow \text{표준오차} \\ (0.00)\ (0.00) \leftarrow P-\text{값} \end{array}$$

$SER = 1.99$ $\overline{CORUPT} = 5.14$ $r^2 = 0.29$ $n = 32$

$CORUPT_i$는 특정국가의 부패수준(0은 최소값; 10은 최대값)

$OVER65_i$는 65세 이상 인구비율

A) $OVER65$ 계수에 대한 5단계 유의성 검정을 수행하라.

B) 만약 검정의 임계수준이 5%가 아니라 1%라면, 검정 결과가 달라지는가? 그 이유를 설명하라.

C) 상수항은 1% 임계수준에서 유의한가? 이 문제는 유의성 검정을 수행하지 않고, 단지 설명하는 형태로 답하라.

D) $OVER65$ 계수의 90% 신뢰구간을 설정하라.

E) 회귀분석에 대한 r^2=0인지 여부를 5단계 검정 절차를 수행하라(F−통계량=12.25).

G) $OVER65$ 계수가 영(0)과 같거나 혹은 0보다 큰지 결정하기 위한 5단계 검정 절차를 수행하라.

H) $OVER65$ 계수가 −1.00과 같은지 여부를 결정하기 위한 5단계 검정 절차를 수행하라.

PART 5

다중회귀분석

5.1 다중회귀모형의 모수 추정

다중회귀모형(multiple regression)에는 2개 이상의 설명변수가 존재한다. 이하에서는 설명변수가 2개인 모형을 고려한다.

$$Y_i = \widehat{\beta_0} + \widehat{\beta_1} X_{1i} + \widehat{\beta_2} X_{2i} + e_i$$

우리는 여전히 Σe_i^2 혹은 $\Sigma\left(Y_i - \widehat{\beta_0} - \widehat{\beta_1} X_{1i} - \widehat{\beta_2} X_{2i}\right)^2$을 최소화하는 $\widehat{\beta_0}$, $\widehat{\beta_1}$ 및 $\widehat{\beta_2}$을 구하기 위해 세 번의 편미분 값이 영(0)과 같다고 설정한다. 즉 우리는 3개의 정규방정식을 이용해 $\widehat{\beta_0}$, $\widehat{\beta_1}$ 및 $\widehat{\beta_2}$의 값을 계산할 수 있다.

$\widehat{\beta_0}$에 대한 편미분을 구하면 다음과 같다.

$$\frac{\partial \Sigma(Y_i - \widehat{\beta_0} - \widehat{\beta_1} X_{1i} - \widehat{\beta_2} X_{2i})^2}{\partial \widehat{\beta_0}} = 2\Sigma(Y_i - \widehat{\beta_0} - \widehat{\beta_1} X_{1i} - \widehat{\beta_2} X_{2i})(-1) = 0$$

이상의 식 양변을 −2로 나누고, 합계기호(Σ)를 괄호 안으로 풀어 적용하면 다음과 같다.

$$\Sigma Y_i - n\widehat{\beta_0} - \widehat{\beta_1}\Sigma X_{1i} - \widehat{\beta_2}\Sigma X_{2i} = 0$$

이제 $\widehat{\beta_0}$의 해를 도출할 수 있다.

$$\Sigma Y_i = n\widehat{\beta_0} + \widehat{\beta_1}\Sigma X_{1i} + \widehat{\beta_2}\Sigma X_{2i} \text{ (정규방정식)}$$

$$\widehat{\beta_0} = \frac{\Sigma Y_i - \widehat{\beta_1}\Sigma X_{1i} - \widehat{\beta_2}\Sigma X_{2i}}{n} = \overline{Y} - \widehat{\beta_1}\overline{X}_{1i} - \widehat{\beta_2}\overline{X}_{2i}$$

$\widehat{\beta_1}$에 대한 편미분을 구하면 다음과 같다.

$$\frac{\partial \sum (Y_i - \widehat{\beta_0} - \widehat{\beta_1} X_{1i} - \widehat{\beta_2} X_{2i})^2}{\partial \widehat{\beta_1}} = 2\sum (Y_i - \widehat{\beta_0} - \widehat{\beta_1} X_{1i} - \widehat{\beta_2} X_{2i})(-X_{1i}) = 0$$

이상의 식 양변을 −2로 나누고, 합계기호(Σ)를 괄호 안으로 풀어 적용하면 다음과 같다.

$$\sum Y_i X_{1i} - \widehat{\beta_0} \sum X_{1i} - \widehat{\beta_1} \sum X_{1i} X_{1i} - \widehat{\beta_2} \sum X_{2i} X_{1i} = 0$$

이제 $\widehat{\beta_1}$ 의 해를 도출할 수 있다.

$$\sum Y_i X_{1i} = \widehat{\beta_0} \sum X_{1i} + \widehat{\beta_1} \sum X_{1i} X_{1i} + \widehat{\beta_2} \sum X_{2i} X_{1i} \text{ (정규방정식)}$$

$$\vdots$$

$$\widehat{\beta_1} = \frac{(\sum y_i x_{1i}) - (\sum y_i x_{2i})(\sum x_{1i} x_{2i})}{(\sum {x_{1i}}^2)(\sum {x_{2i}}^2) - (\sum x_{1i} x_{2i})^2}$$

여기서 $y_i = Y_i - \overline{Y}$; $x_{1i} = X_{1i} - \overline{X}_1$; $x_{2i} = X_{2i} - \overline{X}_2$

$\widehat{\beta_2}$ 에 대한 편미분을 구하면 다음과 같다.

$$\frac{\partial \sum (Y_i - \widehat{\beta_0} - \widehat{\beta_1} X_{1i} - \widehat{\beta_2} X_{2i})^2}{\partial \widehat{\beta_2}} = 2\sum (Y_i - \widehat{\beta_0} - \widehat{\beta_1} X_{1i} - \widehat{\beta_2} X_{2i})(-X_{2i}) = 0$$

이상의 식 양변을 −2로 나누고, 합계기호(Σ)를 괄호 안으로 풀어 적용하면 다음과 같다.

$$\sum Y_i X_{2i} - \widehat{\beta_0} \sum X_{2i} - \widehat{\beta_1} \sum X_{1i} X_{2i} - \widehat{\beta_2} \sum X_{2i} X_{2i} = 0$$

이제 $\widehat{\beta_2}$ 의 해를 도출할 수 있다.

$$\sum Y_i X_{2i} = \widehat{\beta_0} \sum X_{2i} + \widehat{\beta_1} \sum X_{1i} X_{2i} + \widehat{\beta_2} \sum X_{2i} X_{2i} \text{ (정규방정식)}$$

$$\vdots$$

$$\widehat{\beta_2} = \frac{(\sum y_i x_2)(\sum {x_{2i}}^2) - (\sum y_i x_{2i})(\sum x_{1i} x_{2i})}{(\sum {x_{1i}}^2)(\sum {x_{2i}}^2) - (\sum x_{1i} x_{2i})^2}$$

여기서, $y_i = Y_i - \overline{Y}$; $x_{1i} = X_{1i} - \overline{X}_1$; $x_{2i} = X_{2i} - \overline{X}_2$

우리가 $\widehat{\beta_1}$ 과 $\widehat{\beta_2}$ 을 수기로 계산하기에는 그 수식이 너무 복잡하다. 이상의 계산은 다행히도 컴퓨터가 대신해 준다. 다음은 (컴퓨터 계산에서) $\widehat{\beta_1}$ 를 구하기 위한 공식이다.

$$\widehat{\beta_1} = \frac{(\sum(Y_i - \overline{Y})(X_{1i} - \overline{X}_1))(\sum X_{2i} - \overline{X}_2)^2 - (\sum(Y_i - \overline{Y})(X_{2i} - \overline{X}_2))(\sum(X_{1i} - \overline{X}_1)(X_{2i} - \overline{X}_2))}{(\sum X_{1i} - \overline{X}_1)^2 (\sum X_{2i} - \overline{X}_2)^2 - (\sum(X_{1i} - \overline{X}_1)(X_{2i} - \overline{X}_2))^2}$$

본 장의 뒷부분과 이후 장들의 연습문제들 중에서 이상의 수식과 같이 수기로 계산하기에 너무 복잡한 경우에는 통계 소프트웨어 패키지를 이용해야 한다. 본서에서는 IHS의 이뷰즈(Eviews)를 이용해 문제를 해결하는 방법을 소개하지만, 다른 통계 소프트웨어를 이용해도 무방하다. 마이크로소프트(Microsoft)의 엑셀이 회귀분석을 실행하기 위해 사용되지만, 엑셀은 이후의 장들에서 필요로 하는 모든 잔차 통계량들을 계산할 수 없다는 한계가 있다. 가용한 무료 소프트웨어(예: gretl)를 이용해 본서의 문제들을 해결할 수도 있다. 또한 본서의 각 문제들을 해결하는 데 필요한 모든 입력 자료는 www.mesharpe-student.com에서 이용 가능하다. 자료 파일은 엑셀 형식으로 되어 있으므로 이뷰즈와 gretl을 포함한 다양한 통계 소프트웨어 패키지로 쉽게 가져올 수 있다.

5.2 추정량의 분산과 표준오차

단순회귀분석에서 다중회귀분석으로 확장함에 따라 구조적 모수의 표준오차를 구하는 공식이 달라진다.

$$var(\widehat{\beta_0}) = \left[\frac{1}{n} + \frac{\overline{X}_1^2 \Sigma x_{2i}^2 + \overline{X}_2^2 \Sigma x_{1i}^2 - 2\overline{X}_1 \overline{X}_2 \Sigma x_{1i} x_{2i}}{(\Sigma x_{1i}^2)(\Sigma x_{2i}^2) - (\Sigma x_{1i} x_{2i})^2}\right] \cdot \hat{\sigma}^2$$

$$se(\widehat{\beta_0}) = \sqrt{var(\widehat{\beta_0})}$$

$$var(\widehat{\beta_1}) = \frac{\Sigma x_{2i}^2}{(\Sigma x_{1i}^2)(\Sigma x_{2i}^2) - (\Sigma x_{1i} x_{2i})^2} \cdot \hat{\sigma}^2$$

$$se(\widehat{\beta_1}) = \sqrt{var(\widehat{\beta_1})}$$

$$var(\widehat{\beta_2}) = \frac{\Sigma x_{1i}^2}{(\Sigma x_{1i}^2)(\Sigma x_{2i}^2) - (\Sigma x_{1i} x_{2i})^2} \cdot \hat{\sigma}^2$$

$$se(\widehat{\beta_2}) = \sqrt{var(\widehat{\beta_2})}$$

이상의 표준오차들에 대한 해석은 이전의 경우와 동일하다. 만약 우리가 $se(\widehat{\beta_2}) = 1.23$을 계산한다면, 이는 반복 표본추출을 통해 $\widehat{\beta_2}$을 계산하였을 때 그 결과들의 차이가 평균적으로 1.23만큼 생겨날 수 있음을 의미한다.

5.3 다중회귀모형의 적합도

다중회귀모형의 적합도를 나타내는 측정값들은 단순회귀모형의 경우와 비교해 조금 다르다.

회귀분석의 표준오차(SER)는 (거의) 동일한 방법으로 계산되고 해석된다.

$$\hat{\sigma} = \sqrt{\frac{\Sigma {e_i}^2}{n-2}}$$

즉 다중회귀모형의 SER은 $\hat{\sigma} = \sqrt{\frac{\Sigma {e_i}^2}{n-k}}$이며, 이때 k는 구조적 모수의 개수이다.

해석: 0.487 - 회귀선과 관측값 간의 통상적인 거리는 0.487이다.

결정계수는 R^2으로 표기(단순회귀모형에서는 r^2으로 표기)하며, 단순회귀모형에서와 동일한 공식으로 계산된다.

$$R^2 = 1 - \frac{\Sigma e_i^{\,2}}{\Sigma(Y_i - \overline{Y})^2}$$

해석: 0.001 - Y 변수의 변동 중에서 0.1%가 X 변수들에 의해 설명된다.

R^2은 k가 증가할수록 단조증가하기 때문에 설명변수의 개수가 상이한 회귀모형의 R^2 값들을 비교하는 것은 부적절하다. 그렇지만 우리는 R^2 대신 조정된 결정계수($\overline{R}^2$)를 이용해 모형의 적합도를 비교할 수 있다.

$$\overline{R}^2 = 1 - \frac{\Sigma e_i^{\,2}/(n-k)}{\Sigma(Y_i - \overline{Y})^2/(n-1)}$$

$\overline{R}^2$은 종속변수와 관련성이 낮거나 혹은 전혀 관련성이 없는 설명변수를 추가할 때에는 감소한다. 즉 추가한 설명변수에 대한 t-통계량의 절대값이 1보다 작을 때 $\overline{R}^2$은 감소하게 된다.

5.4 가설 검정의 예제

본 절에서는 다중회귀모형을 적용한 예제로써 고전적인 계량경제 연구를 살펴본다(Andersen and Jordan, 1969). 안데르센과 조던은 명목 GDP가 통화정책과 재정정책의 변동에 의해 영향을 받는다는 가설을 설정하였다. 그들은 1952년 1분기~1968년 2분기의 자료를 사용해 다양한 방법의 통화정책과 재정정책을 측정하였다. 우리는 1964년~2005년의 연도별 자료를 사용해 그들의 연구를 다시 시도한다.

$$NGDP_t = 127.35 + 1.06\,M2_{t-1} - 0.29\,FP_{t-1} + e_t$$
$$(3.75) \quad (5.55) \qquad (-0.71) \leftarrow t\text{–통계량}$$

SER = 132.65 $\overline{NGDP}$ = 282.42 R^2 = 0.47 $n=42$

$NGDP$는 명목 GDP의 변동
$M2$는 총통화(M2)공급량의 변동
FP는 표준화된 연방정부 재정적자의 변동

전년도의 통화정책과 재정정책이 금년도의 명목 GDP에 영향을 미치기 때문에 $M2$와 FP는 1기 전(t−1)의 값을 사용한다. 안데르센과 조던의 연구를 재시도한 결과는 그들의 결과와 유사하게 관측된다. 즉 통화정책은 명목 GDP에 영향을 미치지만 재정정책의 영향은 통계적으로 유의하지 않은 것으로 나타난다.

가설 검정을 수행하기 이전에 이상의 회귀분석 결과에 대한 해석이 단순회귀분석 결과에 대한 해석과 어떻게 다른지 살펴본다.

해석:

$\widehat{\beta_0}$ = 127.35: $M2_{t-1}$과 FP_{t-1}이 영(0)일 때 $NGDP_t$는 127.35이다.

$\widehat{\beta_1}$ = 1.06: FP_{t-1}이 일정한 상태에서 $M2_{t-1}$이 1단위 증가하면, $NGDP_t$는 1.06단위 증가한다.

$\widehat{\beta_2}$ = −0.29: $M2_{t-1}$이 일정한 상태에서 FP_{t-1}이 1단위 증가하면, $NGDP_t$는 0.29단위 감소한다.

R^2 = 0.47: $NGDP$ 변동의 47%가 $M2_{t-1}$과 FP_{t-1}에 의해 설명된다.

SER = 132.65: 통상적인 회귀분석 오차가 132.65이다.

가설검정

FP_{t-1} 계수는 올바른 부호이다. 즉 표준화된 연방정부의 재정적자가 증가하면 경제가 위축되고 명목 GDP는 감소한다. 그러나 이상의 결과에서는 FP_{t-1} 계수가 통계적으로 영(0)과 다르지 않다.

$\widehat{\beta_2}$에 대한 유의성 검정

1) H_0: $\beta_2 = 0$ $\quad H_a$: $\beta_2 \neq 0$

2) 5%

3) 만약 $|t$-통계량$| > t^c$이면, H_0 기각

4) $0.71 < 2.023$ (자유도$=n-k=42-3=39$)

5) H_0 기각하지 못함; $\widehat{\beta_2}$은 통계적으로 유의하지 않음

그러나 총통화공급량의 변동은 양(+)의 부호 검정 결과에 따라 명목 GDP에 양의 영향을 미친다.

$\widehat{\beta_1}$에 대한 양(+)의 부호 검정

1) H_0: $\beta_1 = 0$ $\quad H_a$: $\beta_1 > 0$

2) 5%

3) 만약 t-통계량 $> t^c$이면, H_0 기각

4) $5.55 > 1.685$ (자유도$= n-k = 42-3 = 39$)

5) H_0 기각; $\widehat{\beta_1}$은 유의한 양수

이상의 결과들은 거시경제 정책으로 재정정책에 비해 통화정책이 보다 효과적일 수 있음을 시사한다.

5.5 다중회귀분석의 직관적 설명

단순회귀분석은 기하학적으로 2차원 평면에서 관측값들 사이에 하나의 선을 근사시키는 것으로 나타난다.

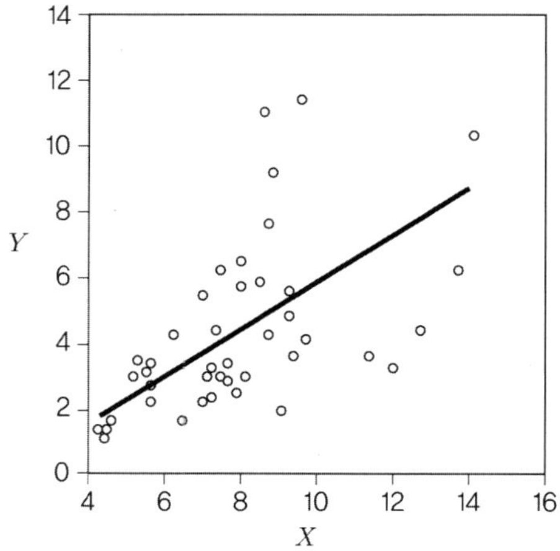

2개의 설명변수를 가진 회귀분석은 3차원 공간에 평면을 맞추는 것과 같다.

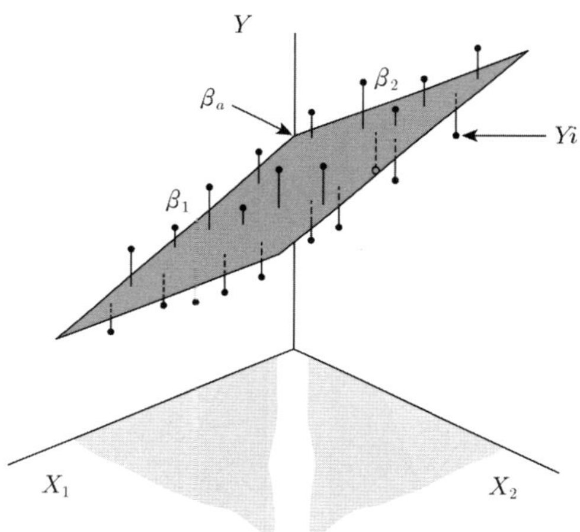

3개의 설명변수를 가진 회귀분석은 3차원 개체를 4차원 공간의 관측값으로 적합시키는 것이 될 수 있다. 이 경우에 대한 그림은 독자들에게 맡긴다.

5.6 모형식별

주어진 회귀모형에서 특정 변수의 포함 여부를 결정하기 위해 적용할 명확한 기준은 존재하지 않는다. 그러나 연구자들이 모형식별을 결정하는 데 도움을 받을 수 있는 몇 가지 일반적인 규칙이 있다. 우리는 그 규칙들을 논의하기 이전에 모형식별 과정이 중요하다는 사실을 이해해야 한다.

설명변수 조합을 조금씩 바꿔가면서 회귀분석을 반복하다가 본인의 예상과 부합하는 결과가 도출될 때 멈추는 방식은 완전히 부적절하고 비윤리적이다. 이와 같은 상황에서의 가설 검정은 연구자가 본인의 선입관과 부합하는 결과를 도출하기 위해 적극적으로 노력하였기 때문에 유효하지 않다.

모형식별의 적절한 방법은 어떤 설명변수가 해당 회귀모형에 포함될지 여부를 철저히 조사하는 것이며, 이때 경제이론은 최고의 길잡이 역할을 수행한다. 모형식별은 종속변수에 큰 영향을 미치는 모든 설명변수를 포함하는 것이 중요하다. 우리는 변수를 추가하면서 회귀분석을 반복적으로 실행하는 행위가 범죄는 아니지만, 선입견이 반영된 결과를 얻기 위한 낚시처럼 보일 수 있다는 사실을 유념해야 한다.

경제이론이 특정변수의 포함 여부를 때때로 알려주지 않으며, 이 경우 도움이 되는 몇 가지 통계 지표는 다음과 같다.

- 유의성 - t-통계량이 작거나(절대값 < 2) 높은 P-값(> 0.05)을 갖는 설명변수는 모형에서 제외될 대상이다. 이와 같은 설명변수는 유의성 검정을 통과하지 못한다.
- 조정된 R^2 - 만약 조정된 R^2이 설명변수를 추가하였는데도 감소하면, 이는 해당 설명변수는 포함되지 않아야 한다는 근거이다. 즉 추가된 설명변수가 1보다 작은 t-통계량의 절대값($|t-\text{통계량}| < 1$)을 갖는다면, 조정된 R^2은 감소한다.
- 아카이케 정보기준(Akaike information criterion)과 슈왈츠 기준(Schwarz criterion) - 조정된 R^2과 마찬가지로 이 통계량들은 회귀모형에 설명변수를 추가함으로써 적합도가 얼마나 증가하는지 알려준다. 그러나 이 통계량들은 조정된 R^2과는 달리 작아질수록 해당 설명변수가 모형에 포함되어야 함을 나타낸다.

아카이케 정보기준:

$$\text{AIC} = -2[(-n/2)\{1+\log(2\pi)+\log(\hat{\sigma}^2/n)\}]/n+2k/n$$

슈왈츠 기준:

$$\text{SC} = -2[(-n/2)\{1+\log(2\pi)+\log(\hat{\sigma}^2/n)\}]/n+(k\log n)/n$$

- 계수 값의 변화 - 특정 설명변수가 회귀모형에서 누락되었을 때 남아있는 설명변수들의 계수 값이 현저하게 변동한다면, 누락된 설명변수가 회귀모형에 포함되어야함을 제시한다.
- 램지의 RESET 검정(Ramsey's RESET test) - 램지(Ramsey, 1969)는 설명변수를 회귀모형에서 제외할지 여부를 판단하기 위해 F-검정을 고안하였다.

1) H_0: $\beta_2 = \beta_3 = 0$ (변수들이 누락되지 않음) H_a: β_2 및/혹은 $\beta_3 \neq 0$ (변수들이 누락되어 있음)
2) 5%
3) 만약 $F > F^c$이면, H_0 기각
4) F와 F^c 계산
5) H_0 기각 혹은 기각하지 못함

F-통계량은 다음의 수식을 이용해 계산된다.

$$F = \frac{(SSR_U - SSR_R)/2}{(1 - SSR_U)/(n-k)}$$

구체적으로 최초의 회귀분석 이후 종속변수에 대한 예측값의 제곱항과 세제곱항을 설명변수에 포함하는 보조 회귀분석이 실행되어야 한다. 이후에는 최초의 회귀분석에 대한 잔차의 제곱합(SSR_R)과 보조 회귀분석에 대한 잔차의 제곱합(SSR_U)을 이용해 F^c와 비교하기 위한 F-통계량을 계산한다.

SSR_R: $Y_i = \hat{\beta}_0 + \hat{\beta}_1 X_{1i} + e_i$로부터 $\sum e_i^2$

SSR_U: $Y_i = \hat{\beta}_0 + \hat{\beta}_1 X_{1i} + \hat{\beta}_2 \hat{Y}_i^2 + \hat{\beta}_3 \hat{Y}_i^3 + e_i$로부터 $\sum e_i^2$

F^c(임계값)는 F-분포표에서 찾을 수 있다. 분자의 자유도는 2(SSR_U에 추가된 변수가 2개)이고, 분모의 자유도는 $n-k$이다.

만약 $F > F^c$이면, H_0는 기각되며, 이는 중요한 변수가 모형식별에서 누락되었을 가능성을 제시한다.

이상의 모든 규칙에 비해 경제이론이 우선된다. 특정변수가 이론적으로 반드시 포함되어야 한다면 이상의 통계 지표들은 모두 뒷전으로 밀려난다.

우리는 안데르센과 조던의 예제로 다시 돌아가서 그들의 결과를 살펴본다. 그들은 이론적으로 정당한 설명변수로서 통화정책과 재정정책을 주장하였다. 그러나 그들은 이상의 변수들을 어떻게 측정해야 할지에 대해서는 확신하지 못하였다. 그들은 (M1의 변동과 본원통화의 변동을 포함한) 다양한 통화정책의 측정값들과 몇몇의 재정정책 변수들을 사용하였다.

그들은 여러 조합의 회귀분석 실행이 그들의 결과에 대한 회의적인 반응을 일으킬 수 있음을 인식하고, 모든 회귀분석 결과들을 공개하였다. 그들의 모든 결과들은 통화정책이 명목 GDP에 영향을 미치지만 재정정책은 영향을 미치지 않는 것으로 일관성 있게 도출되었다.

5.7 과소식별

과소식별(underspecification)은 중요한 설명변수가 회귀모형에 포함되지 않은 경우에 발생한다. 안데르센과 조던의 예제에서 통화정책 변수를 모형에서 제외하면 어떤 결과가 나타나는지 살펴본다.

정확히 모형식별된 안데르센과 조던의 방정식

$$NGDP_t = 127.35 + 1.06M2_{t-1} - 0.29FP_{t-1} + e_t$$

(3.75) (5.55) (−0.71) ← t−통계량

SER = 132.65 $\overline{NGDP} = 282.42$ $R^2 = 0.47$ $n = 42$

조정된 $R^2 = 0.45$

아카이케 정보기준 = 12.68

슈왈츠 기준 = 12.81

과소식별된 안데르센과 조던의 방정식

$$NGDP_t = 276.91 - 0.81FP_{t-1} + e_t$$
$$(10.15) \quad (-1.56) \leftarrow t\text{-통계량}$$

SER = 175.26　$\overline{NGDP}$ = 282.42　r^2 = 0.06　n = 42
조정된 R^2 = 0.03
아카이케 정보기준 = 13.22
슈왈츠 기준 = 13.30

조정된 R^2의 급격한 감소는 과소식별된 회귀모형의 적합도가 크게 떨어졌음을 제시한다. 아카이케 정보기준과 슈왈츠 기준 통계량들은 증가하였는데, 이 역시 적합도가 감소하였음을 의미한다. 또한 우리는 이상의 두 회귀분석 결과에서 추정량들이 크게 달라진 사실도 주목해야 한다. 즉 상수항은 127.35에서 276.91로, FP_{t-1} 계수는 -0.29에서 -0.81로 변하였다. 이상의 큰 차이는 회귀모형에 누락변수(omitted variable)가 존재한다는 사실을 시사한다.

마지막으로 과소식별된 회귀모형은 램지의 RESET 검정을 통과하지 못한다.

1) H_0: $\beta_2 = \beta_3 = 0$　　H_a: β_2 및/혹은 $\beta_3 \neq 0$
   (변수들이 누락되지 않음)　　(변수들이 누락되어 있음)
2) 5%
3) 만약 $F > F^c$이면, H_0를 기각
4) 3.66 > 3.245; F^c의 분자 자유도=2; 분모 자유도= $n-k = 42-4 = 38$
   (분자 자유도=2와 분모 자유도=38을 적용해 F-분포표 이용)
5) H_0 기각; 이 회귀모형은 변수가 누락되어 있음

모든 지표들은 통화정책 변수를 제외한 회귀모형이 과소식별 되었음을 나타낸다. 만약 관련된 설명변수가 회귀모형에서 제외되면, 모수 추정량들과 이로 인한 잔차 통계량들이 모두 편의(편향)되는 심각한 결과를 초래한다. 이는 반복 표본추출에서 추정량들

의 평균이 실제값과 다르다는($E[\hat{\beta_1}] \neq \beta_1$) 것을 의미한다.

5.8 과대식별

우리는 안데르센과 조던의 예제에서 모형과 관련이 없는 변수, 이를테면 $RAND_t$(컴퓨터에 의해 생성된 일련의 무작위로 추출된 수로 이루어진 변수)를 임의로 추가함으로써 의도적으로 과대식별(overspecification)을 한다.

과대식별된 안데르센과 조던의 방정식

$$NGDP_t = 152.46 + 1.05M2_{t-1} - 0.23FP_{t-1} - 8.42RAND_t + e_t$$
$$(3.75) \quad (5.55) \quad (-0.71) \quad (-0.93) \leftarrow t\text{-통계량}$$

SER = 132.87 $\overline{NGDP} = 282.42$ $R^2 = 0.49$ $n = 42$

조정된 $R^2 = 0.44$

아카이케 정보기준 = 12.71

슈왈츠 기준 = 12.87

조정된 R^2은 약간 감소한 반면, 아카이케 정보기준과 슈왈츠 기준 통계량들은 모두 조금 상승한다. 따라서 이상의 세 통계량은 모두 $RAND$가 회귀모형에 포함되지 않아야 한다고 제시한다. 모수 추정량들은 $RAND$를 포함해도 큰 차이를 나타내지 않는다. $M2_{t-1}$ 계수가 1.06에서 1.05로 조금 달라졌다. 이 역시 $RAND$가 모형과 관련이 없음을 시사한다.

램지의 RESET 검정은 회귀모형의 과대식별 여부를 확인하는 데에는 도움이 되지 않기 때문에 여기서는 고려하지 않는다. $RAND$는 작은 t-통계량(절대값이 1보다 작음)을 가질 뿐만 아니라 이상의 지표들을 고려할 때 모형과 관련이 없는 설명변수라는 사실이 명확하다.

회귀모형에 관련이 없는 설명변수가 포함되면, 회귀분석 결과는 비효율적인(최상이 아닌) 추정량을 도출한다. 비효율적인 추정량은 효율적인 추정량에 비해 반복 표본추출에서 더 큰 변동성을 갖는다. 이상의 상황에서는 가설 검정에 활용하는 t-통계량이 부풀려진 표준오차로 계산되기 때문에 가설 검정을 수행할 때 주의가 요구된다. 즉 이상의 경우는 제2종 오류가 발생할 가능성이 증가한다.

○ 용어정의

- 조정된 $R^2(\overline{R}^2)$ - 회귀모형에 관련이 없는 설명변수가 추가될 때 감소하는 경향이 있는 통계량
- 아카이케 정보기준 - 회귀모형에 관련이 없는 설명변수가 추가될 때 증가하는 경향이 있는 통계량
- 편의 추정량 - 반복 표본추출에서 추정량의 평균이 실제값과 동일하지 않음
- 비효율적인 추정량 - 반복 표본추출에서 효율적인 추정량에 비해 변동성이 더 큰 추정량
- 다중회귀모형 - 2개 이상의 설명변수를 가진 회귀모형
- 과대식별 - 회귀모형에 관련이 없는 설명변수가 1개 이상 포함된 경우
- 램지의 RESET 검정 - 회귀모형이 과소식별 되었는지 여부를 판단하는 데 도움이 되는 통계적 검정 방법
- 슈왈츠 기준 - 회귀모형에 관련이 없는 설명변수가 추가될 때 증가하는 경향이 있는 통계량
- 과소식별 - 회귀모형에서 중요한 설명변수가 누락된 경우

5장 연습문제

1. 다음의 회귀분석을 실행하기 위해 SDATA.XLS의 자료와 통계 소프트웨어를 사용하라.

$$GPA_i = \hat{\beta}_0 + \hat{\beta}_1 ST_i + e_i$$

여기서, GPA = 평균 학부학점
ST = 1일 공부시간

Dependent Variable: GPA
Method: Least Squares
Sample: 1 100
Included observations: 100

Variable	Coefficient	Std. Error	t-Statistic	Prob.
C	3.273582	0.057858	56.57915	0.0000
ST	0.026922	0.015906	1.692630	0.0937

R-squared	0.028404	Mean dependent var	3.347000
Adjusted R-squared	0.018490	S.D. dependent var	0.386503
S.E. of regression	0.382913	Akaike info criterion	0.937782
Sum squared resid	14.36903	Schwarz criterion	0.989885
Log likelihood	-44.88909	F-statistic	2.864998
Durbin-Watson stat	1.833710	Prob(F-statistic)	0.093703

A) 여러분이 구한 $\hat{\beta}_0$ 값을 해석하라.

풀이 만약 $ST = 0$이면, $GPA = 3.273582$이다.

B) 여러분이 구한 $\hat{\beta}_1$ 값을 해석하라.

풀이 만약 ST가 1단위 증가하면, GPA가 0.026922단위 증가할 것으로 기대된다.

C) 반복 표본추출에서 $\hat{\beta}_1$은 통상적으로 어느 정도 차이가 생기는가?

풀이 0.015906

D) 5단계 검정 절차를 사용해 $\widehat{\beta_1}$에 대한 유의성 검정을 수행하라.

풀이 1) H_0: $\beta_1 = 0$ H_a: $\beta_1 \neq 0$

2) 5%

3) 만약 $|t-$통계량$| > t^c$이면, H_0 기각

4) 1.692630 〈 1.984 (자유도 = $n-k$ = 100−2 = 98)

5) H_0 기각하지 못함; β_1은 통계적으로 0과 다르지 않음

E) GPA의 변동 중에서 공부시간이 몇 %를 설명하는가?

풀이 2.8404%

F) 5단계 검정 절차를 사용해 $r^2 = 0$인지 여부를 결정하기 위한 검정을 수행하라.

풀이 1) H_0: $r^2 = 0$ H_a: $r^2 > 0$

2) 5%

3) 만약 $F > F^c$이면, H_0 기각

4) 2.864998 〈 3.938 (자유도: 분자가 k−1 = 1, 분모가 $n-k$ = 98)

5) H_0를 기각하지 못함; r^2은 통계적으로 0과 다르지 않음

G) 이상의 결과들에 의하면, GPA를 0.1만큼 높이기 위해서는 하루에 몇 시간을 더 공부해야 하는가?

풀이 $? \times 0.026922 = 0.1$; (일간) 3.7시간

H) GPA와 ST 간의 산점도를 추정한 회귀선과 함께 그림으로 나타내라.

풀이 여러분은 가로축(X축)에 ST를, 세로축(Y축)에 GPA를 설정함에 유의하기 바람.

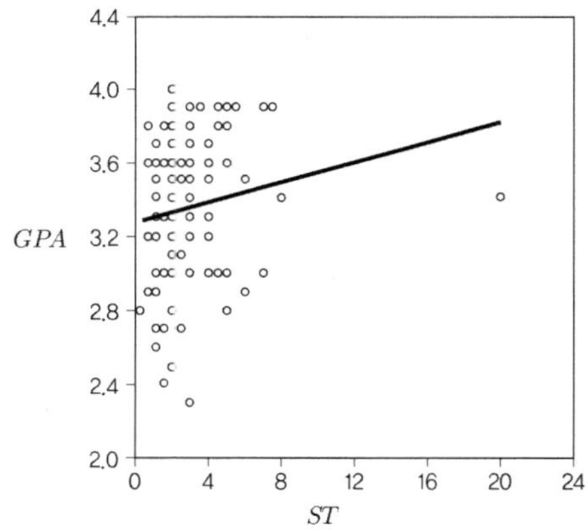

I) 관측값과 회귀선 간의 평균적인 거리는 얼마인가?

풀이 0.382913

J) 여러분은 이상의 결과들을 살펴보고 공부시간을 줄일 것인가? 그 이유를 설명하라.

풀이 그렇다. 이 결과는 공부시간이 성적에 영향을 미치지 않음을 의미한다.
혹은 그렇지 않다. 이 결과에는 설명변수의 누락으로 인해 편의가 발생하였을 가능성이 있다. 또한 학생들이 공부시간을 과장하였거나 혹은 일반적인 형태가 아니었기 때문에 자료가 부정확할 수 있다.

2. 다음의 회귀분석을 실행하기 위해 SDATA.XLS의 자료와 통계 소프트웨어를 사용하라.

$$GPA_i = \widehat{\beta_0} + \widehat{\beta_1} ST_i + \widehat{\beta_2} SAT_i + e_i$$

여기서, GPA = 평균 학부학점
ST = 1일 공부시간
SAT = 대학입학자격시험 성적

A) 여러분이 구한 $\widehat{\beta_0}$ 값을 해석하라.

B) 여러분이 구한 $\widehat{\beta_1}$ 값을 해석하라.

C) 5단계 검정 절차를 사용해 $\widehat{\beta_1}$에 대한 양(+)의 단측검정을 수행하라.

D) 여러분이 구한 $\widehat{\beta_2}$ 값을 해석하라.

E) 5단계 검정 절차를 사용해 $\widehat{\beta_0} < 1$인지 결정하기 위한 검정을 수행하라.

F) 여러분이 구한 R^2을 해석하라.

G) 이번 회귀모형과 1번 문제의 회귀모형 중 어느 회귀모형이 더 적합한가? 여러분은 어떤 기준으로 그렇게 판단하는가?

H) 조사에 응한 일반적인 학생은 1일 평균 3.0시간을 공부하며 SAT 점수는 1,125점이다. 여러분은 이상의 분석결과를 바탕으로 학생들의 GPA 평균값을 얼마로 예상하는가?

3. 다음의 회귀분석을 실행하기 위해 CONSUMP.XLS의 자료와 통계 소프트웨어를 사용하라.

$$RCONPC_t = \widehat{\beta}_0 + \widehat{\beta}_1 REALYDPC_t + \widehat{\beta}_2 REALR_t + e_t$$

여기서, $RCONPC$ = 미국 1인당 실질 소비지출
$REALYDPC$ = 1인당 실질 처분가능소득
$REALR$ = 1년 만기 재무성 채권의 실질이자율

A) 모든 설명변수들의 계수가 예상한 부호로 도출되는가?

풀이 그렇다.

B) CC(미시간대학교의 소비자신뢰도 지수)를 제외하고, 이상의 회귀모형에 어떤 설명변수가 누락되었는가?

풀이 이 모형에는 자산, 인구의 연령별 분포 등이 누락되어 있다.

C) 5단계 검정 절차를 사용해 램지의 RESET 검정을 수행하라. 이 검정 결과에 의하면, 변수가 누락되었다고 판단할 수 있는가?

풀이 1) H_0: $\beta_3 = \beta_4 = 0$ (변수들이 누락되지 않음) H_a: β_3 및/혹은 $\beta_4 \neq 0$ (변수들이 누락되어 있음)
2) 5%
3) 만약 $F > F^c$이면, H_0 기각
4) 70.51342 〉 3.226 (분자의 자유도= 2; 분모의 자유도 = $n - k$ = 46–5 = 41)
5) H_0 기각; 이 회귀모형에는 설명변수가 누락되어 있음

4. 다음의 회귀분석을 실행하기 위해 MBAPAY.XLS의 자료와 통계 소프트웨어를 사용하라.

$$MBAPAY_i = \widehat{\beta}_0 + \widehat{\beta}_1 AVGMAT_i + \widehat{\beta}_2 ACRATE_i + e_i$$

여기서, $MBAPAY_i$ = i학교 MBA 학생들의 평균 초임 임금
$AVGMAT_i$ = i학교의 평균 GMAT 점수
$ACRATE_i$ = i학교의 합격률

A) 모든 설명변수들의 계수가 예상한 부호로 도출되는가?

B) $AVGPA$(i학교에 입학한 학생들의 평균 학부학점)를 제외하고, 이상의 회귀모형에 어떤 설명변수가 누락되었는가?

C) 5단계 검정 절차를 사용해 램지의 RESET 검정을 수행하라. 이 검정 결과에 의하면, 변수가 누락되었다고 판단할 수 있는가?

5. 다음의 회귀분석을 실행하기 위해 CONSUMP.XLS의 자료와 통계 소프트웨어를 사용하라.

$$RCONPC_t = \widehat{\beta}_0 + \widehat{\beta}_1 REALYDPC_t + \widehat{\beta}_2 REALR_t + \widehat{\beta}_3 CC_t + e_t$$

여기서, $RCONPC$ = 미국 1인당 실질 소비지출
$REALYDPC$ = 1인당 실질 처분가능소득
$REALR$ = 1년 만기 재무성 채권의 실질이자율
CC = 미시간대학교의 소비자신뢰도 지수

A) CC 계수가 예상한 부호로 도출되는가?

풀이 그렇다. 우리는 소비자들의 신뢰도가 높을수록 미래에 닥칠 비상상황에 대비해 저축할 필요가 줄어들므로 더 많이 지출할 것으로 기대한다.

B) CC에 대한 유의성 검정 결과는 CC가 회귀모형에 포함되는 것을 정당화하는가?

풀이 그렇다.

C) 조정된 R^2에 의하면, CC는 회귀모형에 포함되어야 하는가?

풀이 그렇다. CC가 포함되면 조정된 R^2은 0.993901에서 0.996646으로 증가한다.

D) 아카이케 정보기준에 의하면, CC는 회귀모형에 포함되어야 하는가?

풀이 그렇다. CC가 포함되면 아카이케 정보기준은 14.85672에서 14.27868로 감소한다.

E) 슈왈츠 기준에 의하면, CC는 회귀모형에 포함되어야 하는가?

풀이 그렇다. CC가 포함되면 슈왈츠 기준이 14.97598에서 14.43769로 감소한다.

F) 여러분은 이번 회귀모형과 3번 문제의 회귀모형 중 어느 회귀모형이 더 적합하다고 생각하는가?

풀이 R^2, 아카이케 및 슈왈츠 기준의 결과들에 기초해 이 문제의 회귀모형이 3번 문제의 회귀모형보다 더 적합하다.

G) 5단계 검정 절차를 사용해 램지의 RESET 검정을 수행하라. 이 검정 결과에 의하면, 변수가 누락되었다고 판단할 수 있는가?

풀이 1) H_0: $\beta_4 = \beta_5 = 0$ H_a: β_4 및/혹은 $\beta_5 \neq 0$
(변수들이 누락되지 않음) (변수들이 누락되어 있음)

2) 5%

3) 만약 $F > F^c$이면, H_0 기각

4) 35.97626 > 3.232 (분자의 자유도= 2; 분모의 자유도 = $n - k$ = 46−6 = 40)

5) H_0 기각; 이 회귀모형에는 설명변수가 누락되어 있음

H) $RCONPC_t = \widehat{\beta}_0 + \widehat{\beta}_1 REALYDPC_t + \widehat{\beta}_2 REALR_t + e_t$에 대한 추정량의 편의 여부와 비효율성 여부를 판단하라.

풀이 이 모형은 적어도 CC라는 중요한 설명변수가 누락되어 있기 때문에 편의가 존재한다.

I) $RCONPC_t = \widehat{\beta}_0 + \widehat{\beta}_1 REALYDPC_t + \widehat{\beta}_2 REALR_t + \widehat{\beta}_3 CC_t + e_t$에 대한 추정량의 편의 여부와 비효율성 여부를 판단하라.

풀이 이 모형에는 편의가 존재한다. 왜냐하면 램지 RESET 검정 결과가 적어도 1개 이상의 변수가 누락되어 있음을 제시하고, 경제이론은 자산이 소비지출에 영향을 미치는 중요한 요인으로 지적하기 때문이다.

6. 다음의 회귀분석을 실행하기 위해 MBAPAY.XLS의 자료와 통계 소프트웨어를 사용하라.

$$MBAPAY_i = \widehat{\beta_0} + \widehat{\beta_1} AVGMAT_i + \widehat{\beta_2} ACRATE_i + \widehat{\beta_3} AVGPA_i + e_i$$

여기서, $MBAPAY_i$ = i학교 MBA 학생들의 평균 초봉
$AVGMAT_i$ = i학교의 평균 GMAT 점수
$ACRATE_i$ = i학교의 합격률
$AVGPA_i$ = i학교에 입학한 학생들의 평균 학부학점

A) $AVGPA$ 계수가 예상한 부호로 도출되는가?
B) $AVGPA$에 대한 유의성 검정 결과는 $AVGPA$가 회귀모형에 포함되는 것을 정당화하는가?
C) 조정된 R^2에 의하면, $AVGPA$는 회귀모형에 포함되어야 하는가?
D) 아카이케 정보기준에 의하면, $AVGPA$는 회귀모형에 포함되어야 하는가?
E) 슈왈츠 기준에 의하면, $AVGPA$는 회귀모형에 포함되어야 하는가?
F) 여러분은 이번 회귀모형과 4번 문제의 회귀모형 중 어느 회귀모형이 더 적합하다고 생각하는가?
G) 5단계 검정 과정을 사용해 램지의 RESET 검정을 수행하라. 이 검정 결과에 의하면, 변수가 누락되었다고 판단할 수 있는가?
H) $MBAPAY_i = \widehat{\beta_0} + \widehat{\beta_1} AVGMAT_i + \widehat{\beta_2} ACRATE_i + e_i$에 대한 추정량의 편의 여부와 비효율성 여부를 판단하라.
I) $MBAPAY_i = \widehat{\beta_0} + \widehat{\beta_1} AVGMAT_i + \widehat{\beta_2} ACRATE_i + \widehat{\beta_3} AVGPA_i + e_i$에 대한 추정량의 편의 여부와 비효율성 여부를 판단하라.

4장과 5장의 자체평가

Dependent Variable: WHY

Method: Least Squares

Sample: 1978 2006

Included observations: 29

Variable	Coefficient	Std. Error	t-Statistic	Prob.
C	1.997710	51.03278	0.039146	0.9691
EX1	15.81597	3.734046	4.235611	0.0003
EX2	3.046501	2.188336	1.392154	0.1761
EX3	-0.000145	0.005735	-0.025229	0.9801

R-squared	0.765250	Mean dependent var	152.0576
Adjusted R-squared	0.373080	S.D. dependent var	51.28692
S.E. of regression	26.29775	Akaike info criterion	9.504286
Sum squared resid	17289.29	Schwarz criterion	9.692879
Log likelihood	-133.8121	F-statistic	27.16539
Durbin-Watson stat	0.723982	Prob(F-statistic)	0.000000

1. 이상의 이뷰즈(Eviews) 실행 결과물을 이용해 다음의 A)~G)를 답하라.

A) $EX1$ 계수를 해석하라.

풀이 $EX2$와 $EX3$이 일정한 상태에서 $EX1$이 1단위 증가하면, WHY는 15.81597단위 증가할 것으로 기대된다.

B) 상수항(C)의 계수를 해석하라.

풀이 만약 $EX1 = EX2 = EX3 = 0$이면, WHY는 1.997710으로 기대된다.

C) $EX2$는 17% 임계수준에서 유의한가? 그 이유를 설명하라.

풀이 유의하지 않다. P-값이 0.17보다 크다.

D) 5단계 검정 절차를 사용해 $EX2$ 계수에 대한 양(+)의 단측검정을 수행하라.

풀이 1) H_0: $\beta_2 = 0$ H_a: $\beta_2 > 0$

2) 5%

3) 만약 $t-$통계량 $> t^c$이면, H_0 기각

4) 1.392154 < 1.708 (자유도= $n-k$ =29−4= 25)

5) H_0 기각하지 못함; β_2는 유의한 양(+)의 값이 아님

E) 5단계 검정 절차를 사용해 $EX3$ 계수가 -1.11보다 큰지에 대한 가설 검정을 수행하라.

풀이 1) H_0: $\beta_3 = -1.11$ H_a: $\beta_3 > -1.11$

2) 5%

3) 만약 $t-$통계량 $> t^c$이면, H_0 기각

4) 193.6 > 1.708 (자유도= $n-k$ =29−4= 25)

5) H_0 기각; β_3은 유의하게 -1.11보다 큼

$$t-\text{통계량} = \frac{\widehat{\beta_3} - \beta_{Ho}}{SE(\widehat{\beta_3})} = \frac{-0.000145 + 1.11}{0.005735} = 193.6$$

F) 5단계 검정 과정을 사용해 R^2이 영(0)보다 큰지에 대한 가설 검정을 수행하라.

풀이 1) H_0: $R^2 = 0$ H_a: $R^2 > 0$

2) 5%

3) 만약 $F > F^c$이면, H_0 기각

4) 27.16539 > 2.99 (분자의 자유도 = k−1 = 3, 분모의 자유도 = $n-k$ = 25)

5) H_0 기각; R^2은 유의하게 영(0)보다 큼

G) 이상의 표에 제시된 정보들에 의하면(램지의 RESET 검정은 이하에서 논의할 예정이므로 여기에서는 고려하지 않음), 여러분은 이상의 회귀모형이 과소식별 혹은 과대식별 되었다고 판단하는가? 그 이유를 설명하라.

풀이 $EX2$와 $EX3$의 추정계수가 유의하지 않기 때문에 이 모형은 과대식별되어 있다.

H) 다음의 이뷰즈 실행 결과물을 이용해 램지의 RESET 검정을 수행하라. 이때 5단계 검정 절차를 제시하라.

Ramsey RESET Test:

F-statistic	15.32735	Probability	0.000059
Log likelihood ratio	24.56517	Probability	0.000005

Test Equation:
Dependent Variable: WHY
Method: Least Squares
Sample: 1978 2006
Included observations: 29

Variable	Coefficient	Std. Error	t-Statistic	Prob.
C	1190.553	228.1171	5.219043	0.0000
EX1	-314.2471	60.00884	-5.236679	0.0000
EX2	-62.55620	12.06659	-5.184249	0.0000
EX3	-0.013078	0.006110	-2.140328	0.0432
FITTED^2	0.119787	0.021647	5.533578	0.0000
FITTED^3	-0.000222	4.06E-05	-5.474315	0.0000
R-squared	0.899370	Mean dependent var		152.0576
Adjusted R-squared	0.877494	S.D. dependent var		51.28692
S.E. of regression	17.95084	Akaike info criterion		8.795142
Sum squared resid	7411.349	Schwarz criterion		9.078031
Log likelihood	-121.5296	F-statistic		41.11217
Durbin-Watson stat	1.018779	Prob(F-statistic)		0.000000

풀이 1) H_0: $\widehat{\beta}_4 = \widehat{\beta}_5 = 0$ H_a: $\widehat{\beta}_4$ 및/혹은 $\widehat{\beta}_5 \neq 0$
(변수들이 누락되지 않음) (변수들이 누락되어 있음)
2) 5%
3) 만약 $F > F^c$이면, H_0 기각
4) 15.32735 > 3.42 (분자의 자유도= 2, 분모의 자유도= $n-k=23$)
5) H_0 기각; 변수들이 누락되어 있음

I) 이상의 이뷰즈 실행 결과물에서 “FITTED^2”와 “FITTED^3” 항은 무엇을 의미하는가?

풀이 두 항은 원래의 회귀모형을 통해 WHY를 예측한 값의 제곱과 세제곱을 한 변수들이다. 이 항들은 아마도 누락변수를 나타낸다.

2. 다음 용어들의 정의를 제시하라.

A) 불편추정량

풀이 반복 표본추출에서 추정량의 평균이 실제값과 동일할 때의 추정량이다. $E(\widehat{\beta}_0) = \beta_0$.

B) 최우추정량

풀이 반복 표본추출에서 다른 어떤 추정량에 비해 변동이 가장 작은 추정량이다. 즉 β_0의 가능한 다른 어떤 추정량을 $\widetilde{\beta_0}$라고 하면, $Var(\widehat{\beta_0}) < Var(\widetilde{\beta_0})$가 성립할 때 $\widehat{\beta_0}$가 최우추정량이다.

C) 상관계수(r)

풀이 두 변수 사이의 선형의 관계, 즉 상관관계를 측정하는 통계량이다.

D) P-값

풀이 가설 검정에서 결과적으로 H_0를 기각할 수 있는 유의수준의 최소값이다.

3. 다음의 문장들이 참인지 혹은 거짓인지 판별하라.

A) 만약 회귀모형이 과대식별 되어 있다면, 관련성이 낮은 외재변수(extraneous variables)를 제거할 때 t-통계량이 훨씬 강건해진다. **풀이** 거짓

B) 만약 회귀모형이 과소식별 되어 있다면, 누락변수가 추가될 때 기존 추정량들이 크게 변동한다. **풀이** 거짓

C) 만약 회귀모형이 과대식별 되어 있다면, 관련성이 낮은 외재변수를 제거할 때 기존 추정량들이 크게 변동한다. **풀이** 참

D) 특정 계수에 대한 95% 신뢰구간은 90% 신뢰구간에 비해 더 작다. **풀이** 거짓

E) 안데르센과 조던의 방정식은 재정정책에 비해 통화정책이 더 효과적임을 시사한다. **풀이** 참

F) $Y_i = \hat{\beta}_0 + \hat{\beta}_1 X_{1i} + \hat{\beta}_2 X_{2i} + e_i$에서 추정량을 유도하기 위해 3개의 정규방정식이 만들어진다. **풀이** 참

G) 아카이케 정보기준의 값은 설명변수의 수에 비례해서 단조적으로 감소한다. **풀이** 거짓

H) 가설 검정의 임계수준이 클수록 제2종 오류가 발생할 가능성은 줄어든다. **풀이** 참

I) 어떤 계수가 1% 임계수준에서 유의하면 2% 임계수준에서는 유의하지 않다. **풀이** 거짓

J) 과대식별된 모형에서의 유의성 검정은 식별이 적절한 모형에 비해 제1종 오류가 발생할 가능성이 더 크다. **풀이** 거짓

PART 6

대안 함수형태

6.1 원점을 통과하는 회귀모형

절편(상수항)이 제거된 모형의 회귀선은 원점을 통과한다.

$$Y_i = \widehat{\beta_1} X_i + e_i$$

이 상황에서 우리는 여전히 $\sum e_i^2$의 최소화를 희망하며, $e_i = Y_i - \widehat{\beta_1} X_i$이므로 $\sum (Y_i - \widehat{\beta_1} X_i)^2$을 최소화한다. 즉 $\sum (Y_i - \widehat{\beta_1} X_i)^2$을 최소화하기 위해 $\widehat{\beta_1}$에 대한 도함수의 값이 영(0)과 같다고 설정하고, 이를 풀면 다음과 같다.

$$\hat{\beta}_1 = \frac{\sum X_i Y_i}{\sum X_i^2}$$ (상세한 도출과정은 독자들에게 연습문제로 남겨둔다.)

상수항을 제거하기 위해서는 확실한 이론적 근거가 존재해야 한다. 어떤 중요한 독립변수가 포함되지 않는 경우와 마찬가지로 절편이 부적절하게 제거되면 회귀분석 결과는 편의를 갖게 된다. 또한 원점을 통과하는 회귀모형에서 R^2과 조정된 R^2의 값들은 의미가 없다.

우리는 원점을 통과하는 회귀모형의 예시로써 오쿤의 법칙(Okun, 1962)을 고려한다. 1960년대 초 오쿤은 실업과 경제성장 간의 선형관계를 가정하였다. 구체적으로 오쿤은 실업률이 1%포인트 증가함에 따라 잠재 GDP 성장과 실질 GDP 성장 간의 차이가 2~3%포인트 확대된다고 추정하였다.

우리는 오쿤의 법칙이 2차 세계대전 이후 미국경제에서 유효한지 검증한다. 즉 다음은 실업률 변동이 잠재 GDP 성장과 실질 GDP 성장 간의 차이에 미치는 영향을 추정한 회귀분석 결과이다.

$$GDPGAP_t = -0.08 - 1.87\,CHGUN_t + e_t$$
$$(-0.05)\quad(-10.31) \leftarrow t-\text{통계량}$$

$$SER = 1.11 \quad |\overline{GDPGAP}| = 1.55 \quad r^2 = 0.70 \quad n = 47$$

$GDPGAP$ = 실질 GDP 성장에서 잠재 GDP 성장을 뺀 값

$CHGUN$ = 실업률의 변동

$CHGUN$의 계수는 실업률이 1% 증가할 때 $GDPGAP$가 1.87% 확대됨을 제시한다. 이는 오쿤이 명시한 2~3%와는 상이하며, 그 당시와는 다른 경제 상황임을 반영한다.

이상의 회귀분석에서 상수항은 통계적으로 영(0)과 다르지 않을 뿐만 아니라 이론적으로 0이 되어야 한다. 만약 특정 연도에서 다음 연도까지 실업률의 변동이 0이면, $GDPGAP$의 변동도 0이 되어야 한다. 따라서 우리는 원점을 통과하는 회귀모형을 사용해 오쿤의 법칙을 검증할 수 있다.

$$GDPGAP_t = -1.87\,CHGUN_t + e_t$$
$$(-10.09) \quad \leftarrow t-\text{통계량}$$

$$SER = 1.10 \quad |\overline{GDPGAP}| = 1.15 \quad n = 47$$

$CHGUN$의 계수는 상수항의 제거에도 불구하고 거의 변하지 않았다. 이는 우리가 외재변수(extraneous variable)를 제거할 때 기대할 수 있는 경우와 유사하다. 이상의 결과에는 r^2과 조정된 r^2이 보고되지 않는데, 이는 아카이케 및 슈왈츠와 마찬가지로 실효성이 없다는 사실에 기초한다. 회귀분석의 표준오차(SER)는 부적절한 적합성을 나타낸다.

6.2 측정 및 추정량의 단위

회귀모형 추정량은 측정단위의 변동에 의해 영향을 받지만, 그 결과의 본질은 영향을 받지 않는다. 우리는 명목 개인소비지출($PCON$)이 명목 처분가능 개인소득(DPI)에 의해 결정된다는 회귀모형을 고려한다. 이상의 원자료와 회귀분석 결과는 다음과 같다.

연도	*PCON*	*DPI*
1959	317.7	350.1
1960	331.8	365.2
1960	342.2	381.6
⋮	⋮	⋮
2011	10,729.00	11,549.30

$$PCON_t = -68.55 + 0.93\,DPI_t + e_t$$
$$(-4.42)\quad(322.25) \quad \leftarrow t-\text{통계량}$$

$SER = 73.64 \quad \overline{PCON} = 3{,}715.54$

$r^2 = 0.99 \quad n = 53$

추정결과는 DPI가 1단위 증가할 때 $PCON$이 0.93단위만큼 증가한다고 해석된다. 다시 말해 한계소비성향은 0.93으로 추정된다. 이상은 수십억$로 측정된 자료를 사용한 결과이다. 우리는 $PCON$과 DPI를 수십억$가 아닌 수백만$로 측정한 자료를 사용할 수도 있다. 이 경우 단순히 측정단위의 차이로 인해 추정결과가 상이하게 나타난다면 이상하지 않을까? 다음은 수백만$로 측정한 자료를 사용한 회귀분석 결과이다.

연도	*PCON*	*DPI*
1959	317,700	350,100
1960	331,800	365,200
1960	342,200	381,600
⋮	⋮	⋮
2011	10,729,000	11,549,300

$$PCON_t = -68{,}550 + 0.93\,DPI_t + e_t$$
$$(-4.42)\quad(322.25) \quad \leftarrow t-\text{통계량}$$

$SER = 73{,}640 \quad \overline{PCON} = 3{,}715{,}540$

$r^2 = 0.99 \quad n = 53$

새로운 결과에서도 여전히 한계소비성향은 0.93으로 고정되어 있다. 그러나 상수항, SER 및 종속변수의 평균은 1,000만큼 곱해진다. 그럼에도 불구하고 본질적으로 변한 것은 아무것도 없다. 상수항은 $DPI=0$일 때 $PCON=-68{,}550$백만$임을 의미한다고 해석되며, 이전 경우(십억$로 측정)의 상수항은 $DPI=0$일 때 $PCON=-68.55$십억$임을 의미한다고 해석된다.

또한 우리는 소수점 이하의 자릿수를 변경시켜 *DPI* 계수를 구할 수 있다. 만약 *PCON*와 *DPI*가 각각 백만$와 십억$로 측정된 경우 어떤 변화가 발생하는지 살펴보면 다음과 같다.

연도	*PCON*	*DPI*
1959	317,700	350.1
1960	331,800	365.2
1960	342,200	381.6
⋮	⋮	⋮
2011	10,729,000	11,549.30

$$PCON_t = -68{,}55.00 + 930\,DPI_t + e_t$$
$$(-4.42)\ (322.25)\ \leftarrow t-\text{통계량}$$

$SER = 73{,}640 \quad \overline{PCON} = 3{,}715{,}540$

$r^2 = 0.99 \quad n = 53$

이상의 경우에도 한계소비성향의 추정값은 영향을 받지 않는다. 즉 *DPI* 계수는 *DPI*가 1단위(또는 십억$) 증가할 때 *PCON*이 930단위(혹은 9억 3,000만$) 증가할 것으로 기대된다고 해석된다. 다시 말해 *DPI*가 1$ 증가할 때 *PCON*은 93¢ 증가할 것으로 기대된다.

여기서 우리는 인식해야 할 중요한 사항이 있다. 즉 계수의 크기는 그 유의성과 아무런 관련성이 없다. 우리는 변수를 측정하는 단위를 변화시킴으로써 단순히 계수를 더 크게 혹은 더 작게 만들 수 있다. 그러나 t-통계량은 측정단위의 변동과 무관하며 변하지 않는다.

6.3 이중-로그 모형

통상 최소제곱은 산점도상의 관측값들 사이에 직선을 그린다. 그러나 우리는 자료의 재척도화(rescaling)를 통해 곡선으로 조정할 수 있다. 대안 함수형태는 이상의 재척도화에 의해 이루어진다.

다음과 같은 1959년~2001년 미국의 우유에 대한 수요를 고려한다.

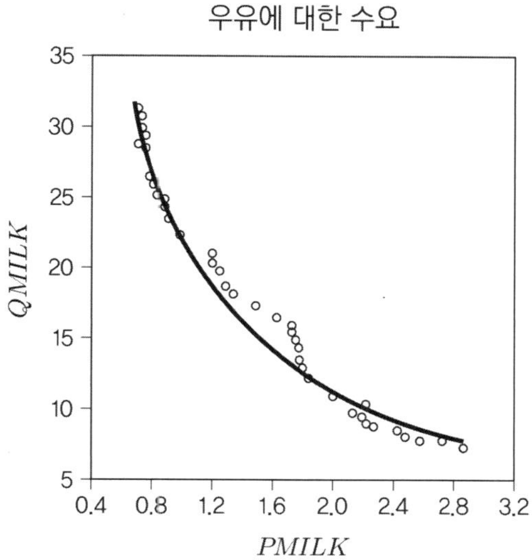

QMILK– 우유 소비(연간 1인당 갤런)
PMILK– 우유 가격(갤런당 $)

예리한 독자들은 대부분의 수요곡선과 달리 이 곡선은 수평축에 가격을 설정하고 있다는 사실에 주목할 수 있다. X축상에 독립변수(*PMILK*)의 설정이 수학적으로 올바른 방식이다. 따라서 경제학 교재와 교실에서 그린 수요곡선들은 수학적 의미에서 부정확하다. Y축상에 가격을 설정하는 전통은 알프레드 마샬(Alfred Marshall)에 의해 제안되었으며, 1890년에 저술된 경제학원론(principle of economics)에서 이상의 방식으로 수요곡선을 그렸다.

원점에 대해 볼록하게 휘어진 선이 직선보다 자료에 더 적합한 것처럼 보인다. 이는 재척도화를 통해 가능하며, 이 경우는 자료에 자연로그를 취한다.

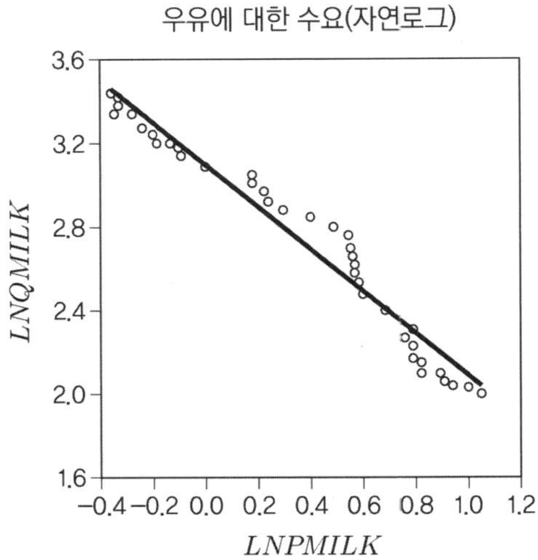

LNQMILK-*QMILK*의 자연로그
LNPMILK-*PMILK*의 자연로그

우리는 로그를 취한 관측값들 사이에 직선을 그릴 수 있다. 이 그림의 축들을 원래(로그를 취하지 않은)의 척도로 되돌려 놓으면, 직선은 원래 그림의 휘어진 선처럼 곡선으로 나타난다.

이상과 같은 기법의 적용은 대단히 단순하다. 먼저 우리는 *PMILK*와 *QMILK*에 대한 자료를 확보해 자연로그를 취한다(*LNPMILK*, *LNQMILK*).

연도	*PMILK*	*QMILK*	*LNPMILK*	*LNQMILK*
1959	0.690000	31.29000	−0.371064	3.443299
1960	0.710000	30.69000	−0.342490	3.423937
1961	0.710000	29.72000	−0.342490	3.391820
1962	0.710000	29.35000	−0.342490	3.379293
1963	0.710000	29.20000	−0.342490	3.374169
⋮	⋮	⋮	⋮	⋮
2001	2.880000	7.410000	1.057790	2.002830

*LNPMILK*가 *LNQMILK*에 미치는 영향에 대한 회귀분석 결과는 다음과 같다.

$$LNQMILK_t = 3.09 - 0.99 LNPMILK_t + e_t$$

이는 $LNQMILK$와 $LNPMILK$의 산점도 상에 직선을 그리는 것과 유사하다. 이상의 결과들의 해석은 다음과 같다.

$\widehat{\beta_0} = 3.09 \rightarrow$ 단약 $PMILK=1$이면, $LNQMILK=3.09$이다($QMILK=21.98$).

$\widehat{\beta_1} = -0.99 \rightarrow$ 만약 $PMILK$가 1% 증가하면, $QMILK$는 0.99% 감소한다.

$PMILK=1$일 때 $LNPMILK=0$이므로 $\widehat{\beta_0}$의 해석은 "만약 $PMILK=1$이면"으로 시작한다. 만약 우리가 $LNPMILK=0$을 회귀분석 결과에 대입하면, $LNQMILK=3.09$가 남는다. 이때 3.09의 역로그(anti-log)를 구하면 $QMILK=21.98$이다.

우리는 두 변수들의 자연로그 값을 사용하기 때문에 $LNPMILK$의 1단위 증가는 $PMILK$의 1% 증가로 해석할 수 있다. 따라서 $PMILK$의 1% 증가는 $QMILK$의 0.99% 감소를 야기한다.

이상의 결과는 우유에 대한 수요의 탄력성이 거의 단위탄력적임을 제시한다. 만약 가격이 1% 상승하면, 수요량은 0.99% 감소한다. 이와 같이 $\widehat{\beta_1}$의 값이 탄력성으로 해석되기 때문에 이상의 대안 함수형태는 종종 "상수 탄력성 모형(constant elasticity model)"으로 불리며, "로그-로그 모형" 혹은 "이중-로그 모형"의 이름으로도 사용된다.

다음의 박스에는 이중-로그 모형의 결과와 해석을 선형모형의 경우와 비교해 나타나 있다.

선형

$QMILK_t = 35.17 - 11.27PMILK_t + e_t \qquad r^2 = 0.94$

만약 $PMILK=0$이면, $QMILK=35.17$

만약 $PMILK$가 1단위↑, $QMILK$는 11.27단위↓

이중-로그

$LNQMILK_t = 3.09 - 0.99 LNPMILK_t + e_t \qquad r^2 = 0.96$

만약 $PMILK$=1이면, $LNQMILK$=3.09($QMILK$=21.98)

만약 $PMILK$가 1% ↑, $QMILK$는 0.99%↓

두 모형의 r^2은 좋은 적합도를 제시한다. 그러나 이중-로그 모형이 선형모형에 비해 더 좋은 적합도를 가진다는 판단은 올바르지 않다. 두 모형의 종속변수가 상이하기 때문에 r^2은 물론 조정된 r^2을 비교할 수 없다.

6.4 로그-선형 모형

또 하나의 대안 함수형태는 반-로그(semi-log) 혹은 로그-선형(log-lin) 모형이다. 이 모형은 자연로그 값의 종속변수와 자연로그를 취하지 않은 독립변수를 사용한다. 즉 이 모형의 결과는 독립변수의 절대량 변화에 대한 종속변수의 백분율(%) 변화를 제시한다. 다음의 박스는 우유에 대한 수요에 로그-선형 모형을 적용시킨 결과를 보여준다.

로그-선형:

$LNQMILK_t = 3.84 - 0.70 PMILK_t + e_t \qquad r^2 = 0.98$

만약 $PMILK = 0$이면, $LNQMILK = 3.84$($QMILK = 46.53$)

만약 $PMILK$가 1단위 ↑, $QMILK$는 70% ↓

로그-선형 모형은 추세변수를 갖는 회귀모형에서 흥미로운 해석을 제공한다. 추세변수는 매 기간마다 한 단위씩 증가한다. 다음은 미국의 실질 GDP($RGDP$)와 추세변수($TREND$)를 나타낸다.

연도	*RGDP*	*TREND*
1948	1,852.0	1
1949	1,843.1	2
1950	2,044.2	3
1951	2,159.3	4
⋮	⋮	⋮
2012	13,588.8	65

로그-선형 모형의 추정결과는 $LNRGDP_t = 7.58 + 0.032\,TREND_t + e_t$이다.

$TREND$ 계수는 "만약 $TREND$가 1단위 증가하면, $RGDP$는 3.2% 증가한다"로 해석된다. 우리는 실질 GDP가 매년 3.2%씩 증가할 것으로 기대한다. 다시 말해 1948년~2012년의 연평균 실질 GDP 성장률은 3.2%이다. 로그-선형 모형에서는 추세를 나타내는 x-변수가 연평균 성장률을 나타낸다.

6.5 선형-로그 모형

선형-로그(lin-log) 모형은 주어진 독립변수의 백분율 변화에 대한 종속변수의 절대량 변화를 파악하고자 할 때 적합하다. 다음은 우유에 대한 수요에 선형-로그 모형을 적용한 결과이다.

선형-로그

$QMILK_t = 23.18 - 16.52LNPMILK_t + e_t \quad r^2 = 0.99$

만약 $PMILK = 1$이면, $QMILK = 23.18$

만약 $PMILK$가 1% ↑ 하면, $QMILK$는 0.1652단위 ↓

다시 말해 이 모형은 산점도상에서 곡선이 보다 적합하게 나타난다. 선형-로그 회귀모형과 선형 회귀모형은 동일한 종속변수 $QMILK$를 사용하기 때문에 두 모형의 적합도는 비교 가능하다. 또한 두 가지 회귀모형에는 설명변수의 수가 동일하기 때문에

r^2을 비교할 수 있다. 즉 선형-로그 모형과 선형모형의 r^2이 각각 0.99와 0.94이므로 선형-로그 모형이 더 적합한 것으로 나타난다.

6.6. 역수 모형

역수 모형(reciprocal model)은 독립변수의 역수를 사용한다. 이 모형은 종종 상수항의 독특한 해석 때문에 점근적 관계를 추정하는 데 사용된다.

역수

$$QMILK_t = 1.34 + 20.37\left(\frac{1}{PMILK}\right)_t + e_t \quad r^2 = 0.97$$

$PMILK \rightarrow \infty$, $QMILK \rightarrow 1.34$

만약 $PMILK$가 ↑ 하면, $QMILK$는 ↓

$PMILK$가 무한대로 접근함에 따라 역수항은 0에 접근하며, $QMILK$은 1.34에 근접한다.

우리는 역수에 대한 계수(20.37)의 크기를 직관적으로 해석할 수는 없다. 다만 그 계수가 양수이므로 $PMILK$의 증가는 $QMILK$의 감소를 야기한다. 그러나 그 영향의 정도는 $PMILK$의 초기 수준에 의존한다.

6.7 다항식 모형

다항식(polynomial) 형태는 산점도 상의 관측값들 사이에 포물선을 그리는 데 사용된다. 일반적으로 수요곡선에 포물선 관계를 적용하는 것은 이해되지 않는다. 왜냐하면 포물선 관계는 주어진 수요량에 대해 2개의 가격이 관련될 수 있음을 의미하기 때문이다. 그러나 만약 수요곡선이 증가 혹은 감소하는 비율로 우하향의 기울기를 갖는다면, 다음과 같은 다항식 형태가 가능하다.

다항식

$QMILK_t = 44.07 - 24.54\,PMILK_t + 4.07\,PMILK_t^2 + e_t$

만약 $PMILK = 0$이면, $QMILK = 44.07$

$\widehat{\beta}_1 < 0$이고 $\widehat{\beta}_2 > 0$이기 때문에 PMILK가 ↑, QMILK는 어떤 지점까지 ↓ 이후 ↑

$PMILK$와 $PMILK^2$ 계수의 크기에 대한 직설적인 해석은 가능하지 않다. 그러나 $PMILK$ 계수가 음수이고 $PMILK^2$ 계수는 양수인데, 이는 $PMILK$와 $QMILK$ 간에 U자 형태의 관계가 성립할 수 있음을 제시한다. 만약 $PMILK$ 계수가 양수이고 $PMILK^2$ 계수가 음수이면, 포물선은 역U자 형태를 나타낸다.

다항식 회귀모형에서 $\widehat{\beta}_1$과 $\widehat{\beta}_2$의 패턴을 해석하기 위한 또 다른 방법은 다음과 같다:

$$Y_t = \widehat{\beta}_0 + \widehat{\beta}_1 X_t + \widehat{\beta}_2 X_t^2 + e_t$$

만약 $\widehat{\beta}_1 > 0$이고 $\widehat{\beta}_2 > 0$이면, X가 증가함에 따라 Y는 증가하는 비율로 증가한다.

만약 $\widehat{\beta}_1 < 0$이고 $\widehat{\beta}_2 < 0$이면, X가 증가함에 따라 Y는 증가하는 비율로 감소한다.

만약 $\widehat{\beta}_1 > 0$이고 $\widehat{\beta}_2 < 0$이면, X가 증가함에 따라 Y는 감소하는 비율로 증가한다.

만약 $\widehat{\beta}_1 < 0$이고 $\widehat{\beta}_2 > 0$이면, X가 증가함에 따라 Y는 감소하는 비율로 감소한다.

우유에 대한 수요를 사용한 회귀분석의 예시에서는 $\widehat{\beta}_1 < 0$이고 $\widehat{\beta}_2 > 0$이며, 이로 인해 우리는 $PMILK$가 증가하면 $QMILK$는 감소하는 비율로 감소할 것으로 기대한다.

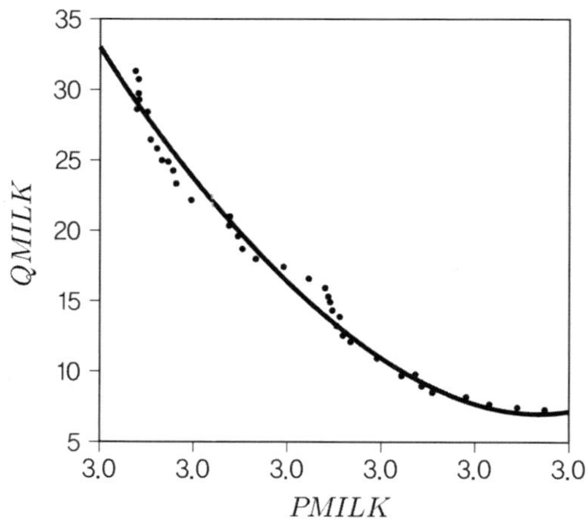

우리의 표본에서는 우유 가격이 3.0을 넘지 않는다. 만약 우유 가격이 3.0 이상이면, 다항식의 회귀선은 결국 위쪽으로 향하게 된다.

6.8 혼합 및 매칭의 대안 형태

다음의 다중회귀모형과 같이 혼합 및 매칭의 대안 함수형태가 완전히 합리적인 방안일 수 있다. 우리는 다른 변수들이 일정하다고 가정하고, 각각의 계수를 개별적으로 해석한다.

혼합 및 매칭

$$QMILK_t = 22.59 - 15.82\,LNPMILK_t + 3.58\left(\frac{1}{PCOOKIE}\right)_t + e_t$$

(여기서, $PCOOKIE$=쿠키가격)

만약 $PMILK = 1$이고, $PCOOKIE \rightarrow \infty$이면, $QMILK \rightarrow 22.59$

만약 $PMILK$가 1%↑하면, $PCOOKIE$가 일정할 때 $QMILK$는 0.1582단위↓

만약 $PCOOKIE$가 ↑하면, $PMILK$가 일정할 때 $QMILK$는 ↓

이상과 같은 특정한 대안 함수형태를 선택하는 데에는 올바른 이론적 근거가 있어야 한다.

6.9 적절한 함수형태 찾기

회귀분석이 적절한 함수형태에서 실행되어야 한다는 사실은 매우 중요하다. 만약 X와 Y 간의 관계가 곡선으로 이루어지지만 선형형태의 회귀분석이 실행된다면, 그 결과는 편의를 갖게 된다. 따라서 적절한 함수형태의 설정은 중요한 독립변수들을 모두 포함해야 하는 것만큼 중요하다.

경제이론은 적절한 함수형태를 결정하기 위한 최선의 지침이다. 만약 어떤 관계가 점근적일 경우에는 역수 형태의 모형을 사용해야 한다. 다른 연구자들이 특정 주제에서 어떤 함수형태를 사용하였는지 살펴보는 것도 종종 도움이 된다.

그러나 이론과 선행연구가 통계적 관계에 대해 항상 명확한 함수형태를 제공하지는 않는다. 두 번째 최선의 해결책은 자료가 제시하는 적절한 함수형태를 찾음으로써 가능해진다. 예를 들어 어떤 함수형태의 적합도가 다른 함수형태의 경우에 비해 훨씬 높게 나타날 수 있다. 그러나 모든 다양한 함수형태들의 적합도가 직접적으로 비교될 수 있는 것은 아니다. 그럼에도 불구하고 우리는 선형형태의 설정이 적절한지 여부를 종종 판단할 수 있다.

두 변수 간의 관계를 나타내는 산점도를 살펴보는 것도 유용한 방안이다. 우리는 우유에 대한 수요의 자료가 대안 함수형태를 제안하였음을 알 수 있었다.

마지막으로 램지의 RESET 검정은 적절한 함수형태를 찾는 데 도움이 된다. 만약 회귀모형이 적절한 독립변수들을 모두 포함한다고 할지라도, 잘못된 함수형태를 사용한 모형은 램지의 RESET 검정을 통과하지 못할 수 있다.

○ 용어정의

- 대안 함수형태 - 변수들 중 적어도 하나의 변수가 자연로그 혹은 지수멱(exponential power)과 같이 다른 단위로 변형된 회귀모형

- 원점을 통과하는 회귀분석 - 상수항이 제거된 회귀모형

- 추세변수 - 매 기간마다 1씩 증가하는 정수 값을 갖는 설명변수

6장 연습문제

1. $Y_i = \widehat{\beta}_1 X_i + e_i$에서 Σe_i^2을 최소화하는 $\widehat{\beta}_1$에 대한 공식을 도출하라.

풀이 우리는 $Y_i = \widehat{\beta}_1 X_i + e_i$에서 Σe_i^2 혹은 $\Sigma(Y_i - \widehat{\beta}_1 X_i)^2$의 최소화를 희망한다. 즉 우리는 $\Sigma(Y_i - \widehat{\beta}_1 X_i)^2$을 최소화하는 $\widehat{\beta}_0$에 대한 방정식을 찾기 위해 $\widehat{\beta}_0$에 대한 도함수가 영(0)과 같다고 설정한다.

$$\frac{d\Sigma(Y_i - \widehat{\beta}_1 X_i)^2}{d\widehat{\beta}_1} = 2\Sigma(Y_i - \widehat{\beta}_1 X_i)(-X_i) = 0$$

이상의 방정식 양변을 -2로 나누견 $\Sigma(Y_i - \widehat{\beta}_1 X_i)(X_i) = 0$이고, 합계기호를 풀어쓰면 $\Sigma Y_i X_i - \widehat{\beta}_1 \Sigma X_i^2 = 0$이 된다. 두 번째 항을 우변으로 이항시키면 $\Sigma Y_i X_i = \widehat{\beta}_1 \Sigma X_i^2$이 된다. 이와 같은 결과는 정규방정식으로 명명된다. 마지막으로 이상의 양변을 ΣX_i^2으로 나누고 재정리하면 다음과 같다.

$$\widehat{\beta}_i = \frac{\Sigma X_i Y_i}{\Sigma X_i^2}$$

2. 다음의 회귀분석을 실행하기 위해 OKUNUK.XLS의 자료와 통계 소프트웨어를 사용하라.

$$GDPGAP_t = \widehat{\beta}_0 + \widehat{\beta}_1 CHGUN_t + e_t$$

여기서, $GDPGAP$ = 영국의 실질 GDP 성장에서 잠재 GDP 성장을 뺀 값
$CHGUN$ = 영국의 실업률 변동

A) 유의성 검정에 의하면, $\widehat{\beta}_0$은 회귀모형에 포함되어야 하는가?

B) 경제적 논리에 의하면, $\widehat{\beta}_0$은 회귀모형에 포함되어야 하는가?

C) $\widehat{\beta}_0$를 제거하고 회귀분석을 다시 실행하라. $\widehat{\beta}_1$은 이전의 회귀분석 결과와 비교해 크게 변동하는가?

D) 이상의 두 가지 회귀모형 중에서 어떤 모형이 보다 적절한가? 이 물음의 답변에 대한 근거는 무엇인가?

3. 다음의 회귀모형에서 $WEIGHT$를 파운드 대신 온스로 측정하면, $\widehat{\beta}_0$, $\widehat{\beta}_1$, t-통계량, SER, r^2 및 $WEIGHT$ 평균의 새로운 값들은 어떻게 나타나는가?

$$WEIGHT_i = 51.12 + 1.85\,HEIGHT_i + e_i$$
$$(4.72) \quad (9.85) \quad \leftarrow t-\text{통계량}$$

$SER = 20.38 \quad \overline{WEIGHT} = 156.78$

$r^2 = 0.49 \quad n = 4{,}800$

풀이

$$WEIGHT_i = 817.92 + 29.6\,HEIGHT_i + e_i$$
$$(4.72) \quad (9.85) \quad \leftarrow t-\text{통계량}$$

$SER = 326.08 \quad \overline{WEIGHT} = 2{,}508.48$

$r^2 = 0.49 \quad n = 4{,}800$

4. 다음의 회귀모형에서 AGE를 몇 년이 아닌 몇 개월로 측정하고 $HEIGHT$를 피트 대신 인치로 측정하면, $\widehat{\beta}_0$, $\widehat{\beta}_1$, t-통계량, SER, r^2 및 $HEIGHT$ 평균의 새로운 값들은 어떻게 나타나는가?

$$HEIGHT_i = 1.68 + 0.35\,AGE_i + e_i$$
$$(7.72) \quad (2.11) \quad \leftarrow t-\text{통계량}$$

$SER = 12.45 \quad \overline{HEIGHT} = 5.54$

$r^2 = 0.38 \quad n = 120$

5. EGG.XLS의 자료와 통계 소프트웨어를 사용해 다음의 회귀분석을 실행하라.

$$QEGG_t = \widehat{\beta_0} + \widehat{\beta_1} PEGG_t + e_t$$

여기서, $QEGG$ = 1973년~1997년의 매년 1인당 달걀 소비
$PEGG$ = 미국의 달걀 12개짜리 한 묶음의 평균 가격

A) i) 여러분이 구한 $\widehat{\beta_0}$ 값을 해석하라.

풀이 만약 $PEGG = 0$이면, $QEGG = 341.1228$이다.

ii) 여러분이 구한 $\widehat{\beta_1}$ 값을 해석하라.

풀이 만약 $PEGG$가 1단위 증가하면, $QEGG$는 83.70535단위 감소한다.

iii) 만약 달걀 12개짜리 한 묶음당 가격이 1$ 상승하면, 이상의 회귀분석 결과는 달걀 소비가 어떻게 변동할 것으로 제시하는가?

풀이 83.70535단위 감소

B) 이중-로그 형태의 회귀분석을 실행하라.
i) 여러분이 구한 $\widehat{\beta_0}$ 값을 해석하라.

풀이 만약 $PEGG = 1$이면, $LNQEGG = 5.544318$(혹은 $QEGG = 255.78$)이다.

ii) 여러분이 구한 $\widehat{\beta_1}$ 값을 해석하라.

풀이 만약 $PEGG$가 1% 증가하면, $QEGG$는 0.361304% 감소한다.

iii) 만약 달걀 가격이 1% 상승하면, 이상의 회귀분석 결과는 달걀 소비가 몇 % 변동할 것으로 제시하는가?

풀이 0.361304% 감소

C) 반-로그 형태($PEGG$에 자연로그를 취함)의 회귀분석을 실행하라.
i) 여러분이 구한 $\widehat{\beta_0}$ 값을 해석하라.

풀이 만약 $PEGG = 1$이면, $QEGG = 256.3509$이다.

ii) 여러분이 구한 $\widehat{\beta_1}$ 값을 해석하라.

풀이 만약 $PEGG$가 1% 증가하면, $QEGG$는 0.9196824단위 감소한다.

iii) 만약 달걀 가격이 1% 상승하면, 이상의 회귀분석 결과는 달걀 소비가 어떻게 변동할 것으로 제시하는가?

풀이 0.9196824단위 감소

D) 반-로그 형태($QEGG$에 자연로그를 취함)의 회귀분석을 실행하라.

i) 여러분이 구한 $\widehat{\beta_0}$ 값을 해석하라.

풀이 만약 $PEGG=0$이면, $LNQEGG=5.877692$(혹은 $QEGG=356.98$)이다.

ii) 여러분이 구한 $\widehat{\beta_1}$ 값을 해석하라.

풀이 만약 $PEGG$가 1단위 증가하면, $QEGG$는 32.9175% 감소한다.

iii) 만약 달걀 12개짜리 한 묶음당 가격이 1$ 상승하면, 이상의 회귀분석 결과는 달걀 소비가 몇 % 변동할 것으로 제시하는가?

풀이 32.9175% 감소

E) 역수 형태의 회귀분석을 실행하라.

i) 여러분이 구한 $\widehat{\beta_0}$ 값을 해석하라.

풀이 $PEGG$가 무한대로 접근함에 따라 $QEGG$는 157.0288에 근접하다.

ii) 여러분이 구한 $\widehat{\beta_1}$ 값을 해석하라.

풀이 만약 $PEGG$가 증가하면, $QEGG$는 감소한다.

iii) 만약 달걀 12개짜리 한 묶음당 가격이 1$ 상승하면, 이상의 회귀분석 결과는 달걀 소비를 증가 혹은 감소시키는가?

풀이 감소

F) 다항식 형태의 회귀분석을 실행하라.

i) 여러분이 구한 $\hat{\beta}_0$ 값을 해석하라.

풀이 만약 $PEGG = 0$이면, $QEGG = 567.0630$이다.

ii) 여러분이 구한 $\hat{\beta}_1$과 $\hat{\beta}_2$ 값을 해석하라.

풀이 $PEGG$가 증가함에 따라 $QEGG$는 어떤 지점까지 감소한 이후 $PEGG$가 더 많이 증가하면 $QEGG$는 함께 증가한다.

G) i) 여러분은 이상의 연구에서 사용된 자료에 근거할 때 대안 함수형태와 선형형태 중 어떤 형태의 모형이 적절하다고 생각하는가? 그 이유를 설명하라.

풀이 이 경우에는 경제이론이 적절한 모형을 설정하는 데 도움이 되지 않는다. 램지 RESET 검정은 선형이 아닌 비선형을 통과시키며, 산점도는 곡선형태를 제안한다. 따라서 이 경우에는 대안 함수형태가 적절하다.

ii) 6개 회귀모형 중 어떤 모형이 자료와 가장 부합하는가?

풀이 우리가 6개 회귀모형을 모두 비교할 수 없기 때문에 특정 모형을 결정할 수 없다. 그러나 $QEGG$를 종속변수로 사용하는 회귀모형들 중에서는 조정된 r^2이 0.813771인 다항식 모형이 가장 적합하다. 또한 $LNQEGG$를 종속변수로 사용하는 회귀모형 중에서는 $r^2 = 0.766749$인 이중 로그모형이 가장 적합하다.

6. 다음의 문제들을 해결하기 위해 MATISSE.XLS의 자료와 통계 소프트웨어를 사용하라. 유명 화가가 그린 그림의 크기가 가격에 영향을 미치는가? 이 문제에 대한 해답을 찾기 위해 다음의 회귀분석을 실행하라.

$$PRICE_i = \hat{\beta}_0 + \hat{\beta}_1 SIZE_i + e_i$$

여기서, $PRICE$ = 경매에서 판매된 마티스(Matisse)의 그림 가격($)

$SIZE$ = 평방인치로 측정된 그림의 크기

A) i) 여러분이 구한 $\widehat{\beta_0}$ 값을 해석하라.

ii) 여러분이 구한 $\widehat{\beta_1}$ 값을 해석하라.

iii) 만약 마티스의 어떤 그림이 다른 그림에 비해 60제곱인치만큼 더 크다면, 비용이 더 많이 드는가? 정확히 얼마나 많이(혹은 적게) 드는가?

iv) 이상의 회귀분석 결과에 의하면, 1,500제곱인치의 마티스 그림은 경매에서 얼마에 판매되는가?

B) 이중-로그 형태의 회귀분석을 실행하라.

i) 여러분이 구한 $\widehat{\beta_0}$ 값을 해석하라.

ii) 여러분이 구한 $\widehat{\beta_1}$ 값을 해석하라.

iii) 만약 마티스의 어떤 그림이 다른 그림에 비해 5% 더 크다면, 비용이 더 많이 드는가? 정확히 몇 %만큼 더 많이(혹은 적게) 드는가?

iv) 이상의 회귀분석 결과에 의하면, 1,500제곱인치의 마티스 그림은 경매에서 얼마에 판매되는가?

C) 반-로그 형태(*PRICE*에 자연로그를 취함)의 회귀분석을 실행하라.

i) 여러분이 구한 $\widehat{\beta_0}$ 값을 해석하라.

ii) 여러분이 구한 $\widehat{\beta_1}$ 값을 해석하라.

iii) 만약 마티스의 어떤 그림이 다른 그림에 비해 60제곱인치만큼 더 크다면, 비용이 더 많이 드는가? 정확히 몇 %만큼 더 많이(혹은 적게) 드는가?

iv) 이상의 회귀분석 결과에 의하면, 1,500제곱인치의 마티스 그림은 경매에서 얼마에 판매되는가?

D) 반-로그 형태(*SIZE*에 자연로그를 취함)의 회귀분석을 실행하라.

i) 여러분이 구한 $\widehat{\beta_0}$ 값을 해석하라.

ii) 여러분이 구한 $\widehat{\beta_1}$ 값을 해석하라.

iii) 만약 마티스의 어떤 그림이 다른 그림에 비해 5% 더 크다면, 비용이 더 많이 드는가? 정확히 얼마나 많이(혹은 적게) 드는가?

iv) 이상의 회귀분석 결과에 의하면, 1,500제곱인치의 마티스 그림은 경매에서 얼마에 판매되는가?

E) 역수 형태의 회귀분석을 실행하라.

i) 여러분이 구한 $\widehat{\beta_0}$ 값을 해석하라.

ii) 여러분이 구한 $\widehat{\beta_1}$ 값을 해석하라.

iii) 만약 마티스의 어떤 그림이 다른 그림에 비해 60제곱인치만큼 더 크다면, 비용이 더 많이 드는가? 정확히 얼마나 많이(혹은 적게) 드는가?

iv) 이상의 회귀분석 결과에 의하면, 1,500제곱인치의 마티스 그림은 경매에서 얼마에 판매되는가?

F) 다항식 형태의 회귀분석을 실행하라.

i) 여러분이 구한 $\widehat{\beta}_0$ 값을 해석하라.

ii) 여러분이 구한 $\widehat{\beta}_1$과 $\widehat{\beta}_2$ 값을 해석하라.

iii) 만약 마티스의 어떤 그림이 다른 그림에 비해 60제곱인치만큼 더 크다면, 비용이 더 많이 드는가? 정확히 얼마나 많이(혹은 적게) 드는가?

iv) 이상의 회귀분석 결과에 의하면, 1,500제곱인치의 마티스 그림은 경매에서 얼마에 판매되는가?

G) i) 여러분은 이상의 연구에서 사용된 자료에 근거할 때 대안 함수형태와 선형형태 중 어떤 형태의 모형이 적절하다고 생각하는가? 그 이유를 설명하라.

ii) 6개 회귀모형 중 어떤 모형이 자료와 가장 부합하는가?

7. 다음의 문제들을 해결하기 위해 SDATA.XLS의 자료와 통계 소프트웨어를 사용하라. 여러분은 다음의 회귀분석을 실행하기 위해 어떤 함수형태가 적절한지 설명하라.

$$GPA_i = \widehat{\beta}_0 + \widehat{\beta}_1 ST_i + e_i$$

풀이 산점도는 대안함수 형태의 필요성을 제안하지 않는다. 램지의 RESET 검정은 모든 함수형태가 검정을 통과하기 때문에 도움이 되지 않는다. 그러나 선형-로그와 역수 회귀모형이 선형 회귀모형에 비해 조금 더 자료와 부합한다. 아마도 역수 모형의 표기가 가장 적합하다. 왜냐하면 선형의 경우보다 역수 모형이 자료와 더 부합하며, 이론은 점근적 관계를 제시하기 때문이다(즉 더 많이 공부할수록 GPA는 4.0에 가까워진다).

8. 환경 쿠즈네츠(Kuznets) 이론을 검증하기 위해 EKC.XLS의 자료와 통계 소프트웨어를 사용하라. 이 이론은 환경오염과 경제발전 간에 역U자 형태의 관계가 성립한다고 상정한다(Dasgupta 외, 2002).

A) 다음의 다항식 회귀분석을 실행하고, 쿠즈네츠 곡선에 관한 시사점을 논의하라.

$$CO2CAP_i = \widehat{\beta_0} + \widehat{\beta_1} GDPCAP_i + \widehat{\beta_2} GDPCAP_i^2 + e_i$$

여기서, $CO2CAP$ = 48개 국가별 1인당 이산화탄소 배출량

$GDPCAP$ = 48개 국가별 1인당 GDP

B) 다음의 회귀분석을 실행하고, 쿠즈네츠 곡선에 관한 시사점을 논의하라.

$$SO2CAP_i = \widehat{\beta_0} + \widehat{\beta_1} GDPCAP_i + \widehat{\beta_2} GDPCAP_i^2 + e_i$$

여기서, $SO2CAP$ = 48개 국가별 1인당 이산화황 배출량

C) 다음의 회귀분석을 실행하고, 쿠즈네츠 곡선에 관한 시사점을 논의하라.

$$PART_i = \widehat{\beta_0} + \widehat{\beta_1} GDPCAP_i + \widehat{\beta_2} GDPCAP_i^2 + e_i$$

여기서, $PART$ = 48개 국가별 가장 큰 도시에서의 부유분진

9. 다음의 회귀분석 결과에 대한 모든 구조적 모수를 해석하라.

$WAGES$ = 근무 시간당 급여

$LNWAGES$ = $WAGES$의 자연로그

EXP = 경험 연수

$EXPSQ$ = EXP의 제곱

A) $LNWAGES_i = 2.1 + 1.3 EXP_i + e_i$

풀이 만약 $EXP = 0$이면, $LNWAGES = 2.1$(혹은 $WAGES = 8.17$)이다.
만약 EXP가 1단위 증가하면, $WAGES$는 130% 증가한다.

B) $WAGES_i = 2.1 + 1.3 EXP_i - 2.3 EXPSQ_i + e_i$

풀이 만약 $EXP = 0$이면, $WAGES = 2.1$이다.
EXP가 증가함에 따라 $WAGES$는 어떤 지점까지 증가한 이후 EXP가 더 많이 증가하면 $WAGES$는 감소한다.

C) $WAGES_i = 2.5 - 0.1\left(\dfrac{1}{EXP}\right)_i + e_i$

풀이 EXP가 무한대로 접근함에 따라 $WAGES$는 2.5에 근접하다.
EXP가 증가함에 따라 $WAGES$도 증가한다.

10. 다음의 회귀분석 결과를 아래의 그래프 상에 그려라.

A) $LNWAGES = 2.1 + 1.3EXP$

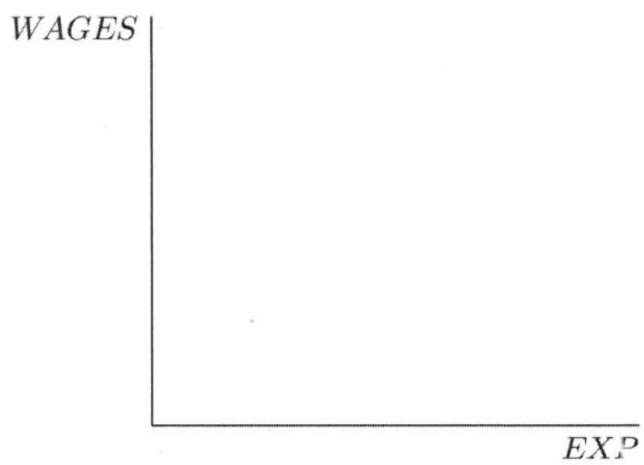

B) $WAGES = 2.1 + 1.3EXP - 2.3EXPSQ$

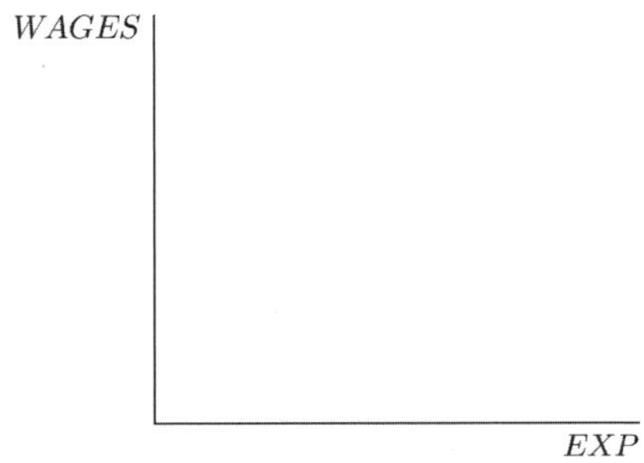

C) $WAGES = 2.5 - 0.1\left(\dfrac{1}{EXP}\right)$

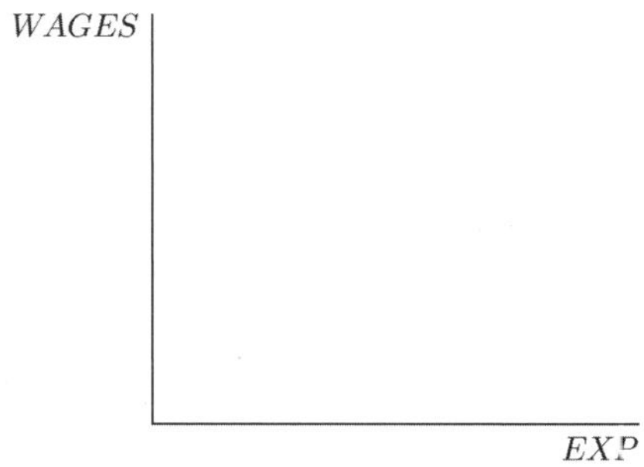

PART 7

이항변수

7.1 이항변수

이항변수는 오로지 영(0)과 일(1)만의 값을 갖는다. 이항변수는 흔히 "더미"(dummy) 변수로 불리며, 가끔은 "제한적"(limited) 변수로 언급되기도 한다.

다음의 회귀분석 결과에서 $MALE$은 더미변수이다.

$$DRINKS_i = 18.31 - 3.75\,GPA_i + 4.74\,MALE_i + e_i$$

$$(8.56) \quad (-6.23) \quad (7.55) \quad \leftarrow t\text{-통계량}$$

$$SER = 8.62 \quad \overline{DRINKS} = 7.59 \quad R^2 = 0.13 \quad n = 695$$

여기서, $DRINKS$ = 학부생의 주당 음주량

GPA = 학생의 학부학점

$MALE$ = 남성은 1, 여성은 0인 더미변수

다음은 자료 집합에서 처음 몇 개의 관측값들이다.

관측값 번호	*DRINKS*	*GPA*	*MALE*
1	3	3.7	0
2	30	3.3	0
3	4	3	1
4	0	3	0
5	0	4	1
6	15	3	1

더미변수가 추정모형에 포함된다고 할지라도 구조적 모수와 잔차 통계량에 대한 추정방법은 달라지지 않는다. 그러나 추정결과의 해석은 더미변수가 없을 때와 비교해 다소 차이가 있다.

$\widehat{\beta_0} = 18.31 \rightarrow GPA$가 0인 여학생의 주당 음주량은 18.31로 예상된다.

$\widehat{\beta_1} = -3.75 \rightarrow GPA$가 1단위 증가하면 (남녀 구분 없이) 음주량이 3.75단위 감소한다.

$\widehat{\beta_2} = 4.74$ → GPA가 동일하다고 가정할 때 남성은 여성보다 4.74만큼 많은 양을 음주한다.

이상의 더미변수에 대한 해석을 그림으로 나타내면, 남성과 여성이 서로 다른 (Y축) 절편을 가짐을 의미한다. 그러나 두 회귀선의 기울기는 평행하다.

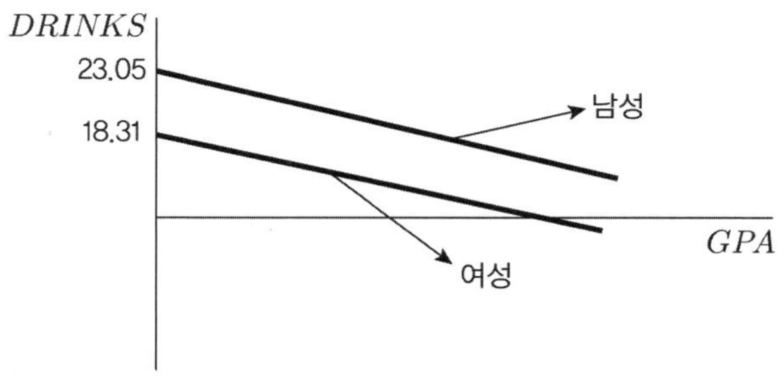

만약 우리가 더미변수를 반대로, 즉 MALE을 여성은 1, 남성은 0으로 정의하면 회귀분석 결과는 조금 달라진다. 그러나 그림은 이전의 경우와 동일하다. 새로운 회귀분석 결과는 다음과 같다.

$$DRINK_i = 23.05 - 3.75\, GPA_i - 4.74\, MALE_i + e_i$$

$\widehat{\beta_0} = 23.05$ → GPA가 0인 남학생의 주당 음주량은 23.05로 예상된다.

$\widehat{\beta_1} = -3.75$ → GPA가 1단위 증가하면 (남녀 구분 없이) 음주량이 3.75단위 감소한다.

$\widehat{\beta_2} = 4.74$ → GPA가 동일하다고 가정할 때 여성은 남성보다 4.74만큼 적은 양을 음주한다.

이상의 해석을 그림으로 그려보면, 이전의 경우와 정확히 일치한다.

7.2 계절성 분석을 위한 더미변수

더미변수는 2개 이상의 범주를 만들기 위해 사용될 수 있다. 다음의 예시에서는 소매 판매액을 연단위가 아닌 4분기로 나누어 분기별 판매액으로 정의한다.

$$RSALES_t = 517,462.20 + 63,804.40\,D2_t + 66,323.00\,D3_t + 115,777.80\,D4_t + e_t$$

여기서, $RSALES$ = 미국의 분기별 소매 판매액(백만$)

$D2$ = 2분기는 1, 나머지는 0

$D3$ = 3분기는 1, 나머지는 0

$D4$ = 4분기는 1, 나머지는 0

$\widehat{\beta_0}$ → 1분기의 평균 $RSALES$은 517,462.20백만$이다.

$\widehat{\beta_1}$ → 2분기의 $RSALES$는 1분기의 경우에 비해 63,804.40만큼 클 것으로 예상된다.

$\widehat{\beta_2}$ → 3분기의 $RSALES$은 1분기의 경우에 비해 66,323.00만큼 클 것으로 예상된다.

$\widehat{\beta_3}$ → 4분기의 $RSALES$은 1분기의 경우에 비해 115,777.80만큼 클 것으로 예상된다.

더미변수의 계수는 소매 판매액이 계절적 요인으로 인해 1분기와는 얼마나 다를 것으로 예상되는지 보여준다. 우리는 소매 판매액이 계절적으로 1분기에 가장 적고, 2분기에 더 많으며, 3분기에 여전히 더 많으며, 4분기에 가장 많다는 사실을 확인할 수 있다.

또한 우리는 소매 판매액을 4개의 범주로 나누기 위해 단지 3개의 더미변수만이 필요하다는 사실에 주목해야 한다. 그 이유는 $D2 = D3 = D4 = 0$일 때 1분기가 설정되어 있어야 하기 때문이다.

마지막으로 우리는 이상의 회귀분석에서 얻은 잔차를 소매 판매액의 평균값에 더해 줌으로써 계절조정된 소매 판매액를 구할 수 있다. 다음의 그림은 소매 판매액($RSALES$)과 계절조정된 소매 판매액($SARSALES$)의 시계열을 보여준다.

소매 판매액($RSALES$)과 계절조정된 소매 판매액($SARSALES$)

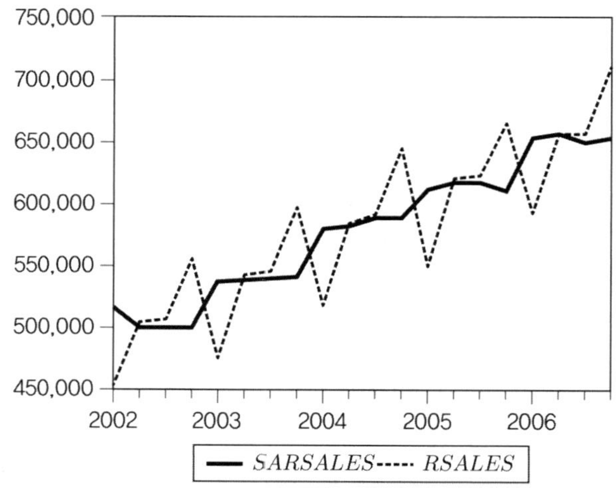

미국의 거의 모든 경제 자료는 본 절에서 설명한 방법보다 훨씬 더 정교한 절차로 조정된다. 가장 정교한 계절조정 절차는 특정 공휴일이나 윤년의 경우까지 고려한다.

7.3 교호작용항

교호작용항(interactive terms)은 더미변수와 상호 작용해서 범주가 다른 기울기를 갖도록 한다. 앞선 음주량에 관한 예시에서 추가로 $MALE$과 GPA의 교호작용항, 즉 $MALE \times GPA$를 고려한다.

$$DRINKS_i = 11.66 - 1.86\,GPA_i + 17.67\,MALE_i - 3.75\,MALE_i \times GPA_i + e_i$$

$MALE$ = 남성은 1, 여성은 0인 더미변수

$MALE \times GPA$ = $MALE$과 GPA의 교호작용항

$\widehat{\beta}_0 = 11.66 \rightarrow$ GPA가 0인 여학생의 주당 음주량이 11.66로 예상된다.

$\widehat{\beta}_1 = -1.86 \rightarrow$ GPA가 1단위 증가하면 여성의 음주량이 1.86단위 감소한다.

$\widehat{\beta}_2 = 17.67 \rightarrow$ GPA가 0인 남학생의 음주량은 GPA가 0인 여학생의 경우에 비해 17.67단위 더 많다.

$\widehat{\beta_3}$ = −3.75 → GPA가 1단위 증가하면 남성의 음주량은 여성의 감소량인 1.86단위에 추가로 3.75단위 더 크게 감소한다(즉 −1.86−3.75=−5.61단위).

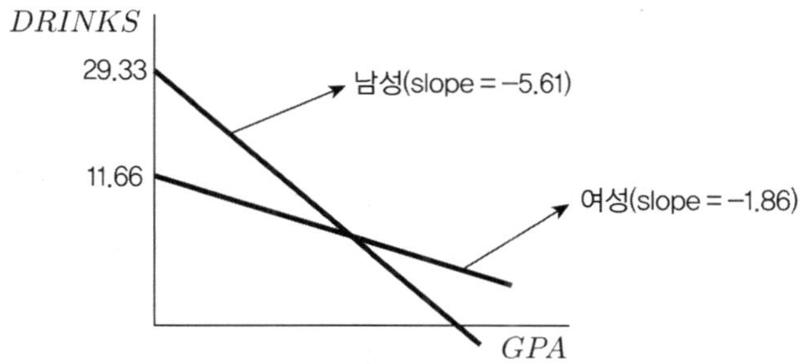

만약 더미변수의 정의를 반대로 설정하면, 회귀분석 결과는 어떻게 달라질까? 회귀분석 결과 및 그 해석은 달라지지만, 이상의 그림은 변하지 않는다.

$$DRINKS_i = 29.33 - 5.61\,GPA_i - 17.67\,MALE_i + 3.75\,MALE_i \times GPA_i + e_i$$

$MALE$ = 여성은 1, 남성은 0인 더미변수

$MALE \times GPA$ = $MALE$과 GPA의 교호작용항

$\widehat{\beta_0}$ = 29.33 → GPA가 0인 남학생의 주당 음주량이 29.33로 예상된다.

$\widehat{\beta_1}$ = −5.61 → GPA가 1단위 증가하면 남성의 음주량이 5.61단위 감소한다.

$\widehat{\beta_2}$ = −17.67 → GPA가 0인 여학생의 음주량은 GPA가 0인 남학생의 경우에 비해 17.67단위 더 적다.

$\widehat{\beta_3}$ = 3.75 → GPA가 1단위 증가하면 여성의 음주량은 남성의 감소량인 5.61단위에 비해 3.75단위 더 적게 감소한다(즉 −5.61+3.75=−1.86단위).

7.4 선형확률모형

지금까지 우리는 더미변수를 독립변수로만 사용하는 모형을 고려하였다. 이항변수는 종속변수로도 사용이 가능하다. 선형확률모형(linear probability model)은 종속변수가 더미변수인 회귀모형을 통상 최소제곱을 사용해 추정한다.

우리는 이항 종속변수를 사용하는 고전적인 계량경제 연구를 고려한다. 스펙터와 마제오(Spector and Mazzeo, 1980)는 학생이 중급 거시경제학에서 최종적으로 A 학점을 받는 데 어떤 요인들이 영향을 미쳤는지 검토하였다. 그들의 자료에 통상 최소제곱을 적용한 결과는 다음과 같다.

$$AMACRO_i = -1.4980 + \underset{(2.86)}{0.4639\,GPA_i} + \underset{(0.54)}{0.0111\,TUCE_i} + \underset{(2.72)}{0.3786\,PSI_i} + e_i$$

(괄호 안의 값 ← t−통계량)

$AMACRO$ = 거시경제학 학점이 A이면 1, 아니면 0인 더미변수

GPA = 거시경제학 수강 전 학생의 학부학점

$TUCE$ = 거시경제학 수강 전의 $TUCE$ 점수($TUCE$ 시험은 학부 경제학 이해도 시험(Test of Understanding in College Economics)이며, 33개의 객관식 문항으로 이루어져 있음)

PSI = 개인과외(튜터)를 받은 학생이면 1, 아니면 0인 더미변수

$AMACRO$는 이항 종속변수이다. 이상의 회귀모형은 설명변수에도 PSI라는 더미변수를 포함한다.

해석

만약 GPA, $TUCE$ 및 PSI가 모두 0이면, 거시경제학에서 A를 받을 확률이 −149.80%이다.

$TUCE$가 일정할 때 GPA가 1단위 증가하면 PSI(개인과외 여부)와 무관하게 거시경제학에서 A를 받을 확률이 46.39% 상승한다.

GPA가 일정할 때 $TUCE$가 1단위 증가하면 PSI(개인과외 여부)와 무관하게 거시경제학에서 A를 받을 확률이 1.11% 상승한다.

GPA와 $TUCE$가 일정할 때 개인과외를 받는 학생은 받지 않는 학생보다 거시경제학에서 A를 받을 확률이 37.86% 상승한다.

이상의 결과는 유익한 정보를 제공하지만, 모든 선형확률모형에는 몇 가지 단점이 있다.

선형확률모형의 문제점

- 오차항의 분포가 정규분포가 아닌 이항분포이므로 표본의 수가 적을 때 가설 검정은 유효하지 않다.
- R^2은 적합도를 판단할 수 있는 적절한 수단이 아니다.
- 예측된 확률이 확률의 범위를 벗어날 수 있다(즉 >1 혹은 <0).

예측된 확률이 확률의 범위를 벗어날 수 있다는 사실은 특히 당황스럽다. 우리는 이상의 선형확률모형 결과에 숫자를 대입해 몇 가지 경우를 계산할 수 있다. 먼저 어떤 학생이 $GPA=3.5$, $TUCE$ 점수=28 및 개인과외를 받았다고 가정하면 다음과 같다.

$$\widehat{AMACRO_i} = -1.4980 + 0.4639\,GPA_i + 0.0111\,TUCE_i + 0.3786\,PSI_i$$
$$0.815 = -1.4980 + 0.4639\,(3.5) + 0.0111\,(28) + 0.3786\,(1)$$

이 학생이 중급 거시경제학에서 A학점을 받을 확률은 81.5%이다. 그러나 어떤 학생이 $GPA=3.9$, $TUCE$ 점수=33 및 개인과외를 받는다고 가정하면, 중급 거시경제학에서 A학점을 받을 확률은 다음과 같이 106%가 된다.

$$\widehat{AMACRO_i} = -1.4980 + 0.4639\,GPA_i + 0.0111\,TUCE_i + 0.3786\,PSI_i$$
$$1.06 = -1.4980 + 0.4639\,(3.9) + 0.0111\,(33) + 0.3786\,(1)$$

이상의 경우가 앞서 언급한 범위를 벗어난 예측을 의미한다. 이 학생이 거시경제학에서 A학점을 받을지는 오직 하나님만이 확실히 알 수 있으며, 하나님조차도 오직 100%의 확신을 전제한다.

다음 학생의 결과는 예상 범위를 벗어나는 다른 예시이다.

$$\widehat{AMACRO_i} = -1.4980 + 0.4639\,GPA_i + 0.0111\,TUCE_i + 0.3786\,PSI_i$$
$$-0.26 = -1.4980 + 0.4639\,(2.2) + 0.0111\,(20) + 0.3786\,(0)$$

이상의 결과에 의하면, $GPA=2.2$, $TUCE$ 점수=20 및 개인과외를 받지 않은 학생은 절대로 A학점을 받을 수 없다. 더욱이 음(-)의 확률은 상식 밖의 결과이다. 다음 그림은 어떤 일이 발생하고 있는지 보여준다.

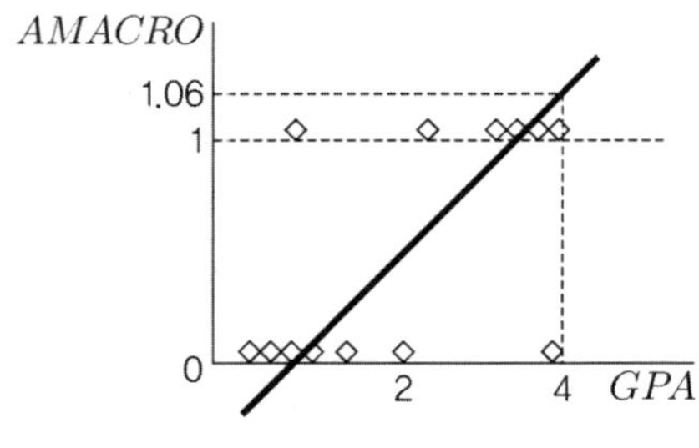

*AMACRO*는 오로지 1 혹은 0의 값을 가진다. 따라서 산점도상의 관측값들은 0 혹은 1의 값에 놓이게 된다. 이상의 그림은 *GPA*와 *AMACRO*(거시경제학 학점이 A인지 여부) 간의 관계를 보여준다. *GPA*가 높은 학생들이 *AMACRO*가 1인 경우가 많고, *GPA*가 낮은 학생들이 상대적으로 A학점을 받을 가능성이 낮게 나타난다. 선형확률모형은 통상 최소제곱의 공식을 사용해 관측값들을 지나는 적합한 직선을 찾는다. 통상 최소제곱선에 기초한 예측에 따르면, *GPA*가 3.9인 학생이 A학점을 받을 가능성은 106%이다.

7.5 로지스틱모형

로지스틱모형(logistic model)은 토지스틱 방정식에 기반을 둔다. 이 모형은 이항 종속변수를 포함한 산점도 상에 S자 형태의 곡선을 적합시킨다. 모든 로지스틱모형은 0에서 1 사이의 예측값을 갖게 되며, 이로 인해 로지스틱모형은 선형확률모형이 갖는 한 가지 한계점(즉 예측된 확률이 확률의 범위를 벗어날 수 있음)을 극복한다.

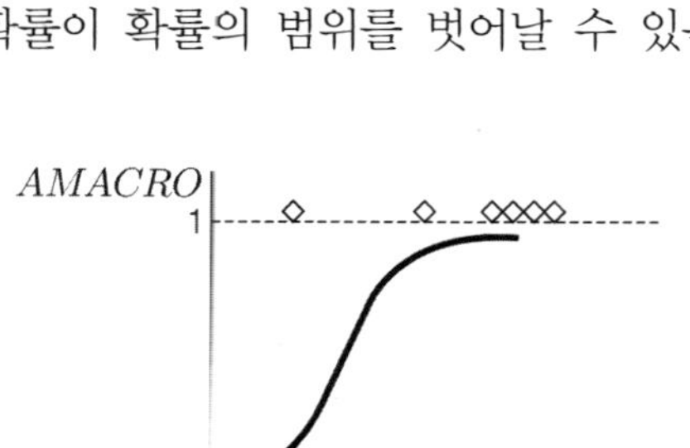

거시경제학에서 A학점을 받을 확률에 대한 스펙터와 마제오의 모형에 대한 로지스틱 모형은 다음과 같이 표현된다.

$$AMACRO_i = \frac{1}{1+e^{-(\hat{\beta}_0 + \hat{\beta}_1 GPA_i + \hat{\beta}_2 TUCE_i + \hat{\beta}_3 PSI_i + e_i)}}$$

이상의 식은 약간의 계산과정을 통해 다음과 같이 나타난다.

$$\ln\left(\frac{AMACRO_i}{1-AMACRO_i}\right) = \hat{\beta}_0 + \hat{\beta}_1 GPA_i + \hat{\beta}_2 TUCE_i + \hat{\beta}_3 PSI_i + e_i$$

이상의 로지스틱모형을 추정하는 데에는 문제점이 있다. 만약 $AMACRO_i$가 0이거나 1이면, $\ln\left(\frac{AMACRO_i}{1-AMACRO_i}\right)$ 값이 정의되지 않는다. 최대우도(maximum likelihood) 절차는 이상의 문제점을 해결할 수 있으며, 로지스틱모형에 적용해 구조적 모수에 대한 추정량을 구할 수 있게 한다.

최대우도 절차는 추정량에 대한 초기값을 설정하고 잔차(e_i)를 이용해 그 값을 조정하는 알고리즘이다. 조정된 추정량은 또 다시 새로운 잔차(e_i)를 만들며, 알고리즘은 이 새로운 잔차를 이용해 추정량을 다시 조정하는 방법을 결정한다. 우리는 이상의 조정과정을 반복하다가 조정 전과 후의 추정량이 거의 차이가 없을 때 조정과정을 멈추고 마지막으로 조정된 추정량을 최종 추정량으로 결정한다.

스펙터와 마제오의 자료에 대해 최대우도 절차를 적용한 결과는 다음과 같다.

$$\ln\left(\frac{AMACRO_i}{1-AMACRO_i}\right) = -13.0 + \underset{(2.24)}{2.8\,GPA_i} + \underset{(0.72)}{0.1\,TUCE_i} + \underset{(2.23)}{2.4\,PSI_i} + e_i$$

마달라 $R^2 = 0.3821$(최대우도 방법 적용시 R^2)

해석

우리는 로지스틱모형의 추정량에 대한 직관적인 해석을 할 수 없다. 따라서 이하에서는 예시를 통해 두 가지 해석을 시도한다.

만약 GPA, $TUCE$ 및 PSI가 0이면, 오즈비(odds ratio)의 자연로그 값이 −13.0이다.

PSI의 상태와 관계없이 $TUCE$ 점수가 일정할 때 GPA가 1단위 증가하면 오즈비의 자연로그 값이 2.8단위 증가한다.

로지스틱모형을 이용한 예측

로지스틱모형을 이용해 계산된 예측값은 0에서 1 사이의 값을 갖는다. 선형확률모형에서는 확률의 범위를 벗어난 예측값을 가졌던 학생들도 로지스틱모형에서는 범위 내의 예측값을 갖는다.

이상의 예측값을 계산하기 위해서는 다소의 수식 과정이 요구된다. 우선 학생들의 GPA, $TUCE$ 점수 및 PSI 값을 다음의 모형에 대입한다.

$$\ln\left(\frac{AMACRO_i}{1-AMACRO_i}\right) = -13.0 + 2.8\,GPA_i + 0.1\,TUCE_i + 2.4\,PSI_i + e_i$$

이제 우리는 세 학생의 $\ln\left(\frac{AMACRO_i}{1-AMACRO_i}\right)$ 값을 다음과 같이 계산한다.

$$1.909 = -13.0 + 2.8\ (3.5) + 0.1\ (28) + 2.4\ (1)$$
$$3.620 = -13.0 + 2.8\ (3.9) + 0.1\ (33) + 2.4\ (1)$$
$$-4.904 = -13.0 + 2.8\ (2.2) + 0.1\ (20) + 2.4\ (0)$$

마지막으로 우리는 이상의 값들을 확률로 전환할 수 있다.

$$\ln\left(\frac{AMACRO_i}{1-AMACRO_i}\right) = 1.909;\ \frac{AMACRO_i}{1-AMACRO_i} = 6.746;\ AMACRO_i = 0.87$$
$$\ln\left(\frac{AMACRO_i}{1-AMACRO_i}\right) = 3.620;\ \frac{AMACRO_i}{1-AMACRO_i} = 37.34;\ AMACRO_i = 0.97$$
$$\ln\left(\frac{AMACRO_i}{1-AMACRO_i}\right) = -4.904;\ \frac{AMACRO_i}{1-AMACRO_i} = 0.007;\ AMACRO_i = 0.007$$

선형확률모형에서는 A학점을 받을 확률이 81.5%인 학생이 로지스틱모형의 예측 에서는 87%의 확률을 갖는다. 선형확률모형에서는 A학점을 받을 확률이 106%인 학생이 로지스틱모형의 예측에서는 97%이다. 마지막으로 선형확률모형에서는 A학점을 받을 확률이 -26%인 학생이 로지스틱모형의 예측에서는 0.7%로 나타난다.

용어정의

- 더미변수(이항변수) - 오로지 영(0) 혹은 일(1)의 값을 갖는 설명변수 혹은 종속변수
- 교호작용항 - 다른 설명변수와 곱해진 더미변수
- 선형확률모형 - 이항 종속변수에 대해 통상 최소제곱을 이용해 추정하는 회귀모형
- 로지스틱모형 - 이항 종속변수를 가진 회귀모형에 S자 형태를 적합시키는 대안 함수형태
- 최대우도 절차 - 로지스틱모형과 같은 비선형 계량경제 모형에서 구조적 모수를 추정하는 기법

7장 연습문제

1. A) 다음의 회귀분석 결과에서 모든 구조적 모수들을 해석하라.

$$PROFSAL_i = 17.969 + 1.3707\mathrm{EXP}_i + 3.3336\,DUM_i + e_i$$

여기서, $PROFSAL$ = 교수의 연봉
EXP = 교수의 경력 햇수
DUM = 교수가 남성이면 1, 여성이면 0인 더미변수

풀이 경력이 없는 여성 교수의 연봉($PROFSAL$)은 17.969로 기대된다.
EXP가 1단위 증가하면 성별과 무관하게 $PROFSAL$이 1.3707단위 증가할 것으로 기대된다.
EXP가 동일하다면 남성 교수의 연봉이 여성 교수의 경우에 비해 3.3336만큼 높을 것으로 기대된다.

B) 세로축과 가로축에 각각 $PROFSAL$과 EXP를 설정하고, 이상의 회귀분석 결과를 반영하는 회귀선을 그림으로 나타내라.

풀이

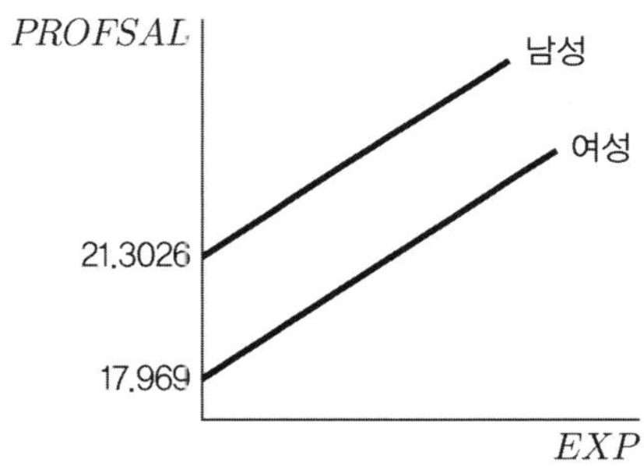

C) 경력이 10년인 남성 교수의 연봉은 얼마로 예상되는가?

풀이 $PROFSAL = 17.969 + 1.3707(10) + 3.3336(1) = 35.0096$

D) 경력이 10년인 여성 교수의 연봉은 얼마로 예상되는가?

풀이 $PROFSAL = 17.969 + 1.3707(10) + 3.3336(0) = 31.676$

E) 만약 더미변수를 반대로 정의하면(여성이면 1, 남성이면 0), 새로운 구조적 모수들의 값은 어떻게 추정되는가?

풀이 $PROFSAL_i = 21.3026 + 1.3707EXP_i - 3.3336DUM_i + e_i$

F) 더미변수를 반대로 정의한 경우의 결과를 사용해 경력이 10년인 남성 교수의 연봉을 계산하라.

풀이 35.0096

2. 다음의 회귀분석을 실행하기 위해 SDATA.XLS의 자료와 통계 소프트웨어를 사용하라.

$$GPA_i = \widehat{\beta}_0 + \widehat{\beta}_1 ST_i + \widehat{\beta}_2 SAT_i + \widehat{\beta}_3 MALE_i + e_i$$

여기서, GPA = 평균 학부학점
ST = 1일 공부시간
SAT = SAT 점수
$MALE$ = 남학생은 1, 여학생은 0인 더미변수

A) SAT 계수를 해석하라.
B) 더미변수의 계수를 해석하라.
C) SAT 점수와 공부시간이 동일할 때 남학생과 여학생 중에서 누구의 GPA가 높을 것으로 예상되는가? 그 차이는 정확히 얼마인가?
D) 더미변수를 반대로 정의하면(여학생은 1, 남학생은 0), 이상의 네 가지 구조적 모수들의 값은 어떻게 추정되는가?

3. A) 다음의 회귀분석 결과에서 모든 구조적 모수들을 해석하라.

$$PROFSAL_i = 16.1718 + 1.2016EXP_i + 3.2245DUM_i - 1.0001DUM_i \times EXP_i + e_i$$

여기서, $PROFSAL$ = 교수의 연봉
EXP = 교수의 경력 햇수
DUM = 교수가 남성이면 1, 여성이면 0인 더미변수

풀이 경력이 없는 여성 교수의 연봉은 16.1718로 기대된다.
여성 교수는 경력이 1단위 증가하면 $PROFSAL$이 1.2016단위 증가할 것으로 기대된다.
경력이 없는 남성 교수의 연봉은 경력이 없는 여성 교수의 경우에 비해 3.2245단위 더 많다.
경력이 1단위 증가하면 남성 교수의 연봉은 여성 교수의 연봉 증가량인 1.2016보다 1.0001단위 더 적은 수준(즉 1.2016 - 1.0001 = 0.2015 단위)으로 증가한다.

B) 세로축과 가로축에 각각 $PROFSAL$과 EXP를 설정하고, 이상의 회귀분석 결과를 반영하는 회귀선을 그림으로 나타내라.

풀이

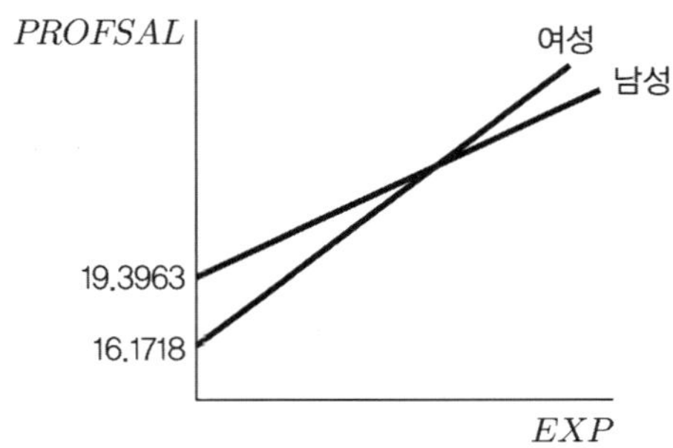

C) 만약 더미변수를 반대로 정의하면(여성이면 1, 남성이면 0), 새로운 구조적 모수들의 값은 어떻게 추정되는가?

풀이 $$PROFSAL_i = 19.3963 + 0.2015EXP_i - 3.2245\,DUM_i + 1.0001\,DUM \times EXP_i + e_i$$

4. 다음의 회귀분석을 실행하기 위해 SDATA.XLS의 자료와 통계 소프트웨어를 사용하라.

$$GPA_i = \widehat{\beta_0} + \widehat{\beta_1}ST_i + \widehat{\beta_2}MALE_i + \widehat{\beta_3}INTER_i + e_i$$

여기서, $INTER = MALE \times ST$

A) 4개의 구조적 모수들을 해석하라.
B) 공부시간(ST)을 늘렸을 때 남학생과 여학생 중 어느 쪽이 더 효과적인가? 그 차이는 정확히 얼마인가?

C) 더미변수를 반대로 정의하면(여학생이면 1, 남학생이면 0), 새로운 구조적 모수들의 값은 어떻게 추정되는가?

D) 이상의 회귀분석 결과를 모든 절편과 기울기를 표기하는 그림으로 나타내라.

5. A) 다음의 회귀분석 결과에서 모든 구조적 모수들을 해석하라.

$$GPA_i = 0.37 + 0.81\,HSGPA_i + 0.00001\,SAT_i - 0.38\,GREEK_i + e_i$$

여기서, GPA = 평균 학부학점
$HSGPA$ = 평균 고등학교 성적
SAT = SAT 점수
$GREEK$ = 학생이 사교클럽 회원이면 1, 아니면 0인 더미변수

풀이 만약 $HSGPA$와 SAT가 0이고 학생이 사교클럽 회원이 아니면($GREEK=0$), GPA는 0.37이다.
SAT가 일정할 때 $HSGPA$가 1단위 증가하면 GPA가 0.81단위 상승한다.
$HSGPA$가 일정할 때 SAT가 1단위 증가하면 GPA가 0.00001단위 상승한다.
$HSGPA$와 SAT가 일정할 때 사교클럽 회원인 학생($GREEK=1$)이 사교클럽 회원이 아닌 학생($GREEK=0$)에 비해 GPA가 0.38단위 더 낮을 것으로 기대된다.

B) 세로축과 가로축에 각각 GPA와 SAT를 설정하고, 이상의 회귀분석 결과를 반영하는 회귀선을 그림으로 나타내라.

풀이

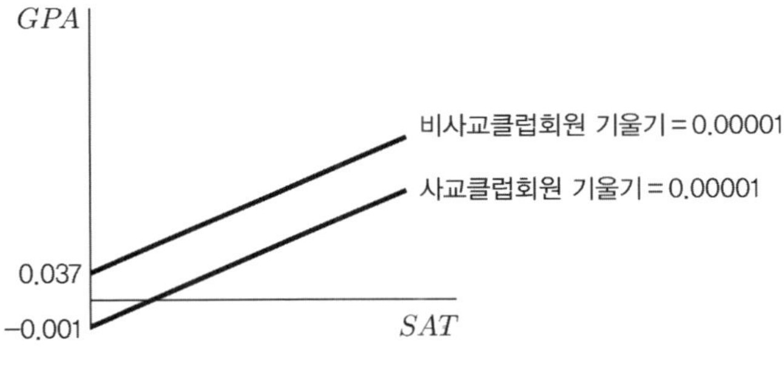

6. A) 다음의 회귀분석 결과에서 모든 구조적 모수들을 해석하라.

$$PERSAV_t = 41.8081 + 0.0321\,INC_t - 19.7655\,DUM_t - 0.0021\,DUM_t \times INC_t + e_t$$

여기서, $PERSAV$는 미국의 개인저축
INC는 미국의 처분가능 개인소득
DUM은 1982년 혹은 그 이후 연도이면 1, 아니면 0인 더미변수

B) 세로축과 가로축에 각각 $PERSAV$과 INC를 설정하고, 이상의 회귀분석 결과를 반영하는 회귀선을 그림으로 나타내라.

C) 더미변수를 반대로 정의하면(1982년 혹은 이전 연도이면 1, 아니면 0), 새로운 구조적 모수들의 값은 어떻게 추정되는가?

7. 다음의 회귀분석을 실행하기 위해 WAGES.XLS의 자료와 통계 소프트웨어를 사용하라. 이때 임금($WAGES$)이 상수항, 교육연수(ED), 경력 햇수($EXPER$) 및 성별 더미변수(FEM)에 의해 영향을 받는다는 모형을 설정한다.

변수명	설명
$WAGES$	임금
$LNWAGES$	임금의 자연로그 값
ED	교육연수
$NONWH$	백인이 아니면 1, 백인이면 0인 더미변수
FEM	여성이면 1, 남성이면 0인 더미변수
$MARRIED$	기혼이면 1, 나머지는 0인 더미변수
$EXPER$	경력 햇수
$EXPSQ$	경력 햇수의 제곱
$UNION$	노동조합 가입원이면 1, 아니면 0인 더미변수
PRO	전문직이면 1, 아니면 0인 더미변수

A) 교육연수의 계수를 해석하라.

풀이 *EXPER*(경력 햇수)이 일정할 때 *ED*(교육연수)가 1단위 증가하면, 임금(*WAGES*)이 0.940489 단위 증가한다.

B) 더미변수의 계수를 해석하라.

풀이 *ED*(교육연수)와 *EXPER*(경력 햇수)이 일정할 때 여성의 임금이 남성의 경우에 비해 2.337621 단위 더 적다.

Dependent Variable: WAGES
Method: Least Squares
Date: 12/05/07 Time: 13:49
Sample: 1 534
Included observations: 534

Variable	Coefficient	Std. Error	t-Statistic	Prob.
C	−4.166703	1.186608	−3.511439	0.0005
ED	0.940489	0.078859	11.92616	0.0000
EXPER	0.113297	0.016707	6.791255	0.0000
FEM	−2.337621	0.388042	−6.024141	0.0000

R-squared	0.253171	Mean dependent var	9.023947
Adjusted R-squared	0.248944	S.D. dependent var	5.138874
S.E. of regression	4.453528	Akaike info criterion	5.832733
Sum squared resid	10511.97	Schwarz criterion	5.864796
Log likelihood	−1553.340	F-statistic	59.88904
Durbin-Watson stat	1.857160	Prob(F-statistic)	0.000000

8. 임금(*WAGES*)이 상수항, 교육연수(*ED*), 성별 더미변수(*FEM*) 및 교육연수(*ED*)와 성별 더미변수(*FEM*)의 교호작용항에 의해 영향을 받는다는 모형을 WAGES.XLS의 자료와 통계 소프트웨어를 사용해 회귀분석을 실행하라.

A) 4개의 구조적 모수를 해석하라.

B) 이상의 회귀분석 결과를 모든 절편과 기울기를 표기하는 그림으로 나타내라.

C) 성별 더미변수를 반대로 정의하면(남성이면 1, 여성이면 0), 구조적 모수의 값은 어떻게 되는가?

9. 임금의 자연로그 값($LNWAGES$)이 상수항, 교육연수(ED), 경력 햇수($EXPER$) 및 더미변수들인 기혼 여부($MARRIED$), 성별(FEM), 인종($NONWH$), 노조가입 여부($UNION$), 전문직 여부(PRO)에 의해 영향을 받는다는 모형을 WAGES.XLS의 자료와 통계 소프트웨어를 사용해 회귀분석을 실행하라.

A) 교육기간의 계수를 해석하라.

풀이 경력 햇수($EXPER$)가 일정할 때 교육연수(ED)가 1단위 증가하면, 임금($WAGES$)은 8.4356% 증가한다.

B) 기혼 여부 더미변수의 계수를 해석하라.

풀이 교육연수(ED)와 경력 햇수($EXPER$)가 일정할 때 기혼자의 임금($WAGES$)이 미혼자의 경우에 비해 7.1460% 더 높을 것으로 예상된다.

C) 노조가입 여부 더미변수의 계수를 해석하라.

풀이 교육연수(ED)와 경력 햇수($EXPER$)가 일정할 때 노조에 가입한 사람의 임금($WAGES$)이 가입하지 않은 사람의 경우에 비해 20.2786% 더 높을 것으로 예상된다.

D) 이상의 회귀분석 결과는 인종과 성별에 대한 차별이 존재한다는 증거를 제시하는가? 그 이유를 설명하라.

풀이 성별에 따른 차별은 존재한다. 즉 성별(FEM) 추정계수는 통계적으로 유의한 음(−)의 값이다. 인종에 따른 차별에 대한 증거는 강하지 않다. 즉 인종($NONWH$) 추정계수는 음(−)의 값이지만, 단지 10.47% 수준에서 통계적으로 유의하다.

10. 기혼 여부($MARRIED$)가 상수항, 임금($WAGES$), 교육연수(ED) 및 전문직 여부(PRO)에 의해 영향을 받는다는 모형을 WAGES.XLS의 자료와 통계 소프트웨어를 사용해 회귀분석을 실행하라.

A) 4개의 구조적 모수들을 해석하라.

B) 대학을 졸업한($ED = 16$) 전문직의 임금($WAGES$)이 9.0인 사람이 결혼할 확률은 얼마인가?

11. EXTRAMARITAL.XLS의 자료와 통계 소프트웨어를 사용해 $EXTRA$가 상수항, AGE, $HPPYM$, $RELIG$ 및 $YRSMAR$에 의해 영향을 받는다는 선형확률모형을 추정하라.

$EXTRA$ = 지난해 바람피운 사람이면 1, 아니면 0인 더미변수
AGE = 연령
$HPPYM$ = 결혼생활의 만족도에 대한 인식(1=매우 불만족, 5=매우 만족)
$RELIG$ = 종교에 대한 인식(1=신앙심이 전혀 없음, 5=신앙심이 깊음)
$YRSMAR$ = 결혼기간

A) 5개의 구조적 모수 값들을 해석하라.

풀이 $AGE = HPPYM = RELIG = YRSMAR = 0$인 사람이 지난 해에 바람을 피웠을 확률은 81.8833%이다.
($HPPYM$, $RELIG$, $YRSMAR$)이 일정할 때 AGE가 1단위 증가하면, 지난 해에 바람을 피웠을 확률이 0.5948% 감소한다.
(AGE, $RELIG$, $YRSMAR$)이 일정할 때 $HPPYM$이 1단위 증가하면, 지난 해에 바람을 피웠을 확률이 8.7451% 감소한다.
(AGE, $HPPYM$, $YRSMAR$)이 일정할 때 $RELIG$가 1단위 증가하면, 지난 해에 바람을 피웠을 확률이 5.4697% 감소한다.
(AGE, $HPPYM$, $RELIG$)이 일정할 때 $YRSMAR$이 1단위 증가하면, 지난 해에 바람을 피웠을 확률이 1.6910% 증가한다.

B) 결혼한지 27년 된 52세 사람이 작년에 바람을 피웠을 확률은 얼마인가? 이 사람의 $RELIG$는 2이고, $HPPYM$은 3으로 가정한다.

풀이 59.4%
$EXTRA = 0.81883 - 0.005948(52) - 0.087451(3) - 0.054697(2) + 0.016910(27) = 0.594$

12. EXTRAMARITAL.XLS의 자료와 통계 소프트웨어를 사용해 $EXTRA$가 상수항, AGE, $HPPYM$, $RELIG$ 및 $YRSMAR$에 의해 영향을 받는다는 로지스틱모형을 추정하라. 결혼한지 27년 된 52세 사람이 지난해 바람을 피웠을 확률은 얼마인가? 이 사람의 $RELIG$는 2이고, $HPPYM$은 3으로 가정한다.

6장과 7장의 자체평가

1. 다음의 회귀분석 결과에서 모든 구조적 모수들을 해석하라.

> $WAGES$ = 시간당 임금
> EXP = 경력 햇수
> $EXPSQ$ = EXP의 제곱
> ED = 교육연수
> $DGEN$ = 남성이면 1, 아니면 0인 더미변수
> $INTACT$ = $DGEN \times EXP$
> $LN---$ = 변수의 자연로그 값

A) $LNWAGES_i = 2.1 + 1.3\,EXP_i + e_i$

조정된 $r^2 = 0.77$

풀이 만약 $EXP=0$이면, $LNWAGES=2.1$($WAGES=8.2$)이다.
만약 EXP가 1단위 증가하면, $WAGES$는 130% 증가한다.

B) $LNWAGES_i = 2.1 + 1.3\,LNEXP_i + 2.3\,LNED_i + e_i$

조정된 $R^2 = 0.79$

풀이 만약 $EXP=ED=1$이면, $LNWAGES=2.1$ ($WAGES=8.2$)이다.
만약 ED가 일정한 상태에서 EXP가 1% 증가하면, $WAGES$는 1.3% 증가한다.
만약 EXP가 일정한 상태에서 ED가 1% 증가하면, $WAGES$는 2.3% 증가한다.

C) $WAGES_i = 2.1 + 1.3\,EXP_i + 3.5\,DGEN_i + 4.2\,INTACT_i + e_i$

조정된 $R^2 = 0.80$

풀이 EXP가 0인 여성의 $WAGES$는 2.1이다.
만약 EXP가 1단위 증가하면, 여성의 $WAGES$는 1.3단위 증가한다.
EXP가 0인 남성은 EXP가 0인 여성에 비해 $WAGES$가 3.5단위 더 많다.
만약 EXP가 1단위 증가하면, 남성의 $WAGES$ 증가량은 여성의 $WAGES$ 증가량인 1.3단위보다 4.2단위 더 크게 증가한다.

2. 1번 문제의 세 회귀모형 중에서 어떤 모형이 자료에 대한 적합도가 가장 높은가? 여러분은 무엇을 기준으로 그렇게 판단하는가?

풀이 1번 문제의 세 회귀모형 중에서 A)와 B)의 종속변수가 C)의 종속변수와는 상이하기 때문에 세 모형의 적합도를 비교하는 것은 적절하지 않다.

3. 1번 문제 C)의 회귀모형에서 $DGEN$의 정의를 남성이면 0, 아니면 1인 더미변수로 바꾼다면 구조적 모수들의 값은 어떻게 추정되는가?

풀이 $WAGES = 5.6 + 5.5\,EXP - 3.5\,DGEN - 4.2\,INTACT$

4. 다음의 회귀분석 결과를 반영하는 그림을 그려라. 이때 Y축은 $WAGES$, X축은 EXP를 나타내라.

A) $WAGES = 2.5 - 0.01\,(1/EXP)$
(그림에 Y값이 2.5인 수평선을 함께 나타내라.)

풀이

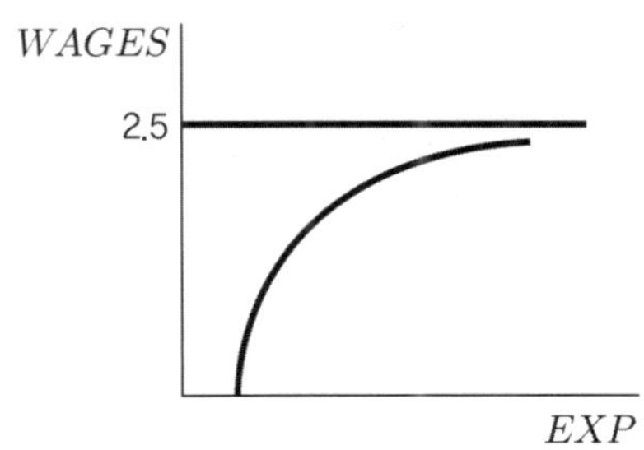

B) $WAGES = 2.5 + 1.1\,EXP + 3.5\,DGEN - 3.0\,INTACT$
(그림에 Y축 절편과 기울기의 값을 모두 표기하라.)

풀이

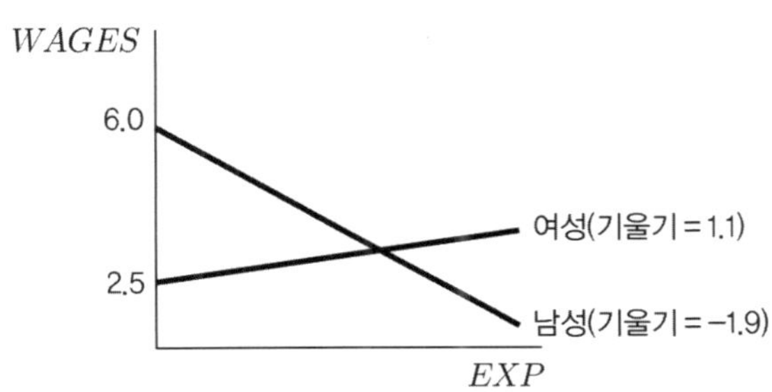

C) $WAGES = 2.5 + 1.1\,EXP - 0.22\,EXPSQ$

풀이

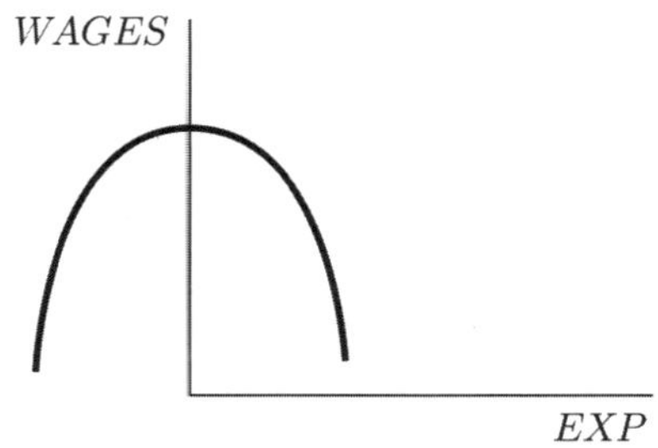

5. 다음의 이뷰즈 실행 결과에 대한 물음에 답하라.

Dependent Variable: BINGE
Method: Least Squares
Sample(adjusted): 1 695
Included observations: 695 after adjusting endpoints

Variable	Coefficient	Std. Error	t–Statistic	Prob.
C	0.818558	0.125126	6.541884	0.0000
GPA	−0.125652	0.033407	−3.761217	0.0002
MALE	0.135596	0.036207	3.745041	0.0002
R-squared	0.056816	Mean dependent var		0.628777
Adjusted R-squared	0.052721	S.D. dependent var		0.483480
S.E. of regression	0.470563	Akaike info criterion		1.335963
Sum squared resid	153.0075	Schwarz criterion		1.362115
Log likelihood	−460.2471	F-statistic		13.87498
Durbin-Watson stat	2.015544	Prob(F-statistic)		0.00000

여기서, $BINGE$ = 폭음하는 학생이면 1, 아니면 0인 더미변수
GPA = 평균 학부학점
$MALE$ = 남성이면 1, 아니면 0인 더미변수

A) 상수항 계수를 해석하라.

풀이 GPA가 영(0)인 여성이 폭음할 확률은 81.8558%이다.

B) GPA 계수를 해석하라.

풀이 (남녀 구분 없이) 만약 GPA가 1단위 증가하면, 폭음할 확률은 12.5652% 감소한다.

6. 다음의 표는 로지스틱 회귀분석 결과이다.

Dependent Variable: BINGE
Method: ML–Binary Logit(Quadratic hill climbing)
Sample(adjusted): 1 695
Included observations: 695 after adjusting endpoints
Convergence achieved after 4 iterations
Covariance matrix computed using second derivatives

Variable	Coefficient	Std. Error	z–Statistic	Prob.
C	2.174010	0.565780	3.842498	0.0001
GPA	−0.552753	0.159758	−3.459934	0.0005
MALE	0.571107	0.163816	3.547312	0.0004

평균 학부학점이 3.2인 남성이 폭음할 확률은 얼마인가? 여러분은 계산과정을 함께 제시하라.

풀이 $$\ln\left(\frac{BINGE_i}{1-BINGE_i}\right) = 2.174010 - 0.552753(3.2) + 0.581107(1) = 0.9863074$$

$$\left(\frac{BINGE_i}{1-BINGE_i}\right) = 2.6813$$

$$BINGE = 72.84\%$$

7. 다음의 문장들이 참 혹은 거짓인지 판별하라.

A) 원점을 통과하는 회귀모형에서 $\widehat{\beta_1} = \dfrac{\sum X_i Y_i}{\sum X_i^{\,2}}$ 이다. **풀이** 참

B) 회귀모형에서 변수를 측정하는 단위가 변경되면 구조적 모수의 값은 바뀔 수 있지만, t–통계량은 변동하지 않는다. **풀이** 참

C) 종속변수가 정확히 동일한 두 모형에서는 적합도가 높을수록 더 좋은 모형이다.
풀이 거짓

D) R^2은 선형확률모형의 적합도를 판단하는 방법으로 적절하지 않다. **풀이** 참

E) 계수의 크기는 그 계수 자체의 유의성에 대한 아무런 정보를 제공하지 않는다.
풀이 참

F) 로지스틱모형은 종속변수의 값이 1보다 크지 않을 때 예측값을 산출할 수 있는 모형이다. **풀이** 거짓

G) 선형확률모형은 종속변수의 값이 1보다 크지 않을 때 예측값을 산출할 수 있는 모형이다. **풀이** 거짓

H) R^2은 더미변수를 설명변수로 포함하는 회귀모형에서는 부적합하다. **풀이** 거짓

I) 잘못된 함수형태를 사용한 회귀분석 결과에는 편의가 존재한다. **풀이** 참

J) 램지 RESET 검정은 회귀모형이 적절한 함수형태인지 판단하는 데 도움이 된다.
풀이 참

PART

8

통상 최소제곱 추정량의 특성

8.1 통상 최소제곱 추정량들은 BLUE

통상 최소제곱은 $Y_i = \widehat{\beta_0} + \widehat{\beta_1}X_i + e_i$의 구조적 모수를 계산하기 위한 가용한 몇 가지 방법 중에서 가장 널리 활용된다. 그 이유는 Σe_i^2이 최소화되도록 $\widehat{\beta_0}$과 $\widehat{\beta_1}$을 계산하므로 추정량들이 매우 바람직한 몇 가지 통계적 특성을 갖기 때문이다. 우리는 이상의 특성을 최량(best), 선형(linear), 불편 추정량(unbiased estimators)의 머리글자를 따서 BLUE로 나타낸다.

8.2 선형

통상 최소제곱 추정량들은 어떤 조건하에서 선형이다. 이 경우의 선형은 $\widehat{\beta_0}$과 $\widehat{\beta_1}$의 수식이 선형임을 의미한다. 즉 이상의 수식은 지수, 역수 혹은 대수와 같은 비선형성들을 포함하지 않는다. $\widehat{\beta_0} = \overline{Y} - \widehat{\beta_1}\ \overline{X}$의 수식에서는 선형이 명확하다. 그러나 $\widehat{\beta_1} = \dfrac{\Sigma\,(X_i - \overline{X}\,)\,Y_i}{\Sigma\,(X_i - \overline{X})^2}$에 대한 수식은 몫과 지수를 포함한다. 우리는 이상의 비선형성을 제거하기 위해 수식을 $\widehat{\beta_1} = \Sigma\, w_i Y_i$, 여기서 $w_i = \dfrac{(X_i - \overline{X}\,)}{\Sigma\,(X_i - \overline{X})^2}$로 고쳐 쓸 수 있다. 여러분은 이상의 수식이 비선형성을 제거하지 못하며, w_i항에 비선형성이 단지 숨어 있다고 주장할 수 있다.

만약 w_i를 구성하는 X_i가 미리 결정된다면, w_i가 상수로 간주될 수 있다. 그러나 이는 매우 드문 경우이다. 우리는 다음의 회귀모형을 고려한다.

$$GPA_i = \widehat{\beta_0} + \widehat{\beta_1}\,ST_i + e_i$$

여기서, GPA_i = i번째 학생의 평균 학부학점

ST_i = i번째 학생의 평균 1일 공부시간

이상의 회귀모형에서는 ST가 x 변수이다. 이는 학생들로부터 자료를 수집하기 이전에 미리 결정되어야 하며, 우리는 ST가 0.5시간, 1.0시간, 1.5시간, 2.0시간, 2.5시간

및 3.0시간과 같아야 한다고 설정한다. 이후 우리는 0.5시간을 공부한 학생들로 구성된 그룹을 무작위로 선택해 그들의 GPA를 조사한다. 또한 우리는 1.0시간을 공부한 학생들로 구성된 그룹을 무작위로 선택해 그들의 GPA를 파악한다. 우리는 ST=3.0시간까지 이상의 방법을 계속해 수행한다.

일반적인 자료는 이상과 같은 방법으로 수집되지 않는다. 우리는 학생을 무작위로 선택해 그들의 ST와 GPA를 조사한다. 만약 한 학생이 ST=0.75라고 답변할지라도 우리는 그 학생을 우리의 연구에서 배제하지 않는다. 다시 말해 ST 자료는 확률적(stochastic)이고, 미리 결정되지 않는다. 이 상황에서 $\widehat{\beta_1}$에 대한 수식은 선형이 아니다.

비선형의 $\widehat{\beta_1}$이 즉각적인 문제를 야기하지 않으며 결코 $\widehat{\beta_1}$을 덜 바람직하게 만들지도 않는다. 그러나 이후 제시될 몇 가지 증명들에서는 선형의 $\widehat{\beta_1}$을 사용할 때 쉽게 수행된다. 또한 X_i가 회귀모형의 오차항들(u_i)과 상관관계가 없을 경우에는 X_i가 미리 결정되지 않더라도 $\widehat{\beta_1}$이 선형일 수 있다.

요약하면, $\widehat{\beta_0}$과 $\widehat{\beta_1}$은 X_i가 미리 결정되거나 X_i가 회귀모형의 오차항들과 상관관계가 없을 경우에는 선형이다. 선형성은 매우 바람직한 통계적 특성은 아니지만, 이후 제시될 증명들을 쉽게 만든다.

8.3 불편

모든 과학적 연구에는 편향되지 않은 결과들이 바람직하다. 이는 회귀분석에서도 마찬가지이다. 그러나 "불편"(unbiased)이란 용어는 통계적 추정량들과 관련해서 특별한 의미를 지닌다. 만약 추정량의 기대값이 모수의 실제값과 동일하면, 그 추정량은 불편 추정량이다. 즉 만약 $E[\widehat{\beta_1}] = \beta_1$이면, $\widehat{\beta_1}$은 불편 추정량이다.

어떤 특정 표본을 사용한 회귀분석 결과가 정확히 β_1의 실제값을 산출할 가능성은 거의 희박하다. 그러나 만약 β_1의 추정량이 불편 추정량이면, 우리가 10,000회(매번 새로운 자료를 사용해) 회귀분석을 실행해 $\widehat{\beta_1}$의 10,000회 추정량의 평균값이 실제 β_1과 동일하게 된다.

우리는 이상의 사실을 어떻게 알 수 있는가? 우리는 이를 간단히 증명하고자 한다. 그러나 통상 최소제곱 추정량들이 불편 추정량이라는 사실의 증명은 몬테카를로(Monte

Carlo) 연구에서 입증되었다. 몬테카를로 연구는 알려진 모집단으로부터 반복 표본추출을 통해 표본 회귀모형들의 특징을 분석한다.

우리는 X와 Y에 대해 5,000개의 관측값을 수집해 이를 전체 모집단으로 가정한다. 이상의 5,000개 관측값을 통과하는 회귀선의 구조적 모수들이 실제 β_0와 β_1이다. 이제 우리는 5,000개 중에서 40개의 관측값으로 구성된 무작위 표본을 추출해 표본 회귀분석을 실행한다. 사실상 우리는 매번 새로운 40개의 관측값으로 구성된 표본을 추출해 컴퓨터가 표본 회귀분석을 10,000회 실행하도록 프로그램을 설정할 수 있다. 불편 추정량의 경우에는 40개 관측값으로 구성된 표본을 사용한 10,000회의 회귀분석에서 구한 평균 $\widehat{\beta_0}$, $\widehat{\beta_1}$이 5,000개 관측값으로 구성된 모집단 회귀분석의 실제 β_0, β_1과 동일하게 된다.

우리는 이상의 직관적 통찰을 바탕으로 $\widehat{\beta_1}$이 β_1의 불편 추정량임을 증명할 수 있다.

$\widehat{\beta_1}$이 β_1의 선형 추정량으로 가정한다.

$$\widehat{\beta_1} = \frac{\sum(X_i - \overline{X})Y_i}{\sum(X_i - \overline{X})^2} = \sum w_i Y_i$$

$$\text{여기서, } w_i = \frac{(X_i - \overline{X})}{\sum(X_i - \overline{X})^2}$$

$$\widehat{\beta_1} = \sum w_i Y_i = \sum w_i(\beta_0 + \beta_1 X_i + u_i) = \beta_0 \sum w_i + \beta_1 \sum w_i X_i + \sum w_i u_i$$

$$\widehat{\beta_1} = \beta_1 + \sum w_i u_i \ (\because \sum w_i = 0\text{과 } \sum w_i X_i = 1)$$

$$\text{따라서, } E[\sum w_i u_i] = 0\text{인 경우에만 } E[\widehat{\beta_1}] = E[\beta_1 + \sum w_i u_i] = \beta_1$$

$\sum w_i = 0$과 $\sum w_i X_i = 1$은 쉽게 유도되는데, 이 증명들은 독자들에게 연습문제로 남겨둔다. $\widehat{\beta_1}$이 불편 추정량이 되기 위해서는 $E[\sum w_i u_i] = 0$이 필요하다. 이는 $E[u_i|X_i] = 0$이면 성립한다. 따라서 우리는 $\widehat{\beta_1}$이 β_1의 불편 추정량임을 증명하기 위해 모든 X_i의 값에 대한 오차항들의 기대값을 영(0)으로 가정해야 한다.

$\widehat{\beta_0}(=\overline{Y}-\widehat{\beta_1}\overline{X})$이 β_0의 불편 추정량임은 간단하게 제시된다. 즉 $\overline{Y}$, $\overline{X}$ 및 $\widehat{\beta_1}$이 실제 $\overline{Y}$, $\overline{X}$ 및 β_1의 불편 추정량들이므로 $\widehat{\beta_0}$은 β_0의 불편 추정량이 된다. 왜냐하면 $\widehat{\beta_0}$은 이상의 세 가지 불편 추정량들의 선형결합이기 때문이다.

우리는 이제 부적절한 함수형태의 회귀모형이 구조적 모수들의 편의 추정량들을 산출하는지 확인할 수 있다. 부적절한 함수형태의 회귀모형에서는 $E[u_i \mid X_i] \neq 0$이며, 이는 모수가 불편 추정량임을 증명하는 데 필요한 가정의 직접적인 위반이다. 이상의 내용은 6장에서 살펴본 "우유에 대한 수요"의 예시를 통해 확인된다.

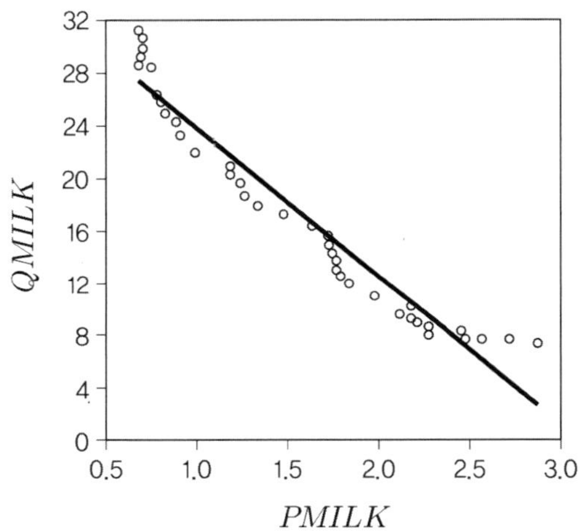

우리는 이상의 그림에서 대안 함수형태가 적절하지만 직선을 적용하였으며, 이로 인해 $E[u_i \mid X_i] \neq 0$임을 인식할 수 있다. 즉 $x-$값($PMILK$)이 작을 때에는 u_i가 0이 아닌 양수일 것 같다. 마찬가지로 $x-$값($PMILK$)이 2.5 이상이면, u_i는 양수일 가능성이 크다. 만약 $1.0 < PMILK < 2.5$이면, u_i는 음수로 나타날 것 같다. 따라서 $E[u_i]$는 X_i에 의존하며 항상 0이 되는 것은 아니다.

만약 우리가 적절한 함수형태를 사용할지라도 중요한 설명변수가 회귀모형에서 누락되면, 구조적 모수들은 여전히 편의를 갖게 된다. 그 이유는 $E[u_i \mid X_i] \neq 0$이기 때문이다. 다음은 "당신의 모형"이 중요한 설명변수 X_2를 회귀모형에서 누락시킨 예시이다.

정확한 모형: $Y_i = \beta_0 + \beta_1 X_{1i} + \beta_2 X_{2i} + u_i$

당신의 모형: $Y_i = \widehat{\beta_0} + \widehat{\beta_1} X_{1i} + e_i$

이상의 경우에는 $e_i = \beta_2 X_{2i} + u_i$이다. "당신의 모형"에서 오차항 e_i는 u_i와 생략한 변수 X_2에 그 계수 $\widehat{\beta_2}$을 곱한 값의 합으로 구성된다. 이는 $E[\widehat{\beta_1}] = E[\beta_1 + \sum w_i u_i] = \beta_1 + \beta_2(\alpha_1)$로 나타나며, 여기서 α_1는 $X_{2i} = \alpha_0 + \alpha_1 X_{1i} + u_i$으로부터 도출된다.

따라서 우리는 회귀모형에서 X_2를 제외함으로써 $\widehat{\beta_0}$과 $\widehat{\beta_1}$에 대한 편의는 X_1과 X_2 간의 상관관계가 클수록 더욱 커진다고 결론내릴 수 있다. 한편 α_1=0, 즉 X_1과 X_2는 상관관계가 전혀 없는 경우에는 과소적합(underfit) 회귀모형의 구조적 모수들이 전혀 편의를 갖지 않는다. 그럼에도 불구하고 적합도를 나타내는 모든 측정값들은 e_i가 u_i의 편의 추정량이기 때문에 α_1의 값에 관계없이 편의 된다. 또한 $SE(\widehat{\beta_0})$와 $SE(\widehat{\beta_1})$는 0의 상관관계와 관계없이 편의 되어 나타난다. 그러므로 $t-$통계량은 편의 되고, 가설 검정의 유효성은 상실된다.

8.4 최량

본 절에서는 통상 최소제곱 추정량들이 최량(best)임을 제시하고자 한다. 우리는 "최량"이란 용어를 통해 추정량들이 매우 탁월한 것처럼 느낄 수 있지만, 이 용어는 문맥상 매우 독특한 의미를 지닌다. 만약 어떤 추정량이 반복 표본추출에서 모든 가능한 추정량들 중에서 최소로 변동하면, 우리는 이 추정량을 최량이라 한다.

다시 한 번, 우리는 X와 Y에 대한 5,000개의 관측값을 전체 모집단으로 간주하는 몬테카를로 실험을 고려한다. 만약 이상의 모집단에서 40개 관측값을 무작위로 추출해 Y에 대해 X의 회귀분석을 10,000번 실행하면, 우리는 10,000개의 독립된 β_0와 β_1의 추정값들을 얻게 된다. 만약 10,000개의 β_1 추정량들의 평균이 실제 β_1과 같다면, 통상 최소제곱 추정량은 불편이다. 또한 만약 10,000개의 β_1 추정량들이 다른 어떤 선형이고 불편 추정량에 비해 더 작은 표준오차를 가진다면, 그 통상 최소제곱 추정량은 최량이다.

요약하면, 최량 추정량은 동일 그룹에서 최소 분산을 가진다. 최량 추정량은 반복 표본추출에서 최소로 변동하기 때문에 종종 효율적인 추정량으로 언급된다. 몬테카를로의 실험은 어떤 추정량이 다른 추정량보다 더 효율적인지 보여주기 위해 사용된다. 우리는 통상 최소제곱 추정량들이 최량임을 증명할 수 있다. 이는 유명한 가우스–마코프 정리(Gauss–Markov theorem)의 증명이다. 통상 최소제곱 추정량들은 모든 선형불편 추정량들의 그룹에서 최량이다. $\widehat{\beta_1}$이 최량이라는 증명은 다음과 같다.

$\widehat{\beta_1}$이 β_1의 선형불편 추정량으로 가정한다.

$$\widehat{\beta_1} = \frac{\Sigma(X_i - \overline{X})Y_i}{\Sigma(X_i - \overline{X})^2} = \Sigma w_i Y_i$$

여기서, $w_i = \dfrac{(X_i - \overline{X})}{\Sigma(X_i - \overline{X})^2}$

$$VAR(\widehat{\beta_1}) = E[(\widehat{\beta_1} - \beta_1)^2] = E[(\beta_1 + \Sigma w_i u_i - \beta_1)^2] = \sigma^2 \Sigma {w_i}^2$$

이제 다른 임의의 추정량을 상정한다.

$\widetilde{\beta_1} = \Sigma c_i Y_i$; 여기서, $c_i = w_i + d_i$

$\widetilde{\beta_1} = \Sigma c_i(B_0 + B_1 X_i + u_i) = B_0 \Sigma c_i + B_1 \Sigma c_i X_i + \Sigma c_i u_i$

$\Sigma c_i = 0$와 $\Sigma c_i X_i = 1$인 경우에만 $\widetilde{\beta_1}$는 불편 추정량(c_i는 고정되며 $\Sigma u_i = 0$)이다.

우리는 $\Sigma c_i = \Sigma w_i + \Sigma d_i$, $\Sigma c_i = 0$ 및 $\Sigma w_i = 0$이므로 $\Sigma d_i = 0$을 추론할 수 있다.

또한 $\Sigma d_i X_i = 0$이다($\because$ $\Sigma c_i X_i = \Sigma w_i X_i + \Sigma d_i X_i$, $\Sigma c_i X_i = 1$ 및 $\Sigma w_i X_i = 1$).

$VAR(\widetilde{\beta_1}) = E[(\widetilde{\beta_1} - \beta_1)^2] = E[(\beta_1 + \Sigma c_i u_i - \beta_1)^2] = \sigma^2 \Sigma {c_i}^2$

$\Sigma w_i d_i = 0$($\because$ $\Sigma d_i = 0$과 $\Sigma d_i X_i = 0$)이므로

$\Sigma {c_i}^2 = \Sigma {w_i}^2 + \Sigma {d_i}^2 + 2\Sigma w_i d_i = \Sigma {w_i}^2 + \Sigma {d_i}^2$

따라서 $VAR(\widetilde{\beta_1}) = \sigma^2(\Sigma {w_i}^2 + \Sigma {d_i}^2) = \sigma^2 \Sigma {w_i}^2 + \sigma^2 \Sigma {d_i}^2 = VAR(\widehat{\beta_1}) + \sigma^2 \Sigma {d_i}^2$

만약 $\Sigma d_i^{\,2} \neq 0$이면, $VAR(\widetilde{\beta_1}) > VAR(\widehat{\beta_1})$이다.

만약 $\Sigma d_i^{\,2} = 0$이면, $VAR(\widetilde{\beta_1}) = VAR(\widehat{\beta_1})$이다.

Q.E.D

이상의 증명에서 가장 어려운 단계는 다음과 같다.

$VAR(\widehat{\beta_1}) = E[(\widehat{\beta_1} - \beta_1)^2] = E[(\beta_1 + \Sigma w_i u_i - \beta_1)^2] = \sigma^2 \Sigma w_i^{\,2}$

$E[(\beta_1 + \Sigma w_i u_i - \beta_1)^2] = \sigma \Sigma w_i^{\,2}$을 유도하는 것은 쉽지 않다. 양수와 음수의 β_1을 상쇄하면, 다음과 같이 나타난다.

$$E[(\Sigma w_i u_i)^2] = \sigma^2 \Sigma w_i^{\,2}$$

우리는 이상의 좌변을 확장해서 나타낼 수 있다.

$$\begin{aligned} E[(\Sigma w_i u_i)^2] &= E[(w_1 u_1 + w_2 u_2 + \cdots + w_n u_n)(w_1 u_1 + w_2 u_2 + \cdots + w_n u_n)] \\ &= E[w_1^{\,2} u_1^{\,2} + w_2^{\,2} u_2^{\,2} + \cdots + w_n^{\,2} u_n^{\,2} + 2 w_1 u_1 w_2 u_2 + 2 w_1 u_1 w_3 u_3 \\ &\quad + \cdots + 2 w_2 u_2 w_3 u_3 + 2 w_2 u_2 w_4 u_4 + \cdots + 2 w_{n-1} u_{n-1} w_n u_n] \end{aligned}$$

그러나 만약 우리가 모든 $i \neq j$에 대해 $E[u_i u_j] = 0$을 가정하면, 마지막 표현은 다음과 같이 된다.

$$E[w_1^{\,2} u_1^{\,2} + w_2^{\,2} u_2^{\,2} + \cdots + w_n^{\,2} u_n^{\,2}]$$

마지막으로 $E[u_i^2] = E[u_j^2] = \sigma^2$을 가정하면 다음과 같다.

$$E[w_1^{\,2} u_1^{\,2} + w_2^{\,2} u_2^{\,2} + \cdots + w_n^{\,2} u_n^{\,2}] = \sigma^2 E[w_1^{\,2} + w_2^{\,2} + \cdots + w_n^{\,2}] = \sigma^2 \Sigma w_i^{\,2}$$

따라서 $\widehat{\beta_1}$이 초량임을 증명하기 위해서는 두 가지 추가적인 가정이 요구된다.

1) 모든 $i \neq j$에 대해 $E[u_i u_j] = 0$, 이는 오차항들이 서로 관련되지 않음을 의미한다. 자기상관(autocorrelation) 혹은 계열상관(serial correlation)은 오차항들이 서로

관련되는 경우이다. 따라서 우리는 오차항들이 시계열적으로 관련되지 않는다고 가정한다.

2) $E[u_i^2] = E[u_j^2] = \sigma^2$, 이는 모든 오차항들이 동일한 분산을 갖는다는 것을 의미한다. 이분산성(heteroskedasticity)은 모든 오차항들이 동일한 분산을 갖지 않는 경우이다. 따라서 우리는 오차항들이 동분산(homoskedastic)이라고 가정한다.

8.5 고전적 선형 회귀모형

통상 최소제곱은 $\sum e_i^2$이 최소화되도록 X와 Y에 대한 관측값 사이에 직선을 적합시킨다. 우리는 이상의 선이 네 가지 가정들을 충족할 때 최량, 선형 및 불편임을 살펴보았다.

고전적 선형 회귀모형의 가정들

1. 설명변수(들)가 미리 결정되거나 적어도 오차항과는 상관관계가 없다: $E\ [u_i X_i] = 0$.
2. 오차항들의 기대값은 0이다: $E[u_i \mid X_i] = 0$.
3. 오차항들은 서로 관련되지 않는다: 모든 $i \neq j$에 대해 $E[u_i u_j] = 0$
4. 모든 오차항들은 동일한 분산을 갖는다: 모든 $i \neq j$에 대해 $E[{u_i}^2] = E[{u_j}^2] = \sigma^2$

과소식별된 계량경제 모형들은 가정 2를 위반한다. 만약 가정 2가 성립하지 않으면, 우리는 불편성의 증명을 수행할 수 없다. 사실상 과소식별된 회귀모형은 편의된 모수 추정량들을 산출한다.

마찬가지로 부적절한 함수형태를 사용해 실행되는 회귀모형들도 가정 2를 위반하기 때문에 편의된 결과를 제시한다.

만약 가정 3이 성립하지 않으면, 오차항들이 자기상관 되어 있다. 우리는 가우스-마코프 증명을 완성하기 위해서 가정 3이 필요하다는 사실을 살펴보았다. 따라서 가정 3을 위반한 회귀모형들은 비효율적(최량이 아닌)인 추정량들을 산출한다.

가정 4가 만족되지 않은 경우에는 오차항들이 이분산을 가진다. 우리는 가우스-마코프 증명을 완성하기 위해 가정 4가 요구된다는 사실을 알고 있다. 따라서 가정 4를 위반한 회귀모형들은 비효율적(최량이 아닌)인 추정량들을 산출하게 된다.

우리는 4장에서 모든 종류의 가설 검정을 수행하였는데, 가설 검정을 위해서는 "오차항이 정규분포"를 따라야 한다는 회귀모형에 관한 추가적인 가정이 요구된다. 만약 오차항이 정규분포를 따른다면, $\widehat{\beta_0}$과 $\widehat{\beta_1}$은 정규분포를 갖는다. 왜냐하면 $\widehat{\beta_0}$과 $\widehat{\beta_1}$은 오차항의 선형함수이기 때문이다. 우리는 편의에 관해 설명한 부분에서 $\widehat{\beta_1}$이 실제로 u_i의 선형함수임을 살펴보았다: $\widehat{\beta_1} = \Sigma w_i Y_i = \Sigma w_i(\beta_0 + \beta_1 X_i + u_i)$. 또한 $\widehat{\beta_0}$은 $\widehat{\beta_1}$의 선형함수이다: $\widehat{\beta_0} = \overline{Y} - \widehat{\beta_1}\,\overline{X}$.

우리가 $\widehat{\beta_0}$과 $\widehat{\beta_1}$이 정규분포를 따른다는 사실을 알 수 있다면, 정규분포에 기반을 두어 가설 검정을 수행할 수 있다. 즉 우리가 임계값을 찾기 위해 사용하는 t-분포표와 F-분포표는 오차항과 더 나아가 $\widehat{\beta_0}$과 $\widehat{\beta_1}$이 정규분포를 따르는 경우에만 적용된다.

지금까지 오차항들에 대해 가정한 거의 모든 사항들을 간결하게 요약하는 수학적 표기는 다음과 같다.

모든 i에 대해 $u_i \sim N(0, \sigma^2)$

이상의 표기는 "오차항들이 평균은 0이고 분산이 σ^2인 정규분포"를 따른다는 사실을 나타낸다. 우리는 $\widehat{\beta_0}$과 $\widehat{\beta_1}$이 u_i의 선형함수이므로 다음의 사실을 알 수 있다.

$$\widehat{\beta_0} \sim N(\beta_0,\ VAR(\widehat{\beta_0}))$$
$$\widehat{\beta_1} \sim N(\beta_1,\ VAR(\widehat{\beta_1}))$$

○ 용어정의

- 자기상관 - 회귀모형의 오차항들이 서로 관련되어 있을 경우, 즉 모든 $i \neq j$에 대해 $E[u_i u_j] \neq 0$

- 최량 추정량(효율적 추정량) - 반복 표본추출에서 모든 가능한 추정량들 중에서 최소로 변동하는 추정량

- BLUE - 최량(best), 선형(linear), 불편 추정량(unbiased estimator)의 머리글자

- 가우스-마코프 증명 - $\widehat{\beta_0}$과 $\widehat{\beta_1}$이 최량이라는 증명

- 이분산성 - 회귀모형의 모든 오차항들이 동일한 분산($E\left[u_i^2\right] = \sigma^2$)을 갖지 않음

- 선형 추정량 - 수식이 선형인 추정량

- 몬테카를로 연구 - 알려진 모집단으로부터 반복 표본추출을 통해 표본 회귀모형의 특징을 분석하는 계량경제 연구방법

- 불편 추정량- 추정량의 기대값이 모수의 실제값과 동일, 즉 $E\left[\widehat{\beta_1}\right] = \beta_1$

8장 연습문제

1. $\Sigma w_i = 0$ 과 $\Sigma w_i X_i = 1$을 증명하라.

풀이 $$\Sigma w_i = \frac{\Sigma(X_i - \overline{X})}{\Sigma(X_i - \overline{X})^2} = \frac{\Sigma X_i - n\overline{X}}{\Sigma(X_i - \overline{X})^2} = \frac{0}{\Sigma(X_i - \overline{X})^2}$$

$$\Sigma w_i X_i = \frac{\Sigma(X_i - \overline{X})X_i}{\Sigma(X_i - \overline{X})^2} = \frac{\Sigma X_i^2 - \overline{X}\Sigma X_i}{\Sigma X_i^2 - \overline{X}\Sigma X_i} = 1$$

2. 모든 i에 대해 $u_i \sim N(7,\ \sigma^2)$을 가정하면, $\widehat{\beta_1}$은 편의될 것인가? 그 이유를 설명하라.

3. 모든 i에 대해 $u_i \sim N(0,\ \sigma^2)$을 가정하면, $\widehat{\beta_1}$이 효율적이라고 보장할 수 없는 이유는 무엇인가?

풀이 왜냐하면 모든 $i \neq j$에 대해 $E[u_i u_j] \neq 0$일 수 있기 때문이다.

4. 다음과 같이 주어진다.

$$Stalk\,Height_i = 2.0 + 3.0 Rainfall_i + Fertilizer_i + e_i$$

A) 절편 값을 해석하라.

B) $Rrainfall$ 계수의 값을 해석하라.

C) 여러분이 $Rrainfall$ 계수의 실제값이 3.1임을 알고 있다고 가정한다. 이는 이상의 추정량이 편의 되었음을 의미하는가? 그 이유를 설명하라.

D) 여러분은 이상의 방정식이 고전적 선형 회귀모형의 가정 2(오차항의 모집단 평균은 0)를 충족시키지 못한다는 사실을 알고 있다고 가정한다. 이는 $Rainfall$ 계수가 명확히 3.0이 아니라는 것을 의미하는가? 그 이유를 설명하라.

E) 우리는 이상의 회귀모형에 대한 자료가 수집할 때 옥수수를 재배하는 다양한 토지에 이전의 토지보다 정확히 2파운드(2lbs)/에이커(acre) $Fertilizer$(비료)를 더 많이 적용한다. $Rainfall$(강우량)은 통상적인 기상학 방법인 "움푹 패인 통"을 사용해 측정한다. 이상의 설명변수들 중 어떤 변수가 확률적인가? 그 이유를 설명하라.

F) 우리는 설명변수들 중 하나가 확률적이란 이유로 이상의 추정량들이 편의 된다고 결론내릴 수 없는데, 그 이유는 무엇인가?

5. 스티븐 코딜(Steven Caudill, 1990)의 논문인 "계량경제학의 이론과 실습", http://college.holycross.edu/eej/Volume16/V16N3P249_256.pdf에 기초한 다음의 물음에 답하라.

A) "표기의 공리"(Axiom of Specification)란?

풀이 표기의 공리는 회귀모형에서 추정량이 BLUE이기 위해 반드시 충족해야 하는 고전적 선형 회귀모형의 가정을 넘어선 일련의 기준이다.

B) "표기의 공리"는 고전적 선형회귀 모형의 가정인가? 만약 그렇지 않다면, "표기의 공리"는 가정이 될 수 있는가? 만약 그렇다면, 어떤 가정이 "표기의 공리"와 상응하는가?

풀이 표기의 공리는 고전적 선형회귀 모형의 암묵적인 가정이다. 대부분 계량경제학자들은 종속변수가 유일하지 않고, 완전하지 않으며, 수가 적고, 관측 가능하며, 알려지지 않은 모수가 일정하지 않을 때에는 가정 2($E[u_i]=0$)가 위반되므로 표기의 공리를 적용한다.

C) "응용 계량경제 학자들"과 "계량경제 이론가들" 간의 차이는 무엇인가?

풀이 응용 계량경제 학자들은 이론을 검정하는 데 관심이 있으며, 고전적 가정들에 대해서는 큰 관심이 없다. 그들은 데이터 마이닝을 할 가능성이 더 크다. 계량경제 이론가들은 고전적 가정들을 고수하려 하며, 특정 경제이론의 검정에는 관심이 크지 않다. 그들은 증명을 수행할 가능성이 더 크다.

D) "데이터 마이닝"(data mining)이란?

풀이 일부의 사람들은 데이터 마이닝을 희망하는 결과가 나올 때까지 자료를 조정하는 것으로 얘기하지만, 이는 공정한 시각이 아니다. 우리는 어떤 변수를 회귀모형에 포함해야 하는지에 대한 경제이론의 지침이 없을 때 데이터 다이닝을 통해 특정 변수의 포함여부와 적절한 함수 형태의 결정에 도움을 얻는다. 많은 회귀분석이 데이터 마이닝 과정에서 실행되기 때문에 변수들은 한 번 이상의 통계적 유의성을 가질 기호를 얻게 된다. 이는 고전적 선형 회귀모형의 공리를 위반한다.

6. 에드워드 리머(Edward E. Leamer, 1983)의 논문인 "계량경제학의 단점을 극복하자", http://www.mtholyoke.edu/~mirobins/leamer.pdf에 기초한 다음의 물음에 답하라.
   A) "실험"과 "비실험" 자료를 구분하라. 비실험 자료 사용의 단점은 무엇인가?
   B) 데이터 마이닝이란? 데이터 마이닝의 단점은 무엇인가?
   C) 민감도 분석이란?

PART 9

다중공선성

9.1 다중공선성의 본질

다중회귀모형에는 2개 이상의 설명변수가 존재한다. 설명변수들 중 일부는 종종 강한 선형관계를 갖는데, 이 경우가 다중공선성(multicollinearity)으로 알려진 상황이다. 다중공선성이 존재하는 경우에는 하나의 설명변수의 변동이 다른 설명변수들의 변동에 반영되기 때문에 통상 최소제곱을 이용해 각각의 설명변수가 종속변수에 미치는 영향을 파악하기 어려워진다.

다중공선성은 일부 혹은 전체 설명변수들이 서로 완벽하게 혹은 거의 완벽하게 묶여서 움직인다는 것을 의미한다. 이 상황에서의 회귀분석은 각 설명변수가 y−변수에 미치는 영향을 구분해내는 데 어려움을 겪는다.

이 장에서는 다음의 내용들을 다룬다.

- 일반적인 다중공선성과 완전 다중공선성의 차이를 설명한다.
- 다중공선성이 존재할 때의 결과를 자세히 살펴본다.
- 다중공선성의 측정기법을 제시한다.
- 다중공선성의 해결방안을 알아본다.

9.2 완전 다중공선성

완전 다중공선성은 회귀모형에서 설명변수들이 완전한 선형관계를 가질 때 발생한다. 다음의 X_1과 X_2 변수를 고려한다.

X_1	X_2
10.0	6.0
17.0	2.5
12.0	5.0
21.0	0.5

여러분이 이상의 숫자들을 오랫동안 살펴보면 $X_2=11-0.5X_1$의 관계가 성립함을 찾아낼 수 있다. 즉 X_2는 X_1에 대한 선형함수의 형태로 온전히 표현 가능하다. 만약 X_1의 첫 번째 값이 10.0이 아니라 10.1이면, X_1과 X_2 간에는 높은 선형관계가 존재하지만 더 이상 완벽한 선형관계는 아니다.

만약 회귀모형의 설명변수들이 완전 선형관계를 갖는다면, 구조적 모수는 정의되지 않는다. 우리는 회귀모형 $Y_i = \widehat{\beta_0} + \widehat{\beta_1} X_{1i} + \widehat{\beta_2} X_{2i} + e_i$의 구조적 모수인 $\widehat{\beta_1}$과 $\widehat{\beta_2}$의 공식이 다음과 같다는 사실을 5장에서 살펴보았다.

$$\widehat{\beta_1} = \frac{(\Sigma y_i x_{1i})(\Sigma {x_{2i}}^2) - (\Sigma y_i x_{2i})(\Sigma x_{1i} x_{2i})}{(\Sigma {x_{1i}}^2)(\Sigma {x_{2i}}^2) - (\Sigma x_{1i} x_{2i})^2}$$

여기서, $y_i = Y_i - \overline{Y}$; $x_{1i} = X_{1i} - \overline{X_1}$; $x_{2i} = X_{2i} - \overline{X_2}$

$$\widehat{\beta_2} = \frac{(\Sigma y_i x_{2i})(\Sigma {x_{2i}}^2) - (\Sigma y_i x_{1i})(\Sigma x_{1i} x_{2i})}{(\Sigma {x_{1i}}^2)(\Sigma {x_{2i}}^2) - (\Sigma x_{1i} x_{2i})^2}$$

여기서, $y_i = Y_i - \overline{Y}$; $x_{1i} = X_{1i} - \overline{X_1}$; $x_{2i} = X_{2i} - \overline{X_2}$

우리는 X_1과 X_2가 완벽한 선형관계를 가질 때 이상의 두 방정식들의 분모가 영(0)이 된다는 사실을 쉽게 확인할 수 있다. 즉 $\widehat{\beta_1}$과 $\widehat{\beta_2}$은 분모가 0이므로 정의되지 않는다. 따라서 $\widehat{\beta_0} = \overline{Y} - \widehat{\beta_1}\overline{X_1} - \widehat{\beta_2}\overline{X_2}$도 정의되지 않는다.

그렇다면 여러분은 연구자가 완전 다중공선성을 갖는 변수들을 회귀모형에 포함하는 이유를 궁금해 할 수 있다. 연구자는 보통 실수로 완전 선형관계 변수들을 회귀모형에 포함시킨다. 예를 들어 연구자가 평균 학부학점을 종속변수로 설정하는 회귀모형에서 주당 공부시간이 하루 공부시간의 7배(주당 공부시간=0+7×1일 공부시간)라는 사실을 인식하지 못한 채 하루 공부시간과 주당 공부시간을 설명변수로 포함할 수 있다.

다른 예시로써 임금이 종속변수인 회귀모형은 실업자 수, 실업률 및 경제활동인구 수를 설명변수로 포함할 수 있다.

$$WAGES_i = \widehat{\beta_0} + \widehat{\beta_1}\#UNEM_i + \widehat{\beta_2}\,UNEMRATE_i + \widehat{\beta_3}\,LFORCE_i + e_i$$

이때 "실업률 = 실업자 수/경제활동인구 수"이다. 두 설명변수들의 선형결합은 세 번째 설명변수와 동일하다. 이는 완전 다중공선성의 경우이며, 구조적 모수들은 정의되지 않는다.

우리가 완전 다중공선성에 직면할 때 대처할 수 있는 방안은 선형관계 변수들 중 하나 혹은 그 이상의 변수를 제외하는 것뿐이다.

9.3 다중공선성의 정의

다중공선성은 회귀모형에 포함된 설명변수들이 완벽하지는 않지만 높은 선형관계를 가질 때 생겨난다. 이 경우의 구조적 모수들과 모든 잔차 통계량들은 일반적인 공식으로 계산된다.

다중공선성이 존재하는 경우에도 통상 최소제곱 추정량은 BLUE(최소분산선형불편추정량)이다. 즉 다중공선성이 존재하는 경우에도 반복 표본추출에서 최소제곱 추정량보다 편차가 더 적게 나타나는 다른 선형 추정량은 존재하지 않는다. 하지만 다중공선성이 존재하는 경우에는 그렇지 않은 경우에 비해 추정량의 표준오차가 증가한다.

이상의 내용을 보다 명확히 이해하기 위해 다음의 회귀모형을 고려한다.

$$Y_i = \widehat{\beta_0} + \widehat{\beta_1}X_{1i} + \widehat{\beta_2}X_{2i} + e_i$$

$\widehat{\beta_1}$의 표준오차는 다음과 같이 나타난다.

$$SE(\widehat{\beta_1}) = \sqrt{\frac{\Sigma {e_i}^2/(n-k)}{\Sigma(X_{1i}-\overline{X_1})^2(1-r_{12}^2)}}$$

여기서 r_{12}^2은 설명변수 X_1과 X_2 간의 상관계수를 제곱한 값이다. 따라서 X_1과 X_2 간의 선형관계가 증가할수록 $\widehat{\beta_1}$의 표준오차는 증가한다. 다시 말해 다중공선성이 심할수록 추정량의 표준오차는 커진다.

9.4 다중공선성의 결과

다중공선성은 고전적 선형회귀 모형의 기본 가정들을 위반하지 않는다. 따라서 다중공선성이 존재하는 경우에도 OLS 추정량은 최량불편 추정량이다. 이때 "최량"은 다중공선성이 존재하는 경우에도 회귀모형의 구조적 모수를 추정하는 모든 기법들 중에서 OLS 추정량의 표준오차가 가장 작음을 의미한다. 그러나 우리가 다중공선성에 대해 적절한 처방을 취할 수 있다면, OLS 추정량의 표준오차를 더 줄일 수 있다.

다중공선성의 핵심적인 영향은 구조적 모수 추정량의 표준오차를 부풀린다는 데(그러나 여전히 최소임) 있다. 이는 추가적인 문제를 발생시킨다. 우리는 표준오차를 사용해 t-통계량을 계산하기 때문에 다중공선성이 없을 때 표준오차가 작아지고 t-통계량의 절대값이 커지게 된다. 즉 다중공선성은 가설 검정을 불안정하게 만든다. 인위적으로 줄어든 t-통계량은 제2종 오류의 가능성을 증가시킨다.

또한 부풀어진 표준오차(다중공선성의 존재)는 모수의 추정량이 모형식별에 민감하게 반응하게끔 유도한다. 다중공선성이 존재할 경우에는 관련이 있는 변수를 제거할 때뿐만 아니라 관련이 없는 변수를 제거할 때에도 모수 추정량이 크게 변동한다. 따라서 심한 다중공선성은 모형식별을 어렵게 만든다.

9.5 다중공선성의 탐지

다중공선성을 탐지할 수 있는 몇 가지 방법이 있다. 그중 설명변수들 간의 상관계수를 검토하는 것이 가장 단순하면서도 자주 활용되는 방법이다.

$$r = \frac{\Sigma(X_{1i} - \overline{X_1})(X_{2i} - \overline{X_2})}{(SD(X_1))(SD(X_2))}$$

$SD(X_1)$, $SD(X_2)$는 각각 X_1, X_2의 표준편차

r은 −1에서 1 사이의 값을 가진다. $|r| > 0.7$은 심각한 다중공선성을 의미한다.

일련의 분산팽창요인(VIF)의 계산은 다중공선성을 탐지할 수 있는 보다 공식적인 방법이다. VIF는 다음과 같이 계산된다. 1) 각 설명변수를 종속변수로 하고, 나머지 설명변수들을 설명변수로 설정하는 보조 회귀모형들을 추정하고, 2) 각각의 회귀분석 결과

를 이용해 다음의 *VIF*를 계산한다.

$$VIF = \frac{1}{1 - {R_i}^2}$$

만약 *VIF*의 값들 중 하나라도 5보다 크면, 다중공선성이 심각하다.

예를 들어 다음의 회귀모형을 고려한다.

$$Y_t = \widehat{\beta}_0 + \widehat{\beta}_1 X_{1t} + \widehat{\beta}_2 X_{2t} + \widehat{\beta}_3 X_{3t} + e_t$$

*VIF*를 계산하기 위해 다음의 보조 회귀모형을 추정한다.

$$X_{1t} = \widehat{\beta}_0 + \widehat{\beta}_1 X_{2t} + \widehat{\beta}_2 X_{3t} + e_t$$
$$X_{2t} = \widehat{\beta}_0 + \widehat{\beta}_1 X_{1t} + \widehat{\beta}_2 X_{3t} + e_t$$
$$X_{3t} = \widehat{\beta}_0 + \widehat{\beta}_1 X_{1t} + \widehat{\beta}_2 X_{2t} + e_t$$

3개의 *VIF*를 구하기 위해 이상의 세 회귀모형의 추정을 통한 R^2들을 다음의 수식에 대입한다.

$$VIF = \frac{1}{1 - {R_i}^2}$$

만약 3개의 *VIF* 값들 중 1개라도 5보다 크면, 원래의 회귀모형은 심각한 다중공선성의 상황에 있다.

9.6 다중공선성의 해결방안

일단 다중공선성이 탐지되면, 우리가 다중공선적 설명변수를 사용해 분석할 때 고려해야 할 몇 가지 사항이 있다. 아무런 조치도 취하지 않는 것이 때때로 좋은 방법일 수 있다. 이 방법이 결과를 완전히 악화시키는 것은 아니므로 고려될 수 있다. 여러분이 이 방법을 선택한다면 제2종 오류가 발생할 가능성이 증가한다는 사실을 염두에 두고 가설 검정을 수행해야 한다.

다중공선성을 다루는 것은 일반적인 감기를 다루는 것과 유사하다. 여러분은 감기의 증상을 완화시킬 수 있는 몇 가지 방법을 알고 있지만, 대부분의 경우 그것을 감내하고 참는다. 그리고 감기가 그렇듯이 다중공선성이 존재할 때의 결과가 인생을 위협할 정도는 아니다.

우리는 또 다른 방법으로써 공선적 설명변수 중에서 한 변수의 제거를 고려할 수 있다. 이는 그 변수가 모형의 과소식별을 야기하지 않으면서 제거될 수 있다고 판단되는 경우에만 적용된다.

더 나은 방법은 어떻게든 공선적 설명변수들을 결합할 때 가능해진다. 때때로 우리는 변수를 비율로 표현하거나 차분해 회귀모형에 포함함으로써 정보의 손실 없이 다중공선성 문제를 해결할 수 있다. 시계열 자료의 경우에는 종종 변수의 1차 차분을 통해 다중공선성 문제를 치유한다.

마지막으로 우리는 회귀모형을 대안 함수형태로 바꿈으로써 다중공선성을 완화할 수 있다. 그러나 우리는 다중공선성이 갖는 문제보다 잘못된 함수형태를 가정하는 것이 더 큰 문제를 야기한다는 사실을 인식해야 한다. 왜냐하면 잘못된 함수형태에 따른 결과가 다중공선성의 결과보다 훨씬 더 나쁘기 때문이다.

용어정의

- 상관계수 – 두 변수 간의 선형관계의 정도를 추정하기 위한 통계량
- 다중공선성 – 회귀모형에 포함된 설명변수들이 높은 선형관계를 갖는 경우
- 완전 다중공선성 – 회귀모형에 포함된 설명변수들이 완벽한 선형관계를 갖는 경우
- 분산팽창요인 – 다중공선성을 탐지하기 의해 사용되는 통계량

9장 연습문제

1. 다음의 회귀분석을 실행하기 위해 CONSUMP.XLS의 자료와 통계 소프트웨어를 사용하라.

$$RCONPC_t = \widehat{\beta}_0 + \widehat{\beta}_1 REALYDPC_t + \widehat{\beta}_2 REALR_t + \widehat{\beta}_3 CC_t + e_t$$

여기서, $RCONPC$ = 미국의 1인당 실질 소비지출
$REALYDPC$ = 1인당 실질 처분가능소득
$REALR$ = 1년 만기 국채의 실질이자율
CC = 미시간대학교의 소비자신뢰도 지수

A) 어떤 설명변수가 예상하였던 부호와 다르게 추정되는가?

풀이 모든 설명변수의 부호가 예상대로 추정된다.

B) 설명변수들 간의 상관계수를 계산하고, 이를 바탕으로 회귀모형의 다중공선성이 심각한지, 중간 정도인지, 약한지, 아니면 전혀 없는지 판단하라. 그 이유를 설명하라.

풀이 설명변수들 간의 상관계수는 0.016, 0.135 및 0.276으로 상관관계가 약하거나 거의 없다.

C) 설명변수들 간의 상관계수에 의하면, 어떤 두 설명변수들의 공선성이 가장 심한가?

풀이 $REALR$과 CC

D) 3개의 VIF들을 계산하고, 이를 바탕으로 회귀모형의 다중공선성이 심각한지, 중간 정도인지, 약한지, 아니면 전혀 없는지 판단하라. 그 이유를 설명하라.

풀이 VIF = 1.02; 1.08; 1.10 =〉 다중공선성이 약하거나 거의 없다.

E) 1차 차분한 형태로 바꾸어 회귀분석을 실행하라. 어떤 설명변수가 예상하였던 부호와 다르게 나타나는가?

풀이 모든 설명변수의 부호가 예상대로 추정된다.

F) 1차 차분한 형태로 바꾼 회귀모형에서 설명변수들 간의 상관계수를 계산하고, 이를 바탕으로 바꾼 회귀모형의 다중공선성이 심각한지, 중간 정도인지, 약한지, 아니면 전혀 없는지 판단하라. 그 이유를 설명하라.

풀이 설명변수들 간의 상관계수는 0.26, 0.28 및 0.34로 상관관계가 약하다.

G) 1차 차분한 형태로 바꾼 회귀모형에서 3개의 VIF들을 계산하고, 이를 바탕으로 바꾼 회귀모형의 다중공선성이 심각한지, 중간 정도인지, 약한지, 아니면 전혀 없는지 판단하라. 그 이유를 설명하라.

풀이 VIF = 1.124; 1.176; 1.176 => 다중공선성이 약하거나 전혀 없다.

H) 여러분은 이상의 문항들에 대한 답변을 바탕으로 최초의 모형에서의 다중공선성 문제를 해결하기 위해 어떤 방법을 제시하겠는가? 그 이유를 설명하라.

풀이 원래의 모형에는 다중공선성이 거의 없거나 매우 약한 수준이다.

2. 화폐수요($M2$)가 상수항, 소득($NGDP$), 이자율(AAA) 및 물가(CPI)에 의해 영향을 받는다는 모형을 ANMACRO.XLS의 자료와 통계 소프트웨어를 사용해 회귀분석을 실행하라.

변수명	설명
$M2$	M2에 대한 수요
$NGDP$	명목 GDP
AAA	AAA등급 기업채 금리
CPI	소비자물가지수

A) 어떤 설명변수가 예상하였던 부호와 다르게 추정되는가?

B) 설명변수들 간의 상관계수를 계산하고, 이를 바탕으로 회귀모형의 다중공선성이 심각한지, 중간 정도인지, 약한지, 아니면 전혀 없는지 판단하라. 그 이유를 설명하라.

C) 설명변수들 간의 상관계수에 의하면, 어떤 두 설명변수들의 공선성이 가장 심한가?

D) 3개의 VIF들을 계산하고, 이를 바탕으로 회귀모형의 다중공선성이 심각한지, 중간 정도인지, 약한지, 아니면 전혀 없는지 판단하라. 그 이유를 설명하라.

E) 1차 차분한 형태로 바꾼 회귀분석을 실행하라. 어떤 설명변수가 예상하였던 부호와 다르게 나타나는가?

F) 1차 차분한 형태로 바꾼 회귀모형에서 설명변수들 간의 상관계수를 계산하고, 이를 바탕으로 바꾼 회귀모형의 다중공선성이 심각한지, 중간 정도인지, 약한지, 아니면 전혀 없는지 판단하라. 그 이유를 설명하라.

G) 1차 차분한 형태로 바꾼 회귀모형에서 3개의 VIF들을 계산하고, 이를 바탕으로 바꾼 회귀모형의 다중공선성이 심각한지, 중간 정도인지, 약한지, 아니면 전혀 없는지 판단하라. 그 이유를 설명하라.

H) 여러분은 이상의 문항들에 대한 답변을 바탕으로 원래 모형에서의 다중공선성을 해결하기 위해 어떤 방법을 제시하겠는가? 그 이유를 설명하라.

8장과 9장의 자체평가

1. "실험" 자료를 이용하는 연구가 "비실험" 자료를 이용하는 유사한 연구보다 우월한가? 그 이유를 설명하라.

풀이 반드시 그렇지는 않다. 실험 자료는 결과에 영향을 미치는 다른 요소들을 통제할 수 있는 장점이 있다. 그러나 비실험 자료를 사용하는 회귀분석은 종속변수에 영향을 미치는 다른 요인들을 모형에 포함함으로써 통제할 수 있다. 비실험 자료를 사용하는 회귀분석은 설명변수들이 사전에 결정되는 것은 아니다. 그러나 설명변수와 오차항 간의 상관관계가 없다면 여전히 회귀분석은 선형일 수 있다.

2. $E[\widehat{\beta_1}] = \beta_1$임을 증명하라.

풀이 $\widehat{\beta_1}$이 β_1의 선형 추정량이라고 가정한다.

$$\widehat{\beta_1} = \frac{\Sigma(X_i - \overline{X})Y_i}{\Sigma(X_i - \overline{X})^2} = \Sigma w_i Y_i;\ \text{여기서}\ w_i = \frac{(X_i - \overline{X})}{\Sigma(X_i - \overline{X})^2}$$

$$\widehat{\beta_1} = \Sigma w_i Y_i = \Sigma w_i(\beta_0 + \beta_1 X_i + u_i) = \beta_0 \Sigma w_i + \beta_1 \Sigma w_i X_i + \Sigma w_i u_i$$

이때 $\Sigma w_i = 0$이고 $\Sigma w_i X_i = 1$이므로 $\widehat{\beta_1} = \beta_1 + \Sigma w_i u_i$이다.

따라서 $E[\Sigma w_i u_i] = 0$이면, $E[\widehat{\beta_1}] = E[\beta_1 + \sum w_i u_i] = \beta_1$이 된다.

3. $\widehat{\beta_1}$이 선형불편 추정량이라고 가정하면, $\widehat{\beta_0}\,(= \overline{Y} - \widehat{\beta_1}\,\overline{X})$도 불편 추정량임을 증명하라.

풀이 만약 $\widehat{\beta_1}$이 선형불편 추정량이면, 상수항은 $\widehat{\beta_1}$의 선형함수이므로 상수항의 추정량 $\widehat{\beta_0}\,(= \overline{Y} - \widehat{\beta_1}\,\overline{X})$ 역시 그렇다.

4. "데이터 마이닝"으로 알려진 절차를 옹호하라. 이 절차는 추론 이론을 위반하지 않는가?

풀이 데이터 마이닝은 사실상 추론 이론에 위배된다. 다양한 모형설정하에서 수차례에 걸쳐 분석을 수행함으로써 각 변수들이 적어도 한 번 이상 유의성을 가질 기회를 얻게 된다. 이는 가설 검정의 형식에 위반된다. 그러나 가설 검정 과정에 몇 가지 주의할 점을 염두해 둔다면 데이터 마이닝은 유용한 방법이 될 수 있다. 경제이론은 함수형태나 설명변수의 포함 여부에 대해 충분히 명확한 해답을 때때로 제시하지 않는다. 데이터 마이닝은 함수형태와 모형설정의 결정에 도움을 줄 수 있다.

5. 다음의 다중공선성 해결방안들의 장단점을 논의하라.

A) 특정 변수의 제거

풀이 만약 변수를 제거함으로써 과소식별이 된다면, 이 방안은 다중공선성 문제보다 더 큰 문제를 일으킬 수 있다.

B) 1차 차분의 시도

풀이 이 방안은 횡단면 자료에 사용할 수 없으며, 많은 경우 1차 차분을 하면 r^2이 줄어든다. 또한 1차 차분을 해야 할 이론적 근거가 요구된다.

C) 역수 모형와 같은 대안 함수형태 적용

풀이 만약 대안 함수형태가 잘못된 함수형태이면, 이 방안은 다중공선성 문제보다 더 큰 문제를 일으킬 수 있다.

D) 아무 것도 하지 않음

풀이 만약 다중공선성이 심각하지 않은 상황이라면, 이 방안이 적절할 수 있다. 하지만 가설 검정에는 주의가 필요하다.

6. 다음의 식을 이용해 완전 다중공선성의 경우에는 $SE(\widehat{\beta_1})$가 정의되지 않음을 제시하라.

$$SE(\widehat{\beta_1}) = \sqrt{\frac{\Sigma e_i^{\,2} / (n-k)}{\Sigma (X_{1,i} - \overline{X_1})^2 (1 - r_{12}^{\;2})}}$$; 여기서 r_{12}^2는 X_1과 X_2 간의 상관계수 제곱

풀이 X_1과 X_2가 완전 다중공선성 상황이라면 두 변수의 상관계수의 제곱은 1이다. 이 경우 위 수식의 분모는 0이 되어 $SE(\widehat{\beta_1})$ 값이 정의되지 않는다.

7. 다음의 문장들이 참 혹은 거짓인지 판별하라.

A) $\widehat{\beta}_1$은 계열상관이 있을 때 BLUE이다. **풀이** 거짓

B) $\widehat{\beta}_1$이 최량임을 증명하기 위해서는 e_i들이 서로 상관관계가 없다고 가정해야 한다. **풀이** 거짓

C) $\widehat{\beta}_1$이 불편임을 증명하기 위해서는 실제 오차항들이 서로 상관관계가 없다고 가정해야 한다. **풀이** 거짓

D) 가설 검정을 위해서는 u_i가 정규분포를 따른다는 조건이 요구된다. **풀이** 참

E) OLS 추정량이 BLUE임을 증명하기 위해서는 u_i가 정규분포를 따른다는 조건이 요구된다. **풀이** 거짓

F) 잘못된 함수형태의 회귀모형은 고전적 선형회귀 모형의 가정 4를 위반한다. **풀이** 거짓

G) 다중공선성이 존재하면, R^2의 추정량은 편의 된다. **풀이** 거짓

H) $VAR(\widehat{\beta}_1) = E[(\widehat{\beta}_1 - \beta_1)^2] = E[(\beta_1 + \Sigma w_i u_i - \beta_1)^2] = \sigma^2 \Sigma {w_i}^2$ **풀이** 참

I) 비록 가능성은 거의 없지만, 과소식별된 회귀모형의 구조적 모수는 편의 되지 않을 수 있다. **풀이** 참

J) 완전 다중공선성의 경우에는 OLS 추정량이 정의되지 않는다. **풀이** 참

K) $Y_i = \widehat{\beta}_0 + \widehat{\beta}_1 X_{1i} + \widehat{\beta}_2 X_{2i} + \widehat{\beta}_3 X_{3i} + \widehat{\beta}_4 X_{4i} + e_i$의 회귀모형을 고려한다. 만약 X_1과 X_2가 높은 공선성을 갖는다면, $\widehat{\beta}_1$과 $\widehat{\beta}_2$의 표준오차는 부풀려지지만 $\widehat{\beta}_3$과 $\widehat{\beta}_4$의 표준오차는 영향을 받지 않는다. **풀이** 거짓

L) $\Sigma w_i X_i = 0$; 여기서 $w_i = \dfrac{(X_i - \overline{X})}{\Sigma(X_i - \overline{X})^2}$ **풀이** 거짓

M) 미리 결정된 설명변수는 확률적이다. **풀이** 거짓

N) VIF(분산팽창요인)가 5보다 작으면 다중공선성은 존재하지 않는다. **풀이** 거짓

O) $u_i \sim N(0, \sigma^2)$는 실제 오차항들의 기대값이 0이고 각각의 분산이 σ^2인 정규분포를 따른다는 것을 의미한다. **풀이** 참

P) 고전적 선형 회귀모형(CLRM)의 가정 1과 2는 OLS 추정량이 선형임을 증명하기 위해 필요하다.

풀이 거짓

Q) CLRM의 가정 1과 2는 OLS 추정량이 불편임을 증명하기 위해 필요하다.

풀이 참

R) CLRM의 가정 3과 4는 OLS 추정량이 선형임을 증명하기 위해 필요하다.

풀이 거짓

S) CLRM의 가정 3과 4는 OLS 추정량이 불편임을 증명하기 위해 필요하다.

풀이 거짓

T) CLRM의 가정 3과 4는 OLS 추정량이 최량임을 증명하기 위해 필요하다.

풀이 참

고전적 선형 회귀모형의 가정들

1. 설명변수(들)가 미리 결정되거나 적어도 오차항과는 상관관계가 없다: $E[u_i X_i] = 0.$
2. 오차항들의 기대값은 0이다: $E[u_i | X_i] = 0.$
3. 오차항들은 서로 관련되지 않는다: 모든 $i \neq j$에 대해 $E[u_i u_j] = 0.$
4. 모든 오차항들은 동일한 분산을 갖는다: 모든 $i \neq j$에 대해 $E[u_i^2] = E[u_j^2] = \sigma^2.$

PART 10

이분산성

10.1 이분산성이란?

이분산성(heteroskedasticity)은 말 그대로 다른(hetero) 확산(skedasticity)을 의미한다. 이는 회귀모형의 오차항들이 모두 동일한 분산을 갖지 않을 때 발생한다. 즉 이분산성은 고전적 선형 회귀모형의 가정 4, 즉 "모든 오차항들은 동일한 분산을 갖는다: $E[u_i^2]=E[u_j^2]=\sigma^2$"에 대한 직접적인 위반이다.

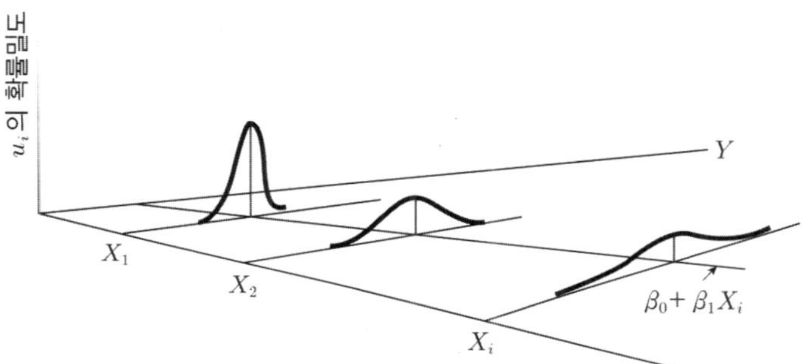

이분산성

횡단면 자료는 대체로 이분산성이 나타날 가능성이 크다. 다음은 50가구의 소득과 저축 간의 관계를 고려한 예시이다.

예시: $SAVING_i = -2.28 + 0.43\,INCOME_i + e_i$

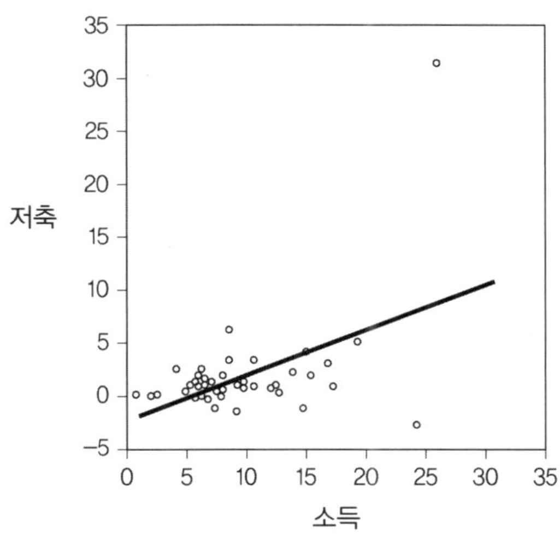

가구 소득이 적을 때에는 회귀모형의 오차들이 작은 경향을 나타내며, 소득이 증가할수록 잔차들의 크기도 함께 증가한다. 이상의 현상은 직관적인 의미를 지닌다. 저소득 가구는 그들의 저축을 예측하기가 상대적으로 쉬울 수 있다. 그러나 고소득 가구가 그들의 저축을 예측할 때에는 더 많은 오차의 여지가 생겨난다.

이분산성은 높은 소득수준과 관련된 더 큰 오차들을 의미하지 않으며, 높은 소득수준과 관련된 오차항들의 빈도 분포가 더 넓어짐을 의미한다. 이상의 차이는 미묘하고 감지하기 어렵지만 중요하다.

우리는 오차들의 크기가 하나의 설명변수에 따라 어떻게 달라지는지 살펴봄으로써 이분산성을 탐지한다. 이는 더 큰 오차들이 더 넓은 빈도 분포의 증거라는 생각에 기초한다. 이하에서는 이분산성의 결과를 먼저 살펴보고, 이분산성을 탐지하는 기법을 제시한다.

10.2 이분산성의 결과

이분산성이 존재하는 회귀모형의 구조적 모수들은 최량이 아니다. 이분산성은 고전적 선형 회귀모형의 가정 4(모든 오차항들은 동일한 분산을 갖는다: $E[u_i^2] = E[u_j^2] = \sigma^2$)를 위반하기 때문에 가우스-마코프(Gauss-Markov) 증명이 성립하지 않는다. 그러나 구조적 모수들이 선형이고 불편이라는 사실의 증명은 가능하다.

SER 추정량(추정된 구조적 모수의 표준오차)과 이로 인한 t-통계량, R^2 및 F-통계량은 모두 편의를 갖게 된다. 따라서 이분산성이 존재할 때에는 모든 종류의 가설 검정이 실효성을 상실한다.

10.3 탐지

이분산성을 탐지하기 위한 다양한 검정들이 존재한다. 이하에서는 세 가지 검정을 소개한다. 그래픽 방법은 회귀분석을 통해 추정된 "범인"(culprit)변수에 대한 잔차들의 제곱을 그림으로 그린다. 범인변수는 이분산성을 유발하는 설명변수이다. 우리의 예시에서는 의심의 여지없이 소득($INCOME$, 유일한 설명변수)이 범인변수이다.

다음의 그림에는 우리의 예시로부터 구해진 소득에 대한 잔차들의 제곱($EISSQ$)이 나타나 있다.

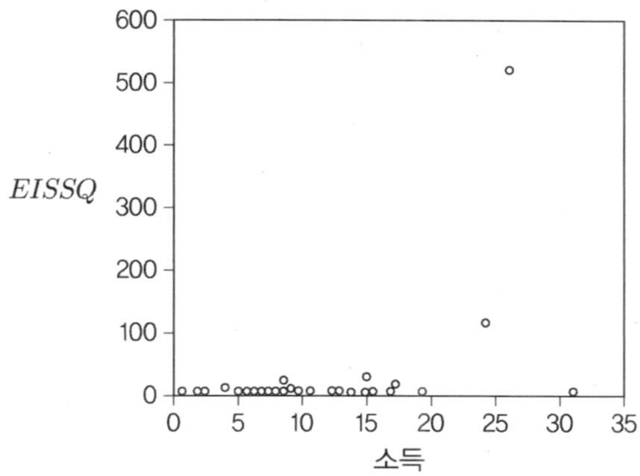

이상의 그림은 분명하진 않지만, 잔차들의 제곱이 소득 증가에 따라 커지는 것처럼 보인다. 일반적으로 잔차들의 제곱에 대한 패턴이 이분산성을 나타낸다. 다음의 왼쪽 그림은 일정한 패턴을 나타내지 않는 반면, 오른쪽 그림은 이분산성을 제시한다.

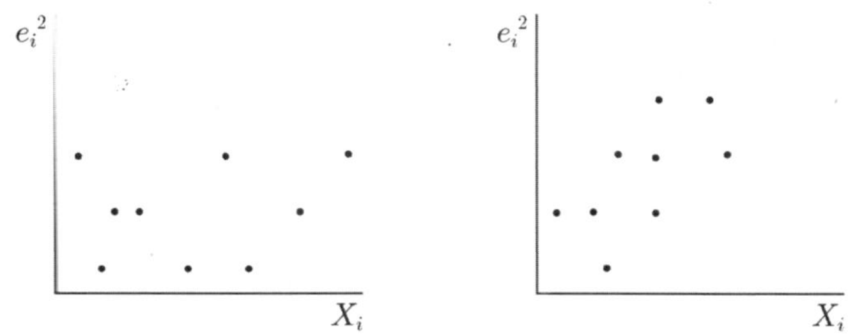

동분산적 오차들　　　　이분산적 오차들

"파크 검정"(Park, 1966)은 잔차들의 제곱에 대한 패턴을 찾는, 보다 공식적인 방법이다. $Y_i = \widehat{\beta_0} + \widehat{\beta_1} X_i + e_i$에서 이분산성이 존재하는지 검정하기 위해 잔차들을 제곱하고, 이분산성을 발생시키는 설명변수에 대해 회귀분석을 실행한다. 만약 가능한 경우에는 이중-로그 모형을 사용하고, 그렇지 않을 경우에는 반-로그 모형을 실행한다.

$$\ln(e_i^2) = \alpha_0 + \alpha_1 \ln(X_i) + \varepsilon_i$$

만약 α_1이 통계적으로 유의하다면, 이분산성이 존재한다.

다음은 $SAVING_i = -2.28 + 0.43INCOME_i + e_i$에서 이분산성이 존재하는지 검정하기 위해 잔차들을 제곱하고 이분산성을 발생시키는 설명변수에 대해 회귀분석을 실행한 결과이다.

$$\ln(e_i^2) = -1.49 + 0.70\ln(INCOME_i) + \varepsilon_i$$
$$(1.29) \quad \leftarrow t-\text{통계량} \quad n = 50$$

1) H_0: $\alpha_1 = 0$(이분산성 없음) H_a: $\alpha_1 \neq 0$(이분산성 존재)
2) 5%
3) 만약 $|t-\text{통계량}| > t_c$이면, H_0 기각
4) $1.29 < 2.011$ (자유도$=n-k$)
5) H_0 기각하지 못함; 원래의 회귀모형에는 이분산성이 없음

파크 검정은 우리가 그래픽 분석어서 의심하였던 이분산성을 부정하고, 이분산성의 증거가 발견되지 않는다고 제시한다.

이분산성에 대한 가장 보편적인 검정들 중 하나는 화이트 검정(White, 1980)이다.

만약 $Y_i = \widehat{\beta}_0 + \widehat{\beta}_1 X_{1i} + \widehat{\beta}_2 X_{2i} + e_i$에서 이분산성이 존재하는지 검정하고자 한다면, 우선 보조 회귀분석을 실행한다.

$$e_i^2 = \alpha_0 + \alpha_1 X_{1i} + \alpha_2 X_{1i}^2 + \alpha_3 X_{2i} + \alpha_4 X_{2i}^2 + \alpha_5 (X_{1i})(X_{2i}) + \varepsilon_i$$

회귀분석 결과 $\alpha_1 \sim \alpha_5$ 중에서 적어도 1개의 계수가 유의하게 추정되면, 이는 이분산성이 분명함을 제시한다. 우리는 화이트 검정을 충분히 활용하기 위해 예시에 또 다른 설명변수, 즉 *SIZE*(가구의 구성원 수)를 추가한다.

$$SAVING_i = -2.62 + 0.42INCOME_i + 0.08SIZE_i + e_i$$

이상의 회귀분석에서 이분산성이 존재하는지 검정하기 위해 보조 회귀분석을 실행한다.

$$e_i^2 = \alpha_0 + \alpha_1 INCOME_i + \alpha_2 INCOME_i^2 + \alpha_3 SIZE_i + \alpha_4 SIZE_i^2$$
$$+ \alpha_5 (INCOME_i)(SIZE_i) + \varepsilon_i$$
$$n = 50;\ R^2 = 0.42$$

1) H_0: 이분산성 없음 H_a: 이분산성 존재
2) 5%
3) 만약 $nR^2 > x^c$이면, H_0 기각
4) $50(0.42) = 21.0$; $\chi^c = 11.07$ (자유도=보조 회귀모형에서 $k-1 = 5$)
5) H_0 기각; 원래의 회귀모형에는 이분산성이 존재

화이트 검정은 *SAVINGS*에 대한 *INCOME*과 *SIZE*의 다중회귀분석에서 이분산성의 존재를 발견한다.

10.4 해결방안

이분산성이 존재함에도 불구하고 다중공선성이나 계열상관의 경우와 마찬가지로 아무런 조치를 취하지 않는 것이 타당할 수 있다. 우리는 잔차 통계량들이 편의 되어 있기 때문에 이를 조심스럽게 사용하거나 혹은 전혀 사용하지 않으려 한다. 또한 가설 검정이 극히 제한적으로 수행되어야 한다. 그러나 구조적 모수들의 추정량들은 불편이고, 회귀분석에 기반을 둔 예측은 유효하다.

우리는 종종 대안 함수형태를 사용해 회귀분석을 실행함으로써 이분산성을 완화시킬 수 있다. 이는 독자들이 반-로그 모형을 이상의 예시에 적용해 회귀분석을 실행함으로써 이분산성이 개선됨을 확인할 수 있도록 연습문제로 남겨둔다. 그러나 이분산성을 해결하기 위해 부정확한 함수형태가 사용된다면, 이는 훨씬 심각한 문제를 야기한다. 우리는 잘못된 함수형태를 사용한 회귀분석이 편의를 갖는 결과들을 제시한다는 사실을 기억해야 한다.

가능한 경우에는 변수의 수준과 대비되는 비율의 사용이 이분산성을 다루기 위한 또

다른 현명한 방법이다. 예를 들어 우리는 다음과 같은 회귀분석을 실행할 수 있다.

$$\frac{SAVING_i}{SIZE_i} = \widehat{\beta}_0 + \widehat{\beta}_1 \frac{INCOME_i}{SIZE_i} + e_i$$

이상과 같이 비율을 형성하는 특정한 경우에는 이분산성이 감소하는데, 이는 독자들이 확인할 수 있다. 이상의 회귀모형은 가족 구성원 당 소득이 가족 구성원 당 저축에 미치는 영향을 분석한다.

뉴위-웨스트(Newey-West, 1987)는 이분산성이 존재하는 회귀분석에서 계수의 표준오차에 대한 우수한 추정량을 개발하였다. 뉴위-웨스트 표준오차는 여전히 편의 되지만, 일반적인 표준오차의 추정량에 비해 그 정도가 작게 나타난다.

뉴위-웨스트 기법은 최소제곱 모수 추정량을 그대로 유지한다. 최소제곱 모수 추정량들은 이분산성이 존재할 때 편의 되지 않는다. 그러나 모수 추정량의 표준오차는 편의 되며, 뉴위-웨스트 기법은 이상의 편의를 교정한다. 이 기법은 상당히 널리 알려져 있으며, 대부분 계량경제 소프트웨어 패키지들은 이분산성의 존재 여부와 상관없이 모든 회귀분석 결과를 제공할 때 "강건한"(robust) 표준오차를 함께 제시한다.

가중 최소제곱(weighted least-squares)은 이분산성에 대처하기 위한 또 다른 방안이다. 우리는 이분산성이 존재할 때 가중 최소제곱이 최량, 선형, 불편 추정방법이라는 사실을 확인할 수 있다. 이는 오차항들의 일정하지 않은 분산을 교정하기 위해 적절한 가중치를 찾아낼 때 가능해진다.

오차항들의 분산이 $INCOME$에 따라 변동한다는 점에서 $SAVING_i = \beta_0 + \beta_1 INCOME_i + u_i$의 오차항들은 이분산적이다. 우리가 원래의 회귀모형에 $\frac{1}{INCOME}$을 곱하면, 다음과 같이 나타난다.

$$\frac{SAVING_i}{INCOME_i} = \beta_0 \frac{1}{INCOME_i} + \beta_1 \frac{INCOME_i}{INCOME_i} + \frac{u_i}{INCOME_i}$$

이상의 식에서 $\frac{INCOME_i}{INCOME_i} = 1$이므로 우리는 다음과 같이 나타낼 수 있다.

$$\frac{SAVING_i}{INCOME_i} = \beta_0 \frac{1}{INCOME_i} + \beta_1 + \frac{u_i}{INCOME_i}$$

$\left(\frac{u_i}{INCOME_i}\right)$은 새로운 오차항들이다. 만약 u_i의 분산이 $INCOME$ 제곱에 비례한다면, 새로운 오차항들은 동분산적(homoskedastic)으로 나타난다.

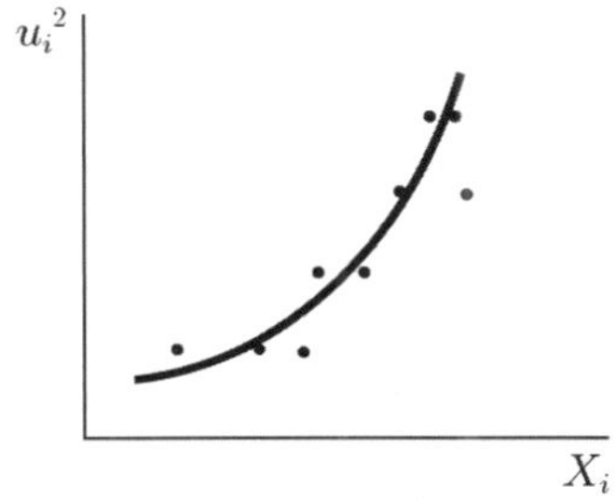

오차항들이 $INCOME$ 제곱에 비례

만약 우리가 이상의 회귀모형에 최소제곱을 적용하면, 이를 가중 최소제곱이라 한다. 이는 $\frac{1}{INCOME_i}$이 $\frac{SAVING_i}{INCOME_i}$에 미치는 영향을 파악하기 위해 회귀분석을 실행하는 것과 사실상 동일하다.

만약 오차항의 분산이 $INCOME$ 제곱이 아닌 $INCOME$에 비례하면, $\frac{1}{\sqrt{INCOME_i}}$을 곱함으로써 동분산적 오차들을 유도할 수 있다.

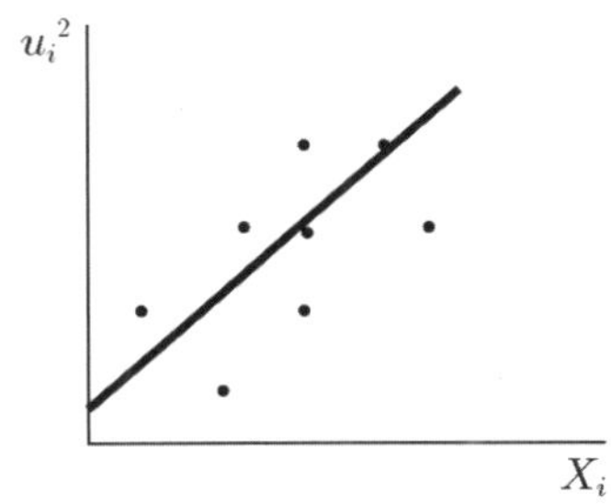

오차항들이 $INCOME$에 비례

$$\frac{SAVING_i}{\sqrt{INCOME_i}} = \beta_0\left[\frac{1}{\sqrt{INCOME_i}}\right] + \beta_1\left[\frac{INCOME_i}{\sqrt{INCOME_i}}\right] + \frac{u_i}{\sqrt{INCOME_i}}$$

다시 한 번, 우리는 가중치가 적용된 자료에 대해 최소제곱을 적용하는 방법을 가중 최소제곱이라 부른다는 사실을 언급한다. 만약 u_i의 분산이 INCOME에 비례하면, 가중 최소제곱 회귀모형에서의 오차항들 $\left(\frac{u_i}{\sqrt{INCOME_i}}\right)$은 동분산적이다.

가중 최소제곱의 실행은 대부분 계량경제 소프트웨어 패키지들에서 가능하다. 다만 연구자들은 가중치를 지정해야 한다. 가중치는 통상적으로 이분산성을 발생시키는 설명변수의 역수이거나 "범인"변수 제곱근의 역수이다.

이분산성의 가능한 해결방안

- 가중 최소제곱의 적용
- 뉴위-웨스트 기법 적용
- 가능한 경우, 비율 사용
- 대안 함수형태의 시도(그러나 잘못된 형태로 전환하지 말 것)

용어정의

- 범인변수- 이분산성을 야기하는 독립변수
- 이분산성- 회귀모형의 오차항들이 모두 동일한 분산, 즉 $E\left[u_j^2\right] = \sigma^2$을 갖지 않음
- 뉴위-웨스트 기법- 이분산성이 존재할 때 덜 편의 되는 추정량의 표준오차를 유도하는 공식
- 가중 최소제곱- 범인변수를 다소 변형시켜 자료들을 나눔으로써 이분산성을 교정하는 방법

10장 연습문제

1. $Y_i = \widehat{\beta_0} + \widehat{\beta_1} X_{1i} + \widehat{\beta_2}\ X_{2i} + e_i$가 주어진다.

A) X_2가 "범인"변수라고 가정하고, 파크 검정에 필요한 보조 회귀모형을 작성하라.

풀이 $\ln(e_i^2) = \alpha_0 + \alpha_1 \ln(X_{2i}) + \varepsilon_i$

B) $n=23$이고, 보조 회귀분석 결과는 X_2에 대한 $t-$통계량이 -2.222라고 가정한다. 이 모형에는 이분산성이 존재하는가? 5단계 절차를 사용해 파크 검정을 수행하라.

풀이 1. $H_0 : \alpha_0 = 0$(이분산성 없음) $H_a : \alpha_0 \neq 0$(이분산성 존재)
2. 5%
3. 만약 $|t-통계량| > t^c$이면, H_0 기각
4. 2.222 > 2.080 (자유도 = $n-k$)
5. H_0 기각; 원래의 회귀모형에는 이분산성이 존재

C) 화이트 검정에 필요한 보조 회귀모형을 작성하라.

풀이 $e_i^2 = \alpha_0 + \alpha_1 X_{1i} + \alpha_2 X_{1i}^2 + \alpha_3 X_{2i} + \alpha_4 X_{2i}^2 + \alpha_5 (X_{1i})(X_{2i}) + \varepsilon_i$

D) $n=23$이고, 보조 회귀분석 결과는 R^2이 0.55라고 가정한다. 이 모형에는 이분산성이 존재하는가? 5단계 절차를 사용해 화이트 검정을 수행하라.

풀이 1. H_0: 이분산성이 없음 H_a: 이분산성이 존재
2. 5%
3. 만약 $nR^2 > \chi^c$이면, H_0 기각
4. 23(0.55) > 12.65; $\chi^c = 11.07$ (자유도 = 보조 회귀모형으로부터 k−1 = 5)
5. H_0 기각; 원래의 회귀모형에는 이분산성이 존재

E) 회귀모형이 X_2에 비례할 때 이분산성을 개선하는 가중 최소제곱 회귀모형을 작성하라.

풀이 $\frac{Y_i}{\sqrt{X_{2i}}} = \beta_0 \left[\frac{1}{\sqrt{X_{2i}}} \right] + \beta_1 \left[\frac{X_{1i}}{\sqrt{X_{2i}}} \right] + \beta_2 \left[\frac{X_{2i}}{\sqrt{X_{2i}}} \right] + \frac{u_i}{\sqrt{X_{2i}}}$

2. A) 다음의 회귀모형에서 이분산성이 존재하는지 검토하기 위한 화이트 검정을 XFILE.XLS의 자료와 통계 소프트웨어를 사용해 수행하라. 이때 5단계 검정 절차를 제시하라.

$$SAVING_i = \widehat{\beta_0} + \widehat{\beta_1} INCOME_i + \widehat{\beta_2}\, SIZE_i + e_i$$

B) 가중 최소제곱을 사용해 원래의 회귀분석을 실행하라. 이때 $\frac{1}{INCOME}$이 정확한 가중치라고 가정한다. 이후 가중치가 적용된 회귀모형에서 도출된 오차들에서 이분산성이 존재하는지 검토하기 위한 화이트 검정을 5단계 절차를 사용해 수행하라.

C) 가중 최소제곱을 사용해 원래의 회귀분석을 실행하라. 이때 $\frac{1}{\sqrt{INCOME}}$이 정확한 가중치라고 가정한다. 이후 가중치가 적용된 회귀모형에서 도출된 오차들에서 이분산성이 존재하는지 검토하기 위한 화이트 검정을 5단계 절차를 사용해 수행하라.

D) 다음의 회귀모형에 대해 5단계 절차를 사용해 화이트 검정을 수행하라.

$$SAVING_i = \widehat{\beta_0} + \widehat{\beta_1} \ln INCOME_i + \widehat{\beta_2} \ln SIZE_i + e_i$$

E) 다음의 회귀모형에 대해 5단계 절차를 사용해 화이트 검정을 수행하라.

$$\frac{SAVING_i}{SIZE_i} = \widehat{\beta_0} + \widehat{\beta_1} \frac{INCOME_i}{SIZE_i} + e_i$$

F) 2.A)의 회귀모형에 뉴위-웨스트 기법을 적용하라. 여러분은 이상의 결과에 근거해 2.A)의 회귀모형에서 구조적 모수들의 표준오차들이 상향 혹은 하향으로 편의된 것으로 생각하는가?

3. 음주($drinks$)가 상수항, gpa, $male$, $ofage$, cig, pot, $intra$ 및 $white$에 의해 영향을 받는다는 모형을 ALCO5.XLS의 자료와 통계 소프트웨어를 사용해 회귀분석을 실행하라.

변수명	설명
$drinks$	주당 소비한 주류의 양
gpa	0–4 척도의 평균 학부학점
$male$	학생이 남자이면 1; 그렇지 않으면 0
$ofage$	학생이 21세 이상이면 1; 그렇지 않으면 0
cig	학생이 담배를 피우면 1; 그렇지 않으면 0
pot	학생이 마리화나를 피우면 1; 그렇지 않으면 0
$intra$	학생이 교내 운동에 참가하면 1; 그렇지 않으면 0
$white$	학생이 백인이면 1; 그렇지 않으면 0

A) 어떤 변수들이 예상한 부호와 상이하게 추정되는가?

풀이 아마도 $intra$의 부호가 예상과 상이하며, 나머지 변수들의 부호는 예상대로 추정된다.

B) 어떤 변수들이 5% 임계수준에서 유의하지 않는가?

풀이 $white$

C) 회귀분석을 통한 잔차들의 제곱을 gpa에 대해 그림으로 그려라. 이 그림은 이분산성의 증거를 제시하는가? 그 이유를 설명하라.

풀이 그렇다. gpa가 높을수록 오차제곱의 분산이 더 커진다.

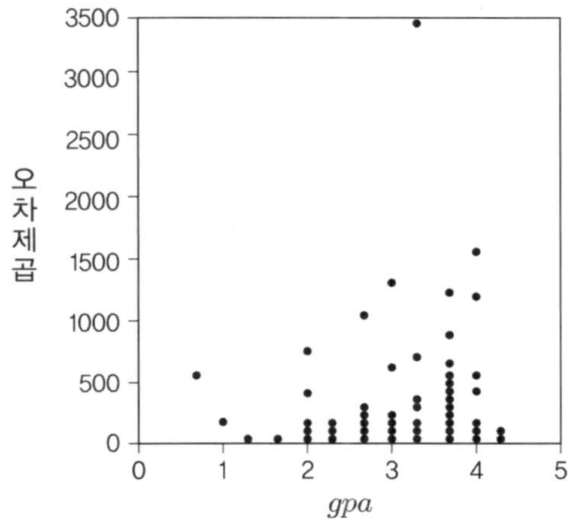

D) gpa가 "범인"변수라고 가정하고, 이분산성에 대한 파크 검정을 5단계 절차를 사용해 수행하라.

풀이 1. $H_0 : \alpha_2 = 0$(이분산성이 없음)　　　　　$H_a : \alpha_2 \neq 0$(이분산성이 존재)
2. 5%
3. 만약 $|t - \text{통계량}| > t^c$이면, H_0 기각
4. 6.376729 > 1.984 (자유도 = $n - k$ = 694 − 2 = 692)
5. H_0 기각; 원래의 회귀모형에는 이분산성이 존재

E) 이분산성에 대한 화이트 검정을 5단계 절차를 사용해 수행하라.

풀이 1. H_0: 이분산성이 없음　　　　　H_a: 이분산성이 존재
2. 5%
3. 만약 $nR^2 > \chi^c$이면, H_0 기각
4. 89.95281 > χ^c=43.77 (자유도 = 보조 회귀모형으로부터 k − 1 = 31 − 1 = 30)
5. H_0 기각; 원래의 회귀모형에는 이분산성이 존재

F) 가중 최소제곱을 사용해 원래의 회귀분석을 실행하라. 이때 $\frac{1}{gpa}$이 정확한 가중치라고 가정한다. 이후 가중치가 적용된 회귀모형에서 도출된 오차들에서 이분산성이 존재하는지 검토하기 위한 화이트 검정을 5단계 절차를 사용해 수행하라.

풀이 1. H_0: 이분산성이 없음　　　　　H_a: 이분산성이 존재
2. 5%
3. 만약 $nR^2 > \chi^c$이면, H_0 기각
4. 209.4133 > χ^c=43.77 (자유도 = 보조 회귀모형으로부터 k − 1 = 31 − 1 = 30)
5. H_0 기각; 가중 최소제곱(WLS) 회귀모형에는 이분산성이 존재

G) 가중 최소제곱을 사용해 원래의 회귀분석을 실행하라. 이때 $\frac{1}{\sqrt{gpa}}$이 정확한 가중치라고 가정한다. 이후 가중치가 적용된 회귀모형에서 도출된 오차들에서 이분산성이 존재하는지 검토하기 위한 화이트 검정을 5단계 절차를 사용해 수행하라.

풀이 1. H_0: 이분산성이 없음　　　　H_c: 이분산성이 존재
2. 5%
3. 만약 $nR^2 > \chi^c$이면, H_0 기각

4. 125.3590 > χ^c = 43.77 (자유도 = 보조 회귀모형으로부터 $k-1=31-1=30$)
5. H_0 기각; 가중 최소제곱(WLS) 회귀모형에는 이분산성이 존재

H) 원래의 회귀모형에서 이분산성이 개선된 표준오차를 구하기 위해 뉴위-웨스트 기법을 사용하라. 이분산성이 구조적 모수들의 표준오차를 매우 편의 시키는 것처럼 나타나는가? 그 이유를 설명하라.

풀이 이분산성은 구조적 모수의 표준오차를 약간 편의(편향)시키는 것처럼 보인다. 뉴위-웨스트 회귀모형에서는 WHITE에 대한 표준오차가 약간 작게 산출된 것을 제외하고 모든 변수들의 표준오차가 약간 더 크게 나타난다.

Dependent Variable: DRINK
Method: Least Squares
Date: 02/22/08 Time: 14:49
Sample: 1 699
Included observations: 695
Excluded observations: 4
Newey-West HAC Standard Errors & Covariance (lag truncation = 6)

Variable	Coefficient	Std. Error	t-Statistic	Prob.
C	8.951717	2.463179	3.634212	0.0003
GPA	-2.705399	0.705993	-3.832049	0.0001
MALE	4.538337	0.674783	6.725629	0.0000
OFAGE	1.799706	0.638602	2.818198	0.0050
CIG	3.045336	0.833358	3.654294	0.0003
POT	4.579583	0.780064	5.870777	0.0000
INTRA	2.990046	1.619902	1.845819	0.0653
WHITE	1.839064	0.897039	2.050149	0.0407

R-squared	0.278284	Mean dependent var	7.589928
Adjusted R-squared	0.270930	S.D. dependent var	9.241721
S.E. of regression	7.891096	Akaike info criterion	6.980791
Sum squared resid	42779.07	Schwarz criterion	7.033095
Log likelihood	-2417.825	F-statistic	37.84261
Durbin-Watson stat	2.009937	Prob(F-statistic)	0.000000

4. 선형확률모형은 이분산적 경향이 있다. $binge$가 상수항, cig, $class$, $intra$, $male$, pot 및 $white$에 의해 영향을 받는다는 모형을 BINGE.XLS의 자료와 통계 소프트웨어를 사용해 회귀분석을 실행하라.

변수명	설명
binge	학생이 지난 2주간에 폭음하였으면 1; 그렇지 않다면 0
cig	학생이 담배를 피우면 1; 그렇지 않다면 0
class	1학년 1; 2학년 2; 3학년 3; 4학년 4
intra	학생이 교내 운동에 참가하면 1; 그렇지 않다면 0
male	학생이 남자면 1; 그렇지 않다면 0
pot	학생이 마리화나를 피우면 1; 그렇지 않다면 0
white	학생이 백인이면 1; 그렇지 않다면 0

A) 어떤 변수들이 예상한 부호와 상이하게 추정되는가?
B) 어떤 변수들이 5% 임계수준에서 유의하지 않는가?
C) 이분산성에 대한 화이트 검정을 5단계 절차를 사용해 수행하라.
D) 원래의 회귀모형에서 이분산성이 개선된 표준오차를 구하기 위해 뉴위-웨스트 기법을 사용하라. 이분산성이 구조적 모수들의 표준오차를 매우 편의 시키는 것처럼 나타나는가? 그 이유를 설명하라.

PART 11

계열상관

11.1 계열상관이란?

자기상관(autocorrelation)으로도 불리는 계열상관(serial correlation)은 회귀모형의 오차항들이 서로 관련되는 경우이다.

오차항들이 서로 관련될 수 있는 일반적인 방법은 $e_t = \rho e_{t-1} + \varepsilon_t$로 표현되는 1차 마코프 체계(first-order Markov scheme)이며, 이 식에서 $-1 < \rho < +1$이고, ε_t는 백색잡음(white noise, 즉 모든 t에 대해 $\varepsilon_t \sim N(0, \sigma^2)$)이다.

> $\rho > 0$이면, 양(+)의 자기상관
> $\rho < 0$이면, 음(−)의 자기상관

자기상관은 시계열 경제 자료에서 자주 발생하는 문제이다. 2차 계열상관은 (1차 계열상관에 비해) 상대적으로 적게 발생한다. 여러분이 아마도 추론할 수 있겠지만, 2차 계열상관은 현재의 오차항이 1기 전과 2기 전의 오차항과 관련되는 경우로써 $e_t = \rho_1 e_{t-1} + \rho_2 e_{t-2} + \varepsilon_t$로 표현된다.

11.2 계열상관의 결과

계열상관은 오차항들이 서로 관련되지 않는다(즉 모든 $i \neq j$에 대해 $E[u_i u_j] = 0$)는 고전적 선형회귀 모형의 가정 3을 위반한다. 여러분은 가정 3이 추정량의 불편성과는 무관하지만 최량을 증명하기 위해 요구된다는 사실을 기억하고 있다.

따라서 자기상관이 존재하면, 구조적 모수의 추정량은 최량이 아니다. 또한 회귀모형의 잔차 통계량들은 다음과 같은 편의를 갖게 된다.

SER,	S.E.(β's),	t−통계량,	F,	R^2
−	−	+	+	+

각 통계량들의 아래에 적힌 부호는 편의의 방향을 나타낸다. 여러분은 각각의 통계량들이 분석결과를 더 좋아 보이게 하는 방향으로 편의가 발생한다는 사실에 주목해야 한다. 예를 들어 회귀분석의 표준오차(SER)가 작으면 모형의 적합도가 높음을 의미하는

데, 자기상관이 존재하면 회귀분석의 표준오차가 줄어드는 편의가 발생한다.

계열상관의 결과는 이분산성의 경우와 비교해 한 가지 작은 차이를 제외하고는 거의 동일하다. 계열상관이 존재하는 경우에는 잔차 통계량 편의의 방향이 명확하다. 그러나 이분산성이 존재할 경우에는 잔차 통계량 편의의 방향이 불명확하다.

계열상관이 존재하는 경우에는 표준오차와 t-통계량에 편의가 발생하기 때문에 가설검정에서도 세심한 주의가 요구된다. 이 경우 표준오차가 감소하는 편의가 발생하므로 제1종 오류의 가능성이 증가한다.

11.3 탐지

계열상관을 탐지하기 위한 방법은 다양하며, 이하에서는 세 가지 방법을 소개한다. 계열상관은 하나의 오차항이 그 전기의 오차항과 관련되는 경우이기 때문에 우리는 오차항의 패턴을 눈으로 확인함으로써 계열상관이 존재하는지 탐지할 수 있다. 우리는 이상의 패턴을 확인하는 한 가지 방법으로써 회귀분석의 오차항들을 시간의 흐름에 따른 그림으로 그려볼 수 있다.

다음의 그림은 1959년~2005년의 처분가능소득에 따른 소비자지출의 회귀분석으로 도출한 잔차를 보여준다.

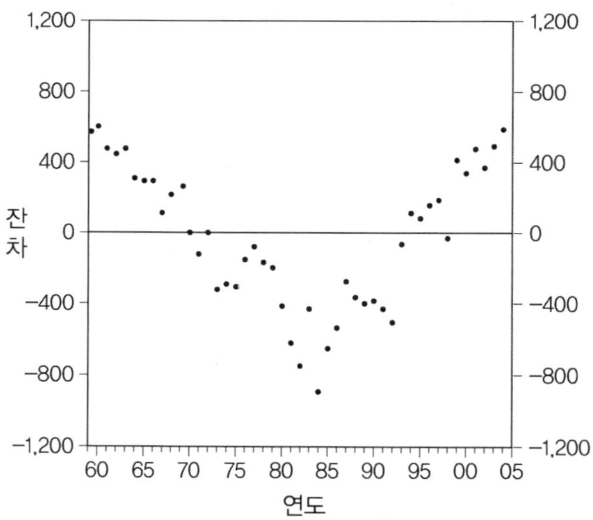

이상의 그림에서 나타난 패턴은 양(+)의 계열상관, 즉 $e_t = \rho e_{t-1} + \varepsilon_t$에서 $\rho > 0$인 상황을 나타낸다. 즉 ρ가 양의 값을 갖기 때문에 대부분 잔차들은 바로 직전 연도의 잔차와 동일한 부호를 갖는 경향이 있으며, 이는 이상의 그림에서 성립한다. 1959년~1970년의 모든 잔차들은 양(+)의 값을 갖는다. 잔차가 처음 음(−)의 값을 갖는 1971년 이후부터 1994년까지는 모든 잔차가 음(−)의 값이다. 이와 같이 양의 잔차들 혹은 음의 잔차들이 길게 이어지는 현상이 양의 계열상관의 특징이다.

우리는 이상과 같은 현상을 다른 방식의 그림에서도 확인할 수 있다. 다음의 그림은 동일한 회귀분석의 잔차들을 1기 전 잔차들에 대해 나타내고 있다.

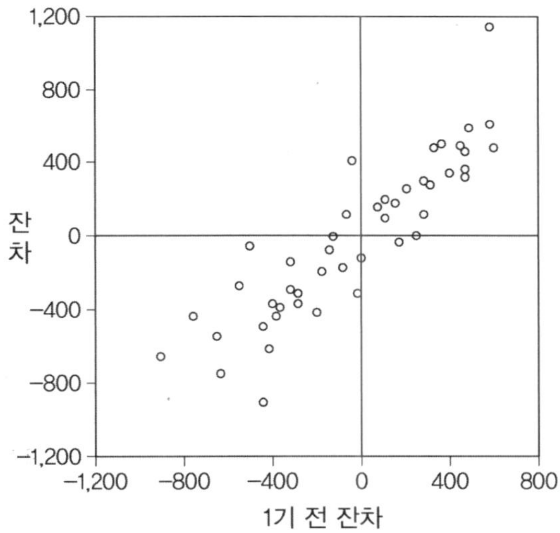

대부분의 관측값들은 1사분면 혹은 3사분면에 위치한다. 이는 잔차가 양의 값일 때 1기 전 잔차 역시 양의 값임을 의미한다. 또한 잔차가 음의 값일 때 1기 전 잔차 역시 음의 값이다. 다시 말해 잔차의 부호가 1기 전 잔차의 부호와 일치한다. 이는 1차 마코프 체계(즉, $e_t = \rho e_{t-1} + \varepsilon_t$)에서 ρ가 양의 값을 갖는 양의 계열상관이 존재하는 상황임을 나타낸다.

다음의 그림들은 음의 계열상관이 존재할 때의 특징을 보여준다.

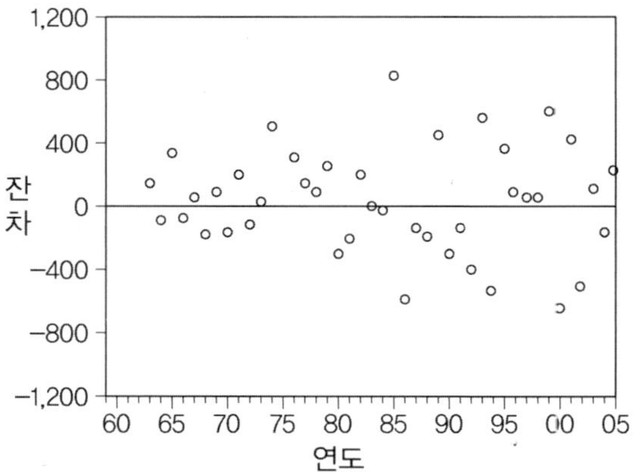

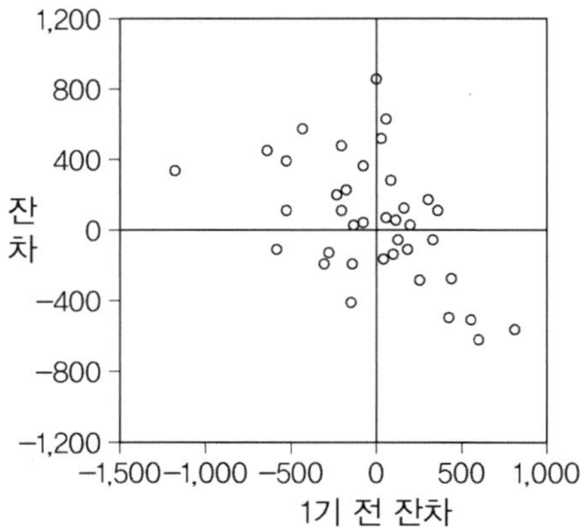

좌측의 그림을 살펴보면, 잔차들이 시간의 흐름에 따라 양의 부호와 음의 부호가 지그재그로 이동해 간다. 즉 현재(금기)의 잔차가 양의 값이면 다음 기의 잔차는 음의 값일 가능성이 크다. 우측의 그림은 대부분의 관측값들이 2사분면 혹은 4사분면에 위치함을 보여준다.

계열상관이 없는 경우에는 그림이 어떻게 나타날까?

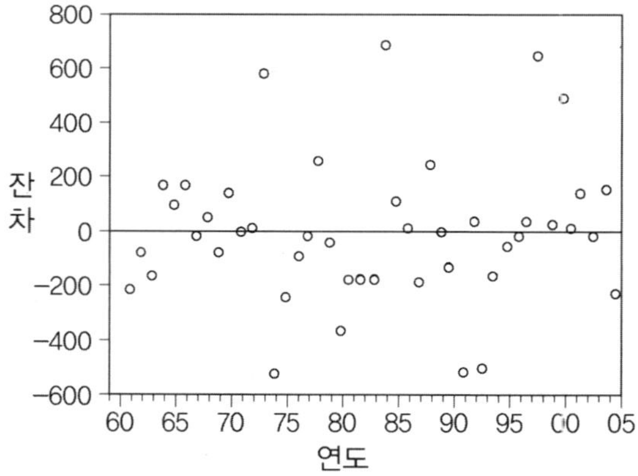

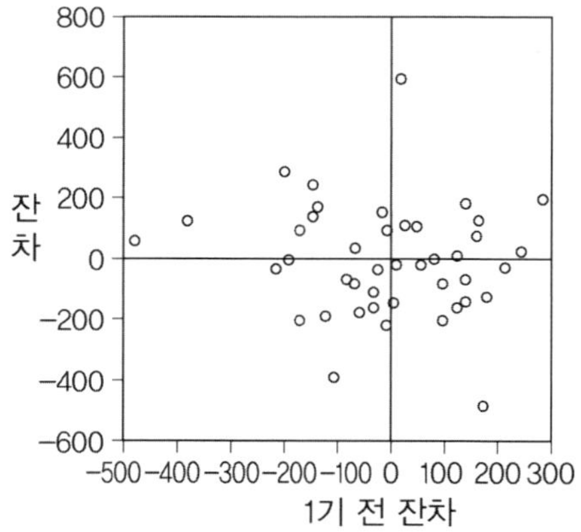

좌측의 그림은 패턴이 없음을 보여주고, 시간의 흐름에 따라 잔차가 (특별한 규칙성 없이) 무작위로 나타난다. 우측의 그림에서는 관측값들이 각 사분면에 고르게 분포되어 있다.

계열상관 여부를 그림을 이용해 탐지하는 방법은 패턴을 인지하고 판단하기 어렵다는 문제점이 있다. 여러분이 어떤 분석을 위해 실제로 이상과 같은 그림들을 그려보면, 일반적으로 이상의 그림들처럼 명확한 판단이 가능하게끔 쉽게 나타나지 않는다.

계열상관 여부를 탐지하는 가장 유명한 기법은 더빈–왓슨(Durbin and Watson, 1951) 검정이다. 이 검정법은 회귀분석을 통해 도출된 잔차들을 이용해 다음과 같은 검정통계량 d를 계산한다.

$$d = \frac{\Sigma(e_t - e_{t-1})^2}{\Sigma {e_t}^2}$$

d는 0에서 4 사이의 값을 가지며, 오차항들 간의 자기상관이 없을 때에는 2가 된다. 만약 $d < 2$이면 양의 자기상관이 의심되며, 다음의 5단계 절차를 적용해 검정한다.

1) H_0: 양(+)의 자기상관이 없음 H_a: 양(+)의 자기상관이 존재
2) 5%
3) 만약 $d < d_L$이면, H_0 기각
   만약 $d_L < d < d_U$이면, 판단불가
4) d를 계산하고, 표에서 d_L과 d_U 찾음
5) H_0 기각 혹은 기각하지 못함

만약 $d > 2$이면 음(–)의 자기상관이 의심되며, 다음의 5단계 절차를 적용해 검정한다.

1) H_0: 음(–)의 자기상관이 없음 H_a: 음(–)의 자기상관이 존재
2) 5%
3) 만약 $4 - d_L < d$이면, H_0 기각
   만약 $4 - d_U < d < 4 - d_L$이면, 판단불가
4) d를 계산하고, 표에서 d_L과 d_U를 찾음
5) H_0 기각 혹은 기각하지 못함

예제

(1) $Y_t = 9{,}734.2 - 3{,}782.2X_{1t} + 2{,}815.3X_{2t} + e_t$; $n = 16$

$d = 2.21$이므로 음의 자기상관이 의심된다.

1) H_0: 음의 자기상관이 없음 H_a: 음의 자기상관이 존재

2) 5%

3) 만약 $4 - d_L < d < 4$이면, H_0 기각

만약 $4 - d_U < d < 4 - d_L$이면, 판단불가

4) $d = 2.21$ $d_L = 0.98$ $d_U = 1.54$ ($n = 16$; $k = 3$)

5) H_0 기각하지 못함; 음의 자기상관이 없음

(2) $Y_t = 0.568 + 0.907X_{1t} + e_t$; $n = 25$

$d = 0.66$이므로 양의 자기상관이 의심된다.

1) H_0: 양의 자기상관이 없음 H_a: 양의 자기상관이 존재

2) 5%

3) 만약 $0 < d < d_L$이면, H_0 기각

만약 $d_L < d < d_U$이면, 판단불가

4) $d = 0.66$ $d_L = 1.29$ $d_U = 1.45$ ($n = 25$; $k = 2$)

5) H_0 기각; 양의 자기상관이 존재

특정 조건에서는 더빈-왓슨 검정이 유효하지 않다.

- 이 검정은 상수항이 없는 회귀모형에서는 유효하지 않다.
- 이 검정은 적은 수의 표본($n < 15$)에서는 유효하지 않다.
- 이 검정은 자기회귀(autoregressive) 모형에서는 유효하지 않다.

자기회귀 모형은 $Y_t = \widehat{\beta_0} + \widehat{\beta_1}X_{1t} + \widehat{\beta_2}Y_{t-1} + e_t$와 같이 전기의 종속변수를 설명변수에 포함시킨 회귀모형이다. 이 모형에서는 더빈-왓슨 통계량이 2로 편의된다. 따라서 이 경우에는 더빈의 h-통계량을 대신 이용한다(Durbin, 1970).

$$h = \left(1 - \frac{d}{2}\right)\sqrt{\frac{n}{1 - n(var(\hat{\beta}))}}$$

1) H_0: 자기상관이 없음 H_a: 자기상관이 존재
2) 5%
3) 만약 $|h| > t^c$이면, H_0 기각(자유도$=n-k$)
4) h를 계산하고 t^c를 찾음
5) H_0 기각 혹은 기각하지 못함

더빈의 h−통계량은 $n(var(\hat{\beta})) > 1$일 때에는 정의되지 않는다. 이 경우에는 계열상관을 검정하기 위해 라그랑지 승수(Lagrange multiplier) 검정이 사용될 수 있다.

계열상관 여부에 대한 라그랑지 승수 검정은 더빈−왓슨 검정의 모든 결함을 극복하기 때문에 점차 널리 활용되고 있다. 즉 라그랑지 승수 검정은 적은 수의 표본, 자기회귀 모형 및 상수항이 없는 회귀모형에서도 효과적으로 적용 가능하다. 또한 이 검정에서는 계열상관 여부에 대한 판단불가의 범위도 존재하지 않는다. 라그랑지 승수 검정은 브루쉬(Breusch, 1978)와 갓프레이(Godfrey, 1978)에 의해 제안된 방법이며, 다음과 같다.

만약 $Y_i = \beta_0 + \beta_1 X_t + \beta_2 Y_{t-1} + u_t$에서 계열상관이 존재한다고 의심되면, $u_t = a_0 + a_1 X_t + a_2 Y_{t-1} + a_3 u_{t-1} + r_t$의 회귀분석을 실행한다.

1) H_0: 계열상관이 없음 H_a: 계열상관이 존재
2) 5%
3) 만약 $nR^2 > \chi^c$이면, H_0 기각(자유도 = 전기 잔차항의 수 = 1)
4) nR^2과 χ^c를 계산
5) H_0 기각 혹은 기각하지 못함

계열상관은 자기회귀모형에서 더 심각한 결과를 초래하며, 이를 해결하기는 더욱 어

려워진다. 만약 자기회귀모형에서 계열상관이 존재하면, 잔차 통계량은 물론 구조적 모수의 추정량들이 편의를 갖게 된다.

해결방안으로는 모형의 재설정을 고려해 볼 수 있다.

가성자기상관(pseudoautocorrelation)이 아마도 진짜 문제일 수 있다. 다른 해결방안으로는 도구변수(instrumental variable)를 활용한 2단계 최소제곱(two-stage least squares)을 적용할 수 있지만, 여기에서는 추가적인 논의를 생략한다.

이상에서 소개한 검정들은 모두 1차 계열상관만을 검토하는 방법이다. 즉 이상의 검정들은 계열상관이 1차 마코프 체계($e_t = \rho e_{t-1} + \varepsilon_t$)를 따른다고 가정한다. 2차 계열상관($e_t = \rho_1 e_{t-1} + \rho_2 e_{t-2} + \varepsilon_t$)이 없는 것은 아니지만, 경제 자료에서는 거의 찾아보기 힘들다.

11.4 해결방안

(1) 회귀모형

$Y_t = \beta_0 + \beta_1 X_t + u_t$, 여기서 $u_t = \rho u_{t-1} + \varepsilon_t$

(2) 1기 전의 식에 ρ를 곱함

$\rho Y_{t-1} = \rho\beta_0 + \beta_1 \rho X_{t-1} + \rho u_{t-1}$

차감: (1)-(2) 재정리

$$Y_t - \rho Y_{t-1} = \beta_0 - \rho\beta_0 + \beta_1 X_t - \beta_1 \rho X_{t-1} + u_t - \rho u_{t-1}$$

$$Y_t - \rho Y_{t-1} = \beta_0(1-\rho) + \beta_1(X_t - \rho X_{t-1}) + u_t - \rho u_{t-1}$$

이상의 마지막 식은 차분방정식의 일반적인 형태로써 Y_t의 일반화된 차분값($Y_t - \rho Y_{t-1}$)을 X_t의 일반화된 차분값($X_t - \rho X_{t-1}$)에 대해 회귀분석을 실행함을 나타낸다. 이때 회귀분석은 자료의 일반화된 차분을 사용해 실행하는, 이른바 일반화 최소제곱(generalized least-squares, GLS)이 적용된다. GLS 회귀분석에서는 오차항들($u_t - \rho u_{t-1}$)이 계열상관으로부터 자유롭다.

우리는 ($u_t - \rho u_{t-1}$)에 $u_t = \rho u_{t-1} + \varepsilon_t$를 대입하면, 그 결과가 ε_t, 즉 백색잡음임

을 확인할 수 있다. 즉 ε_t는 서로 독립적으로 분포되며(즉 계열상관이 없으며), 평균이 0이고 일정한 표준오차를 가지며 정규분포를 따르는 확률변수이다.

GLS를 적용한 추정량들은 효율적이며 잔차 통계량은 편의되지 않는다. GLS는 계열상관이 존재할 때의 유일한 해결방안이지만, 현실적으로 적용하기 위해서는 해결해야 할 문제가 있다. 즉 우리는 ρ값을 모르기 때문에 ρ를 추정해야 한다. 이하에서는 ρ를 추정하기 위한 네 가지 방법을 소개한다.

1) **최소제곱법:** $Y_t = \widehat{\beta_0} + \widehat{\beta_1} X_{1t} + e_t$의 잔차들에 자기상관이 존재한다고 상정한다. 이제 우리는 잔차들이 그들의 전기 값에 대한 회귀모형, 즉 $e_t = \widehat{\beta_1} e_{t-1} + \epsilon_t$을 실행함으로써 ρ를 추정할 수 있다. 이 식에서는 $\widehat{\beta_0}$이 없음에 유의해야 하며, $\widehat{\beta_1}$은 ρ의 추정값이다. 마지막으로 추정한 ρ를 이용해 GLS를 실행한다.

2) **히드레스-루(Hildreth-Lu) 탐색절차:** ρ는 −1에서 1 사이의 값을 가질 것으로 예상된다. 우리는 컴퓨터를 이용해 ρ에 −1부터 1 사이의 값들을 대입하면서 어떤 ρ 값에서 GLS의 결과가 가장 잘 나오는지 확인함으로써 ρ를 찾아낼 수 있다.

   즉, 우리는 $\rho = -1$을 가정하고 GLS 실행; $\rho = -0.9$를 가정하고 GLS 실행; $\rho = -0.8$을 가정하고 GLS 실행; ... ; $\rho = +0.9$를 가정하고 GLS 실행; $\rho = +1$을 가정하고 GLS를 실행한다. 이와 같이 계산된 GLS 회귀분석 결과들 중에서 R^2 혹은 SER 기준으로 가장 적합도가 높은 모형을 선택한다.

3) **코크란-오컷(Cochrane-Orcutt) 반복절차:** 이 방법은 공식을 이용해 ρ를 추정하고 GLS 회귀분석을 실행한다. 그러나 이 방법은 여기서 끝나지 않는다. GLS을 적용한 회귀분석 결과에는 자체 잔차들이 생겨나며, 이는 다시 ρ를 추정하기 위한 공식에 대입해 새로운 ρ값이 추정되면 GLS를 재실행한다. 다시 한 번, 새롭게 계산된 잔차들을 이용해 ρ를 추정하고 GLS를 재실행한다. 이와 같은 과정은 ρ의 추정량이 유의한 변화가 없을 때까지 계속 반복된다.

   A) 다음의 공식을 이용해 ρ를 추정한다 → $\rho = \dfrac{\sum e_t e_{t-1}}{\sum {e_{t-1}}^2}$

B) GLS를 실행해 새로운 잔차를 구한다.

C) A)로 돌아간다.

D) ρ에 대한 추정량이 바로 전 단계에서의 추정량과 거의 차이가 없으면 멈춘다.

4) **최대우도 절차:** 대부분 통계 소프트웨어 패키지들은 최대우도 절차를 이용해 GLS 회귀모형의 구조적 모수를 추정한다. 기본적으로 이 방법은 $\widehat{\beta_0}$, $\widehat{\beta_1}$ 및 ρ에 대해 초기값을 부여하고, GLS 모형의 잔차를 고려한다. 잔차들의 패턴은 $\widehat{\beta_0}$, $\widehat{\beta_1}$ 및 ρ의 초기값에 대한 조정방향을 제시한다. 이제 조정된 $\widehat{\beta_0}$, $\widehat{\beta_1}$ 및 ρ를 이용해 다시 GLS의 잔차를 계산한 이후 $\widehat{\beta_0}$, $\widehat{\beta_1}$ 및 ρ를 재조정한다. 이와 같은 절차는 더 이상 $\widehat{\beta_0}$, $\widehat{\beta_1}$ 및 ρ의 추정량이 유의하게 조정되지 않을 때 멈춘다.

11.5 마지막으로 생각할 사항들

회귀모형은 과소식별되거나 잘못된 함수형태를 사용할 때 종종 계열상관이 존재하는 것으로 검정된다. 우리는 이상의 상황을 가성자기상관이라 부른다. 이 경우에는 그림 및/혹은 더빈-왓슨 검정에서 자기상관이 존재하는 것으로 나타난다. 그러나 이는 실제로 자기상관이 존재해서가 아니라 중요한 설명변수가 빠졌거나 잘못된 함수형태를 사용하기 때문에 생겨나는 결과이다. 이 경우는 자기상관에 비해 더 큰 문제를 일으킨다. 자기상관이 탐지되고 그 해결방안이 효과적으로 적용되지 않는 경우는 대부분 가성자기상관일 가능성이 크다.

계열상관의 가장 심각한 결과 중 하나는 편의된 잔차 통계량이다. 특히 어려운 문제는 회귀분석 계수에 대한 편의된 표준오차인데, 그 이유는 이 상황에서의 가설 검정은 유효하게 수행되지 않기 때문이다.

우리는 이분산성을 개선하기 위해 소개하였던 뉴위-웨스트 기법을 자기상관이 존재할 때에도 적용할 수 있다. 이 기법은 구조적 모수의 추정값에는 영향을 미치지 않으면서 표준오차의 편의만 보정해 준다. 따라서 이 기법은 계열상관이 존재하는 상황에서도 가설 검정을 수행할 수 있게 한다.

○ 용어정의

- 자기회귀 모형 - 설명변수에 전기의 종속변수를 포함된 회귀모형
- 코크란-오쿳 반복 절차 - 일반화 최소제곱 회귀분석에서 ρ를 추정하기 위한 절차
- 더빈-왓슨 검정 - 계열상관 여부에 대한 검정
- 1차 마코프 체계 ($e_t = \rho e_{t-1} + \epsilon_t$) - 회귀모형의 오차항들이 서로 관련될 수 있는 일반적인 관계
- 일반화 최소제곱 (GLS) - 자료의 일반화된 차분을 사용하는 회귀분석
- 히드레스-루 탐색 절차 - 일반화 최소제곱 회귀분석에서 ρ를 추정하기 위한 절차
- 라그랑지 승수 검정 - 계열상관 여부에 대한 검정
- 최대우도 절차 - GLS 모형과 같이 계량경제 모형의 구조적 모수를 추정하기 위한 기법
- 뉴위-웨스트 기법 - 계열상관 혹은 이분산성이 존재할 때 회귀모형의 구조적 모수에 대한 표준오차의 편의를 교정하는 공식
- 가성자기상관 - 모형이 과소식별되거나 잘못된 함수형태로 인해 자기상관이 존재하는 것으로 검정 결과가 나타나는 경우
- 2차 계열상관 ($e_t = \rho_1 e_{t-1} + \rho_2 e_{t-2} + \varepsilon_t$) - 현재(금기)의 오차항이 1기 전과 2기 전의 오차항과 관련되는 경우
- 계열상관(자기상관) - 회귀모형의 오차항들이 서로 관련되는 경우
- 백색잡음 - 평균은 0, 일정한 표준편차 및 서로 독립적으로 분포되며(즉 계열상관이 존재하지 않음) 정규분포를 따르는 확률변수

11장 연습문제

1. 다음의 표를 완성하라.

표본 수	k	d 통계량	자기상관 존재 유무
20	2	0.83	
32	3	1.24	
45	4	1.98	
100	5	3.72	
150	7	1.71	

풀이

표본 수	k	d 통계량	자기상관 존재 유무
20	2	0.83	존재
32	3	1.24	존재
45	4	1.98	존재하지 않음
100	5	3.72	존재
150	7	1.71	판단불가

2. 다음의 표를 완성하라.

표본 수	k	d 통계량	자기상관 존재 유무
15	2	1.60	
25	3	1.80	
45	4	2.48	
100	6	2.72	
150	10	2.11	

3. 다음의 회귀분석을 실행하기 위해 CONSUMP.XLS의 자료와 통계 소프트웨어를 사용하라.

$$RCONPC_t = \widehat{\beta}_0 + \widehat{\beta}_1 REALYDPC_t + e_t$$

A) 시간의 흐름에 따른 잔차들을 그림으로 그려라. 이 모형은 계열상관이 의심되는가? 그 이유를 설명하라.

풀이 다음 그림에서는 양(+)의 계열상관 패턴, 즉 양(+)의 잔차가 반복되다가 음(-)의 잔차가 반복되는 패턴을 보인다.

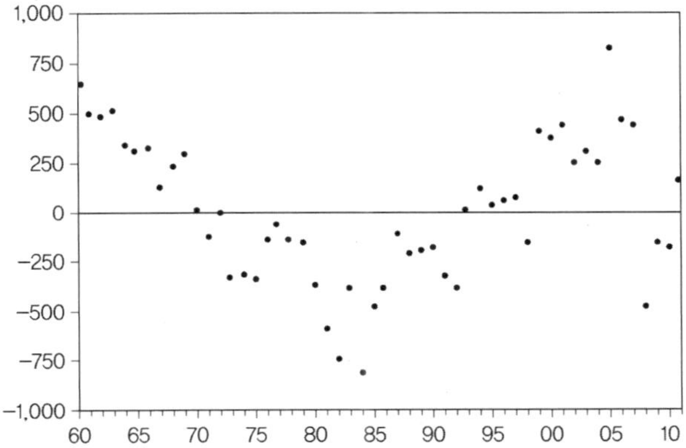

B) 그들의 전기 값에 대한 잔차들을 그림으로 그려라. 이 모형은 계열상관이 의심되는가? 그 이유를 설명하라.

풀이 대부분 관측값들이 1사분면 혹은 3사분면에 위치한다. 이는 양(+)의 계열상관에 대한 뚜렷한 증거이다.

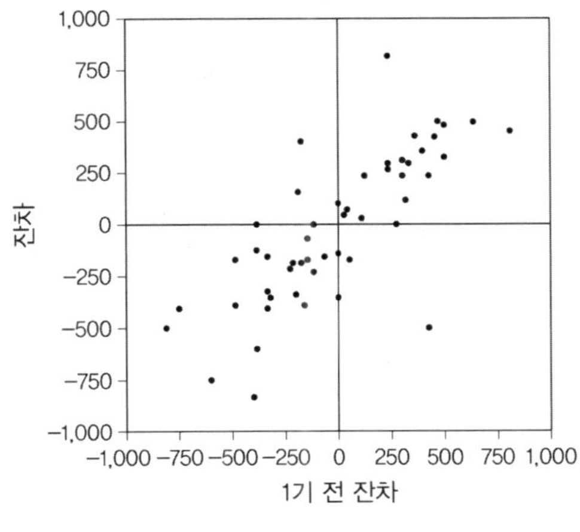

C) 5단계 절차를 사용해 더빈-왓슨 검정을 수행하라.

풀이 1) H_0: 양(+)의 자기상관이 없음　　　　H_a: 양(+)의 자기상관이 존재

2) 5%

3) 만약 $0 < d < d_L$이면, H_0 기각

만약 $d_L < d < d_U$이면, 판단불가

4) $d = 0.460249$; $d_L = 1.50$; $d_U = 1.59(k = 2, n = 50)$

5) H_0 기각; 양(+)의 자기상관이 존재

4. 다음의 회귀분석을 실행하기 위해 ANMACRO.XLS의 자료와 통계 소프트웨어를 사용하라.

$$m2/cpi_t = \widehat{\beta_0} + \widehat{\beta_1} ngdp/cpi_t + e_t$$

A) 시간의 흐름에 따른 잔차들을 그림으로 그려라. 이 모형은 계열상관이 의심되는가? 그 이유를 설명하라.

B) 그들의 전기 값에 대한 잔차들을 그림으로 그려라. 이 모형은 계열상관이 의심되는가? 그 이유를 설명하라.

C) 5단계 절차를 사용해 더빈-왓슨 검정을 수행하라.

5. 다음의 회귀분석을 실행하기 위해 CONSUMP.XLS의 자료와 통계 소프트웨어를 사용하라.

$$RCONPC_t = \widehat{\beta_0} + \widehat{\beta_1} REALYDPC_t + \widehat{\beta_2} REALR_t + \widehat{\beta_3} CC_t + e_t$$

여기서, $RCONPC$ = 미국의 1인당 실질 소비지출
$REALYDPC$ = 1인당 실질 처분가능소득
$REALR$ = 1년 만기 국채의 실질이자율
CC = 미시간대학교의 소비자신뢰도 지수

A) 시간의 흐름에 따른 회귀분석 결과의 잔차들을 그림으로 그려라. 이 그림에는 계열상관이 존재하는 것으로 나타나는가? 만약 계열상관이 존재한다면, 양(+)의 계열상관인가 혹은 음(-)의 계열상관인가? 그 이유를 설명하라.

풀이 다음의 그림에서는 양(+)의 계열상관 패턴, 즉 양(+)의 잔차가 반복되다가 음(-)의 잔차가 반복되는 패턴을 보인다.

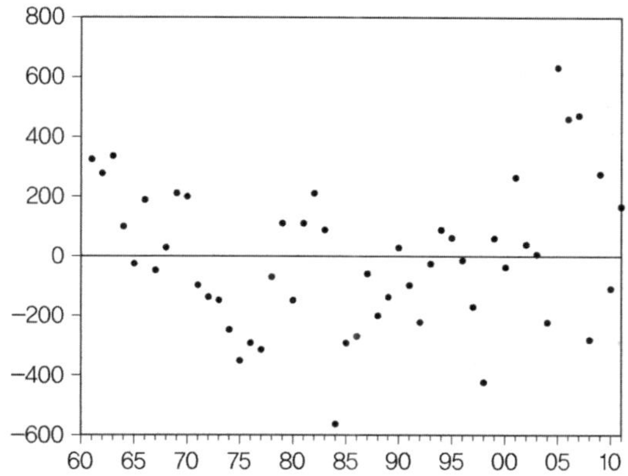

B) 그들의 전기 값에 대한 회귀분석 결과의 잔차들을 그림으로 그려라. 이 그림에는 계열상관이 존재하는 것으로 나타나는가? 만약 계열상관이 존재한다면, 양의 계열상관인가 혹은 음의 계열상관인가? 그 이유를 설명하라.

풀이 관측값들이 우상향하는 방향으로 위치하고 있으며, 이는 양(+)의 계열상관이 존재함을 제시한다.

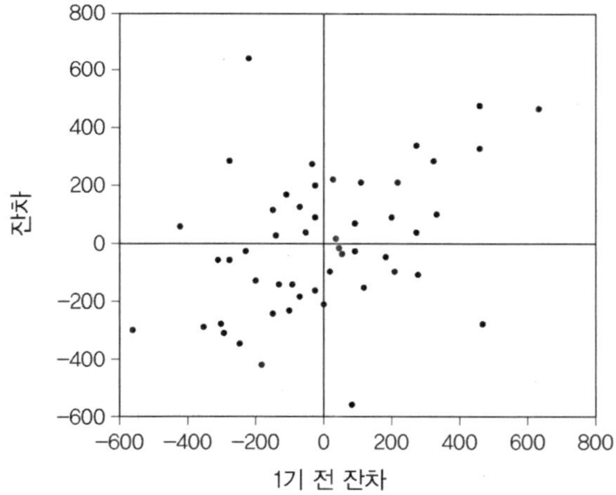

C) 회귀분석 결과에는 계열상관이 존재하는지 5단계 절차를 사용해 더빈-왓슨 검정을 수행하라.

풀이 1) H_0: 양(+)의 자기상관이 없음 H_a: 양(+)의 자기상관이 존재

2) 5%

3) 만약 $0 < d < d_L$이면, H_0 기각
만약 $d_L < d < d_U$이면, 판단불가
4) $d = 1.162141$; $d_L = 1.42$; $d_U = 1.67(k = 4, n = 52$ (50을 적용))
5) H_0 기각; 양(+)의 자기상관이 존재

1) H_0: 계열상관이 없음 H_a: 계열상관이 존재
2) 5%
3) 만약 $nR^2 > \chi^c$이면, H_0 기각(자유도 = 전기 잔차항의 수 = 1)
4) nR^2과 χ^c를 계산
7.63 〉 3.83
5) H_0 기각; 계열상관이 존재

D) 잔차들이 (상수항 없이) 그 전기의 잔차에 의해 영향을 받는 회귀분석을 실행해 ρ를 추정하라. ρ의 추정량은 얼마인가?

풀이 0.74

E) 2차 계열상관이 존재하는지 확인하라. 여러분은 이상의 모형에서 2차 계열상관이 존재한다고 생각하는가? 그 이유를 설명하라.

풀이 그렇지 않다. $eis_t = \rho_1 eis_{t-1} + \rho_2 eis_{t-2} + \varepsilon_t$에서 2기 전의 오차에 대한 통계적 유의성이 없는 것으로 확인된다.

F) 최대우도 추정방법과 함께 GLS를 사용해 ρ를 추정하고, 1차 계열상관을 교정한 추정량을 도출하라. ρ의 추정량은 얼마인가?

풀이 0.57

G) GLS는 계열상관을 해결하는가? 5단계 검정 절차를 수행하라.

풀이 1) H_0: 음(−)의 자기상관이 없음 H_a: 음(−)의 자기상관이 존재
2) 5%
3) 만약 $4 - d_L < d < 4$이면, H_0 기각
만약 $4 - d_U < d < 4 - d_L$이면, 판단불가
4) $d = 2.359058$; $d_L = 1.38$; $d_U = 1.72(k = 5, n = 51$(50을 적용))
5) 판단불가; GLS가 음(−)의 자기상관을 해결했을 가능성이 있음

1) H_0: 계열상관이 없음 H_a: 계열상관이 존재
2) 5%
3) 만약 $nR^2 > \chi^c$이면, H_0 기각 (자유도 = 전기 잔차항의 수 = 1)
4) 5.31 > 3.84
5) H_0 기각: 계열상관이 존재

H) 원래의 회귀분석 결과에 따른 t-통계량과 GLS 회귀분석 결과에 따른 t-통계량을 비교하라. 여러분은 이들 중 어떤 값이 더 크게 나타난 사실이 놀라운가? 그 이유를 설명하라.

풀이 계열상관을 교정한 GLS 회귀분석 결과에 따른 t-통계량의 절대값이 원래의 회귀분석 결과에 따른 t-통계량 절대값보다 더 작게 나타난다. 그 이유는 원래의 회귀모형에서 계열상관이 t-통계량을 실제값보다 더 커지도록 만드는 편의를 발생시켰기 때문이다.

I) 원래의 회귀모형에 뉴위-웨스트 기법을 적용하라. 여러분은 추정량의 새로운 표준오차가 놀라운가? 그 이유를 설명하라.

풀이 $REALYDPC$와 $REALR$의 표준오차는 뉴위-웨스트 기법을 적용한 이후 예상대로 증가한다. 이는 원래의 회귀모형에는 표준오차를 줄어들게 만드는 편의가 존재함을 의미한다. 그러나 뉴위-웨스트 기법을 적용한 결과에서는 상수항과 CC의 표준오차가 예상과는 달리 상승한다.

6. 화폐에 대한 수요($M2$)가 상수항, 소득($NGPD$), 이자율(AAA) 및 물가(CPI)에 의해 영향을 받는다는 모형을 ANMACRO.XLS의 자료와 통계 소프트웨어를 사용해 회귀분석을 실행하라.

A) 시간의 흐름에 따른 회귀분석 결과의 잔차들을 그림으로 그려라. 이 그림에는 계열상관이 존재하는 것으로 나타나는가? 만약 계열상관이 존재한다면, 양(+)의 계열상관인가 혹은 음(-)의 계열상관인가? 그 이유를 설명하라.

B) 그들의 전기 값에 대한 회귀분석 결과의 잔차들을 그림으로 그려라. 이 그림에는 계열상관이 존재하는 것으로 나타나는가? 만약 계열상관이 존재한다면, 양의 계열상관인가 혹은 음의 계열상관인가? 그 이유를 설명하라.

C) 회귀분석 결과에는 계열상관이 존재하는지 5단계 절차를 사용해 더빈-왓슨 검정을 수행하라.

D) 잔차들이 (상수항 없이) 그 전기의 잔차에 의해 영향을 받는 회귀분석을 실행해 ρ를 추정하라. ρ의 추정량은 얼마인가?

E) 2차 계열상관이 존재하는지 확인하라. 여러분은 이상의 모형에서 2차 계열상관이 존재한다고 생각하는가? 그 이유를 설명하라.
F) 최대우도 추정방법과 함께 GLS를 사용해 ρ를 추정하고, 1차 계열상관을 교정한 추정량을 도출하라. ρ의 추정량은 얼마인가?
G) GLS는 계열상관을 해결하는가? 5단계 검정 절차를 수행하라.
H) 원래의 회귀분석 결과에 따른 t-통계량과 GLS 회귀분석 결과에 따른 t-통계량을 비교하라. 여러분은 이들 중 어떤 값이 더 크게 나타난 사실이 놀라운가? 그 이유를 설명하라.
I) 원래의 회귀모형에 뉴위-웨스트 기법을 적용하라. 여러분은 추정량의 새로운 표준오차가 놀라운가? 그 이유를 설명하라.

10장과 11장의 자체평가

1. 다음의 절차(방법)들에 대해 설명하라.

A) 파크 검정

풀이 파크 검정은 $Y_i = \widehat{\beta_0} + \widehat{\beta_1} X_i + e_i$에서 이분산성이 존재하는지 검정하기 위해 잔차를 제곱하고, 이분산성을 발생시키는 설명변수에 대해 회귀분석을 실행한다. 만약 가능한 경우에는 이중-로그 모형을 사용하고, 그렇지 않은 경우에는 반-로그 모형을 실행한다.

$$\ln(e_i^2) = \alpha_0 + \alpha_1 \ln(X_i) + \varepsilon_i$$

만약 α_1이 통계적으로 유의하면, 이분산성이 존재한다.

B) 가중 최소제곱

풀이 $SAVING_i = \beta_0 + \beta_1 INCOME_i + u_i$의 오차항에 이분산성이 존재한다고 가정한다. 즉 오차항의 분산이 $INCOME_i$에 따라 변동한다고 가정한다. 가중 최소제곱은 원래의 회귀모형에 $1/INCOME$을 곱한다.

$$\frac{SAVING_i}{INCOME_i} = \beta_0 \frac{1}{INCOME_i} + \beta_1 \frac{INCOME_i}{INCOME_i} + \frac{u_i}{INCOME_i}$$

혹은 $1/\sqrt{INCOME_i}$로 곱한다.

$$\frac{SAVING_i}{\sqrt{INCOME_i}} = \beta_0 \left[\frac{1}{\sqrt{INCOME_i}}\right] + \beta_1 \left[\frac{INCOME_i}{\sqrt{INCOME_i}}\right] + \frac{u_i}{\sqrt{INCOME_i}}$$

C) 일반화 최소제곱

풀이 $Y_t - \rho Y_{t-1} = \beta_0 (1-\rho) + \beta_1 (X_t - \rho X_{t-1}) + u_t - \rho u_{t-1}$

D) 코크란-오컷 반복 절차

풀이 (A) $\rho = \dfrac{\sum e_t e_{t-1}}{\sum e_{t-1}^2}$의 공식을 이용해 ρ를 추정한다.

(B) GLS를 실행해서 새로운 e_t들을 구한다.

(C) (A)로 다시 진행한다.

(D) 반복하다가 ρ의 추정값의 변화가 거의 없으면 멈춘다.

E) 히드레스-루 탐색 절차

풀이 ρ는 −1에서 1 사이의 값을 가질 것으로 예상되기 때문에 컴퓨터를 이용해 다양한 ρ값의 가정 하에서 GLS 회귀분석 결과들을 비교함으로써 가장 결과가 좋은 ρ를 찾아낼 수 있다.

즉 우리는 $\rho = -1$을 가정하고 GLS 실행; $\rho = -0.9$를 가정하고 GLS 실행; $\rho = -0.8$을 가정하고 GLS 실행; ... ; $\rho = +0.9$ 가정하고 GLS를 실행; $\rho = +1$을 가정하고 GLS를 실행한다. 이와 같이 계산된 GLS 회귀분석 결과들 중에서 R^2 혹은 SER을 관점에서 가장 적합도가 높은 ρ값을 선택한다.

F) 최대우도 절차

풀이 이 방법은 우선 $\widehat{\beta}_0$, $\widehat{\beta}_1$ 및 ρ에 대해 초기값을 부여하고 GLS 모형의 잔차를 고려한다. 잔차들의 패턴은 $\widehat{\beta}_0$, $\widehat{\beta}_1$ 및 ρ의 초기값에 대한 조정방향을 제시한다. 조정한 $\widehat{\beta}_0$, $\widehat{\beta}_1$ 및 ρ를 이용해 다시 GLS 모형의 잔차를 계산한 이후 $\widehat{\beta}_0$, $\widehat{\beta}_1$ 및 ρ를 재조정 한다. 이와 같은 절차는 $\widehat{\beta}_0$, $\widehat{\beta}_1$ 및 ρ의 추정량이 유의하게 변하지 않을 때 멈춘다.

2. 이분산성을 나타내는 그림을 그려라. 가로축은 “범인”을 표기하고, 세로축은 주어진 그림에 맞게 정확히 표기하라. 또한 음(-)의 계열상관을 나타내는 그림을 그려라. 이 그림에도 각 축에 맞는 정확한 표기를 나타내라.

풀이

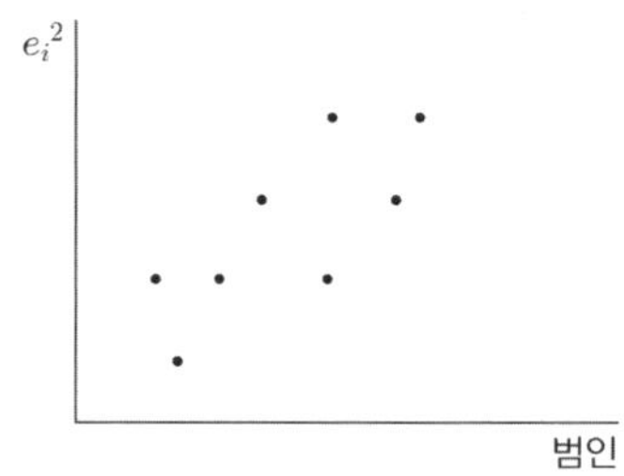

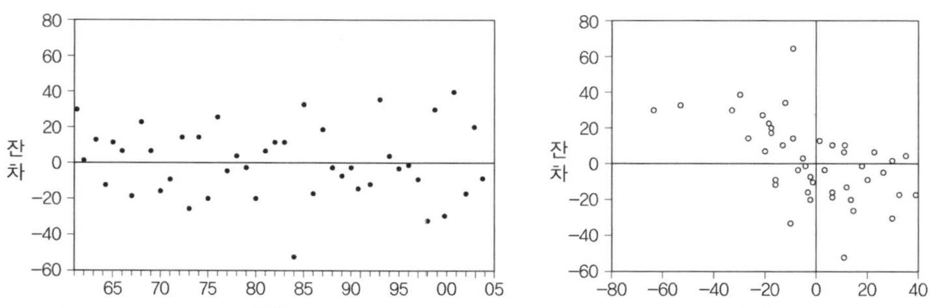

3. 이분산성의 세 가지 해결방안이 갖는 장단점을 서술하라.

풀이 대안 함수형태의 사용 - 단순하며 종종 효과적이지만, 결과에 편의가 발생할 수 있다.
아무 것도 하지 않음 - 불편추정량으로 예측에는 좋으나 가설 검정에는 적절하지 않다.
비율로 변경 - 단순하며 종종 효과적이지만, 항상 가능한 것은 아니다.
뉴위-웨스트 - 표준오차와 t-통계량을 보정해 주지만, 잔차 통계량의 편의는 보정되지 않는다.
가중 최소제곱 - 적절한 해결방안이지만, 어떤 가중치를 사용할지 판단하기 어렵다.

4. 1차 마코프 체계는? 2차 계열상관의 의미는? 백색잡음은?

풀이 1차 마코프 체계는 모든 t에 대해 회귀모형의 오차항들이 $e_t = \rho e_{t-1} + \varepsilon_t$의 관계로 서로 관련되는 경우이다. 여기서 $-1 < \rho < +1$이고 ε_t는 백색잡음이다(즉 $\varepsilon_t \sim N(0, \sigma^2)$).
2차 계열상관은 회귀모형의 오차항들이 $e_t = \rho_1 e_{t-1} + \rho_2 e_{t-2} + \varepsilon_t$의 관계로 서로 관련되는 경우이다.

5. 다음의 표에서 제시하는 화이트 검정이 이분산성을 나타내는지 5단계 절차를 수행하라.

White Heteroskedasticity Test

F-Statistic	0.491592	Probability	0.780723
Obs×R-squared	2.645362	Probability	0.754462

Test Equation:
Dependent Variable: RESID^2
Method: Least squares
Sample: 1 50
Included observations: 50

Variable	Coefficient	Std. Error	t-Statistic	Prob.
C	−275.2148	329.0460	−0.836402	0.4074
ED	18.22919	33.65147	0.541706	0.5908
ED^2	−0.211078	0.952250	−0.221662	0.8256
ED*EXPER	−0.453429	0.645192	−0.702781	0.4859
EXPER	16.12281	15.23650	1.058170	0.2958
EXPER^2	−0.236866	0.208270	−1.137306	0.2616

R-squared	0.052907	Mean dependent var	19.62276
Adjusted R-squared	−0.054717	S.D. dependent var	66.54024
S.E. of regression	68.33644	Akaike info criterion	11.39893
Sum squared resid	205474.2	Schwarz criterion	11.62837
Log likelihood	−278.9733	F-statistic	0.491592
Durbin-Watson stat	2.086374	Prob(F-statistic)	0.780723

풀이 1) H_0: 이분산성이 없음 H_a: 이분산성이 존재

2) 5%

3) 만약 $nR^2 > \chi^c$이면, H_0 기각

4) 50(0.052907) = 2.645362; $\chi^c = 11.07$(자유도 = 보조 회귀모형으로부터 k−1 = 5)

5) H_0 기각하지 못함; 원래의 회귀모형에는 이분산성이 없음

6. 다음의 이뷰즈 출력물에 나타난 회귀분석 결과가 계열상관을 나타내는지 5% 임계수준에서 5단계 절차를 사용해 더빈-왓슨 검정을 수행하라.

Dependent Variable: WHY
Method: Least squares
Sample: 1956 1980
Included observations: 25

Variable	Coefficient	Std. Error	t-Statistic	Prob.
C	−0.325482	8.371100	−0.038882	0.9693
EX1	0.913309	0.032584	28.02956	0.0000
EX2	−0.558162	2.745564	−0.203296	0.8408

R-squared	0.997461	Mean dependent var	640.6560
Adjusted R-squared	0.997230	S.D. dependent var	173.4284
S.E. of regression	9.127571	Akaike info criterion	7.372643
Sum squared resid	1832.876	Schwarz criterion	7.518908
Log likelihood	−89.15804	F-statistic	4321.229
Durbin-Watson stat	1.655326	Prob(F-statistic)	0.000000

1) H_0: 양(+)의 자기상관이 없음
H_a: 양(+)의 자기상관이 존재

2) 5%

1) H_0: 음(−)의 자기상관이 없음
H_a: 음(−)의 자기상관이 존재

2) 5%

3) 만약 $0 < d < d_L$이면, H_0 기각
만약 $d_L < d < d_U$이면, 판단불가
4) 값 확인
5) H_0 기각 혹은 기각하지 못함

3) 만약 $4 - d_L < d < 4$이면, H_0 기각
만약 $4 - d_U < d < 4 - d_L$이면, 판단불가
4) 값 확인
5) H_0 기각 혹은 기각하지 못함

풀이 1) H_0: 자기상관이 없음 H_a: 양(+)의 자기상관이 존재
2) 5%
3) 만약 $0 < d < d_L$이면, H_0 기각
만약 $d_L < d < d_U$이면, 판단불가
4) $d = 1.65$ $d_L = 1.21$ $d_U = 1.55$ ($n = 25$; $k = 3$)
5) H_0 기각하지 못함; 자기상관이 없음

7. 다음의 문장들이 참 혹은 거짓인지 판별하라.

A) "범인변수"는 이분산성이 존재하는 회귀모형의 종속변수이다. **풀이** 거짓

B) 뉴위-웨스트 기법의 적용이 회귀분석의 표준오차(SER)의 추정량을 변경시킨다. **풀이** 거짓

C) 이분산성이 존재하는 회귀모형에서는 SER이 하향 편의된다. **풀이** 거짓

D) 모든 $i \neq j$에 대해 $E\left[\varepsilon_i^2\right] = E\left[\varepsilon_j^2\right] = \sigma^2$은 동분산성의 정의이다. **풀이** 거짓

E) 이분산성의 존재는 구조적 모수의 t-통계량에 편의를 발생시키기 때문에 유의성 검정을 수행할 때 주의가 요구된다. **풀이** 참

F) $\widehat{\beta}_1$의 표준오차는 계열상관이 존재할 때 하향 편의된다. **풀이** 참

G) 동일 회귀모형에 대해 GLS를 적용하였을 때의 R^2과 OLS를 적용하였을 때의 R^2을 직접적으로 비교할 수 없다. **풀이** 참

H) 계열상관이 존재하는 회귀모형에서는 SER이 하향 편의된다. **풀이** 참

I) 우리는 계열상관을 교정한 이후 구조적 모수의 표준오차가 증가할 것으로 예상할 수 있다. **풀이** 참

J) 우리는 이분산성을 교정한 이후 구조적 모수의 표준오차는 증가할 것으로 예상할 수 있다. **풀이** 거짓

PART 12

시계열 모형

12.1 분포시차 모형

분포시차 모형(distributed lag model)은 1개 이상의 설명변수가 1기간 이상의 시차를 가진다.

$$Y_t = \beta_0 + \beta_1 X_t + \beta_2 X_{t-1} + \beta_3 X_{t-2} + \beta_4 Z_t + \beta_5 Z_{t-1} + u_t$$

우리는 몇 가지 근거에 기초해 시차가 있는 설명변수를 사용한다. 예를 들어 설명변수의 변화가 종속변수에 영향을 미치는 데 시간이 걸릴 수 있다. 또는 여러 기간 동안에 걸친 설명변수의 추세가 종속변수에 영향을 미칠 수 있다.

분포시차 모형의 흥미로운 적용으로는 항상소득가설(Permanent Income Hypothesis, PIH)을 들 수 있다. PIH는 소비가 실질소득이 아니라 예상된 미래소득에 의존한다고 주장한다. 또한 우리는 소비(CON)가 개인의 처분가능소득(DPI)에 비해 시간의 흐름에 더 평탄하다는 사실을 관측하였다. 이 설명은 예상하지 못한 소득이 예상된 미래소득을 변동시키지 않기 때문에 CON은 DPI에 비해 상대적으로 더 안정적임을 의미한다.

계량경제학 용어로 나타내면, PIH는 실질 DPI와 대비되는 예상 DPI($EXDPI$)가 CON을 더 잘 설명한다고 제시한다.

$$CON_t = \widehat{\beta_0} + \widehat{\beta_1}\, EXDPI_t + e_t$$

우리가 $EXDPI$, 특히 총계(aggregate) 자료를 측정하는 데 어려움이 있다. $EXDPI$의 근사값은 과거와 현재 소득의 패턴을 사용해 측정된다.

$$CON_t = \widehat{\beta_0} + \widehat{\beta_1}\, DPI_t + \widehat{\beta_2}\, DPI_{t-1} + \widehat{\beta_3}\, DPI_{t-2} + \widehat{\beta_4}\, DPI_{t-3} + e_t$$

분포시차 모형은 예상된 미래소득을 대리변수로 사용된다. 만약 DPI의 시차 값들이 유의하면, PIH는 성립하는 것으로 인식된다.

다중공선성은 분포시차 모형의 전형적인 문제점이다. 일반적으로 DPI_t와 DPI_{t-1} 간의 상관계수는 1에 가깝다. 코익 모형(Koyck, 1954)은 이상의 단점을 제거하면서 분포시차 모형을 전개하는 독창적인 방법이다.

이하에서는 현재소비가 여러 기간 DPI의 가중평균으로 결정된다고 가정한다. 이때 가중치는 기하학적으로 감소한다.

$$CON_t = \beta_0 + \beta_1(DPI_t + \lambda DPI_{t-1} + \lambda^2 DPI_{t-2} + \lambda^3 DPI_{t-3} + \cdots \\ + \lambda^{n-1} DPI_{t-n+1}) + u_t$$

이상의 방정식에 1기 전의 시차를 설정하고 양변에 λ를 곱하면 다음과 같다.

$$\lambda CON_{t-1} = \lambda\beta_0 + \beta_1(\lambda DPI_t + \lambda^2 DPI_{t-2} + \lambda^3 DPI_{t-3} + \cdots \\ + \lambda^n DPI_{t-n}) + \lambda u_{t-1}$$

첫 번째 방정식에서 두 번째 방정식을 빼면 다음과 같이 요약된다.

$$CON_t - \lambda CON_{t-1} = \beta_0 - \lambda\beta_0 + \beta_1 DPI_t + u_t - \lambda u_{t-1}$$

이상의 식은 다음과 같이 다시 고쳐 쓸 수 있다.

$$CON_t = (1-\lambda)\beta_0 + \beta_1 DPI_t + \lambda CON_{t-1} + \varepsilon_t;\ \text{여기서 } \varepsilon_t = u_t - \lambda u_{t-1}$$

이상의 식은 코익 분포시차 모형을 나타내며, 이는 동일 기간(시기)의 DPI와 CON_{t-1}이 CON에 미치는 영향에 대한 회귀분석을 실행한다. n기간(시기)의 분포시차는 오로지 한 관측값의 손실로 추정된다. 다중공선성은 일반적인 분포시차 모형에 비해 코익 모형에서 대개 감소한다.

CON_{t-1}의 계수는 가중치(λ)의 추정량이다. CON에 대한 DPI의 단기 영향은 β_1과 같으며, 장기 영향은 $\dfrac{\beta_1}{(1-\lambda)}$과 동일하다.

우리는 설명변수에 전기의 종속변수를 포함하는 모형을 "자기회귀"(autoregressive)라고 부른다. 코익 모형은 자기회귀 모형의 한 예시이다. 더빈-왓슨(Durbin-Watson) 통계량은 자기회귀 모형에서 유효하지 않으며, 대신 더빈(Durbin)의 h-통계량이 사용된다(Durbin, 1970).

$$h = (1 - \frac{d}{2})\sqrt{\frac{n}{1 - n(var(\hat{\beta}))}}$$

1) H_0: 자기상관이 없음 H_a: 자기상관이 존재
2) 5%
3) 만약 $|h| > t^c$ 이면, H_0 기각 (자유도 $= n-k$)
4) h를 계산하고 t^c를 구함
5) H_0 기각 혹은 기각하지 못함

만약 $n(var(\hat{\beta})) > 1$이면, 더빈의 h는 정의되지 않는다. 이 경우에는 계열상관을 검정하기 위해 라그랑지 승수(Lagrange multiplier) 검정이 사용될 수 있다(Breusch, 1978, Godfrey, 1978).

만약 $Y_t = \beta_0 + \beta_1 X_t + \beta_2 Y_{t-1} + u_t$에서 계열상관이 존재한다고 의심되면, $u_t = \alpha_0 + \alpha_1 X_t + \alpha_2 Y_{t-1} + \alpha_3 u_{t-1} + \gamma_t$의 회귀분석을 실행하라.

1) H_0: 계열상관이 없음 H_a: 계열상관이 존재
2) 5%
3) 만약 $nR^2 > \chi^c$이면, H_0 기각(자유도 =전기 잔차항의 수 = 1)
4) nR^2와 χ^c를 계산
5) H_0 기각 혹은 기각하지 못함

계열상관은 자기회귀 모형에서 더 심각한 결과를 초래하며, 이를 해결하기는 더욱 어려워진다. 만약 자기회귀 모형에서 계열상관이 존재하면, 잔차 통계량은 물론 구조적 모수의 추정량들이 편의를 갖게 된다.

해결방안으로는 모형의 재설정을 고려해 볼 수 있다. 가성자기상관(pseudoautocorrelation)이 아마도 진짜 문제일 수 있다. 다른 해결방안으로는 도구변수(instrumental variable)를 활용한 2단계 최소제곱(two-stage least squares)을 적용할 수 있지만, 여기에서는 추가적인 논의를 생략한다.

12.2 그랜저 검정

시계열 분석에서는 종종 한 변수의 변화가 다른 변수의 변화보다 먼저 발생하는지 확인해야 한다. 예를 들어 인플레이션율의 변동이 통화공급의 변동에 지속적으로 선행되지 않을 때에는 인플레이션이 연방준비제도 이사회로 하여금 통화공급을 둔화시킨다고 주장하기 어렵다.

그랜저(Granger, 1969)는 시계열 자료의 선행 여부를 결정하는 검정 방법을 개발하였다. 인플레이션율($INFL$)의 변화가 통화공급(M)의 변화에 선행하는지 결정하기 위해 다음의 회귀분석을 실행한다.

$$M_t = \widehat{\beta_0} + \widehat{\beta_1} M_{t-1} + \widehat{\beta_2} M_{t-2} + \widehat{\beta_3} INFL_{t-1} + \widehat{\beta_4} INFL_{t-2} + e_t$$

만약 인플레이션의 변화가 실제로 통화공급의 변화보다 선행한다면, $\widehat{\beta_3}$ 및/혹은 $\widehat{\beta_4}$은 통계적으로 유의하게 추정된다. 이 검정은 다음과 같다.

1) H_0: $\widehat{\beta_3} = \widehat{\beta_4} = 0$; $INFL$이 M을 선행하지 않음

   H_a: $\widehat{\beta_3}$ 및/혹은 $\widehat{\beta_4} \neq 0$: $INFL$이 M을 선행함
2) 5%
3) 만약 $F > F^c$이면, H_0 기각

$$F = \frac{(SSR_R - SSR)/R}{SSR/(n-k)}$$

4) 0.83 vs 3.32(분자의 자유도 = R = 2; 분모의 자유도 = $n-k$ = 40 − 5 = 35)
5) H_0 기각되지 못함; $INFL$의 변화가 M의 변화를 선행하지 않음

따라서 우리는 인플레이션율의 변화가 통화공급의 변화보다 선행되지 않는다고 결론내릴 수 있다. 이상의 검정 결과와는 관계없이 다음의 회귀분석을 실행함으로써 역 그랜저 검정을 수행하는 것이 바람직하다.

$$INFL_t = \widehat{\beta_0} + \widehat{\beta_1} INFL_{t-1} + \widehat{\beta_2} INFL_{t-2} + \widehat{\beta_3} M_{t-1} + \widehat{\beta_4} M_{t-2} + e_t$$

다음의 5단계 절차를 수행한다.

1) H_0: $\widehat{\beta_3}$ = $\widehat{\beta_4}$ =0; M이 $INFL$을 선행하지 않음

   H_a: $\widehat{\beta_3}$ 및/혹은 $\widehat{\beta_4}$ ≠0: M이 $INFL$을 선행함

2) 5%

3) 만약 $F > F^c$이면, H_0 기각

$$F = \frac{(SSR_R - SSR)/R}{SSR/(n-k)}$$

4) 2.58 vs 3.32 (분자의 자유도 = R = 2; 분모의 자유도 = $n-k$ = 40 − 5 = 35)

5) H_0 기각하지 못함; M의 변화가 $INFL$의 변화를 선행하지 않음

대부분의 경제학자들은 통화공급 증가의 결과로써 종종 인플레이션이 발생한다고 생각하기 때문에 이상의 역 검정의 결과는 다소 의외일 수 있다. 우리는 아마도 종속변수의 2기 전이 아닌 1기 전의 시차만을 적용해야 한다. 얼마만큼의 시차를 사용할지는 연구자의 재량에 달려 있다.

비록 통화공급의 변화가 인플레이션율의 변화보다 선행해서 나타난다고 할지라도, 우리는 통화공급의 변화가 인플레이션의 변화를 유발하는 "원인"이라고 결론내릴 수 없다. 선행이 반드시 인과관계를 의미하지는 않는다. 우리는 많은 보행자들이 비바람이 몰려오기 전에 우산을 가지고 걷는 것을 관찰할 수 있지만, 이 경우 우산이 반드시 비바람의 원인이 되지는 않는다.

이상의 검정 결과는 $INFL$이 M에 "그랜저 인과관계"를 갖지 않으며 M이 $INFL$에 "그랜저 인과관계"를 갖지 않음을 제시한다.

그랜저 검정은 역 인과관계를 검정하는 데 유용하다. 여러분은 다음의 회귀모형에서 Y가 X_1에 영향을 미치는 경우에는 구조적 모수가 편의 된다는 사실은 알고 있다.

$$Y_t = \beta_0 - \beta_1 X_{1t} + u_t$$

회귀분석에서는 설명변수(X_1)의 변화가 종속변수(Y)의 변화를 유도한다는 사실이 매우 중요하다. 그러나 Y가 X_1에 영향을 미치는 경우에는 역 인과관계가 생겨난다. 이

경우에는 오차항(u_t)이 X_1과 상관관계를 갖게 되므로 고전적 선형 회귀모형의 가정 1을 위반하고 구조적 모수는 편의 된다.

12.3 허위상관과 불안정성

허위상관(spurious correlation)은 인과관계에 기초한 것이 아니라 통계적 우연의 결과로 나타나는 변수들 간의 강력한 관계이다. 경제변수들은 시간의 흐름에 따라 증가하는 경향을 나타내기 때문에 경제 자료에서의 허위상관은 종종 발생한다. 따라서 인과관계가 존재하지 않은 변수들 간에도 높은 상관계수를 가질 수 있다.

예를 들어 미국의 통화공급($M2$)과 1인당 우유 소비량 간의 상관계수는 −0.95이다. 그러나 통화공급의 증가가 사람들로 하여금 우유를 덜 소비하게 유도할 가능성은 희박하다. 이상의 두 변수 간 상관관계는 단지 우연의 일치이다.

따라서 허위상관은 많은 변수가 장기적인 성장 추세를 나타내는 시계열 자료에서 흔히 발생한다. 이와 같이 추세를 갖는 자료를 이용할 때에는 특별한 조치가 요구된다. 왜냐하면 회귀분석 결과가 허위상관으로 인해 편의될 수 있기 때문이다.

시계열 회귀모형은 안정적 자료, 즉 시간의 흐름에 따라 변동하지 않는 기본적 속성을 가진 시계열 자료를 사용하는 것이 가장 이상적이다. 구체적으로 시계열 X는 다음의 경우 안정적이다.

1) X의 평균이 시간의 흐름에 일정하다.
2) X의 분산이 시간의 흐름에 일정하다.
3) X_t와 X_{t-k}(모든 k에 대해) 간의 상관관계가 일정하다.

만약 이상의 속성들 중 1개 이상이 충족되지 않는다면, X는 불안정적이다. 회귀분석에서 불안정적 시계열의 사용은 허위상관이 생겨나게 만들어 구조적 모수의 추정량이 편의 되게 한다.

다음의 그림은 1945년 이후 연간 실질 GDP($rgdp$)를 보여준다. 이 시계열은 눈에 띄게 상향하는 추세를 나타내며 일정한 평균을 갖지 않는다.

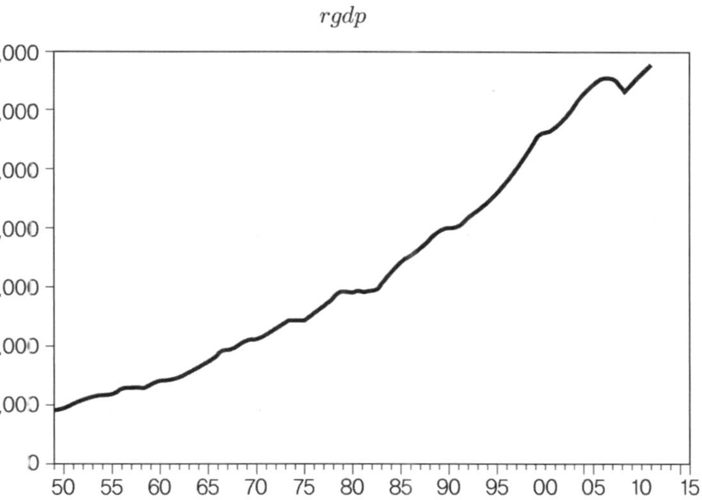

*rgdp*의 분산이 시간의 흐름에 일정한지 여부는 육안으로 확인하기 어렵다. 우리는 시계열 전체를 전반부와 후반부로 나누어 분산을 비교할 수 있다.

주어진 거리만큼 떨어진 관측값들이 일정한 상관관계를 갖는지는 시각적인 검토를 통해 파악할 수 없다. X_t와 X_{t-k} 간의 상관관계를 확인하기 위해서는 상관도표(correlogram), 즉 k 공간만큼 떨어진 관측값들이 연관되어 있는 정도를 나타내는 도표가 요구된다. 이때 영(0)에 접근하지 않는 상관도표는 불안정적 자료를 나타낸다.

우리가 상관도표를 손으로 직접 만든다는 것은 대단히 지루하고 힘든 일이지만, 이는 컴퓨터를 이용해 쉽게 수행할 수 있다. *rgdp*와 같은 시계열 자료가 주어지면, 인접한 관측값들 간의 쌍을 만든다. 이는 첫 번째와 두 번째 관측값, 두 번째와 세 번째 관측값, 세 번째와 네 번째 관측값 등을 의미한다. 이제 이상의 모든 쌍들 간의 상관계수(r)를 계산한다.

우리는 예시로 돌아와서 우선 공간적으로 떨어져 있는 *rgdp*의 관측값들을 확인한다. 이는 관측값 1과 3, 2와 4, 3과 5 등이다. 우리는 이상의 모든 쌍들 간의 상관계수(r)를 계산한다. 이상의 과정은 12개의 떨어진 공간($k = 12$)까지 모든 쌍들의 관측값에 대해 반복적으로 수행한다.

k	r
1	0.99
2	0.97
3	0.96
4	0.94
5	0.93
6	0.91
7	0.90
8	0.89
9	0.87
10	0.86
11	0.85
12	0.83

이상의 표는 $rgdp$의 인접한 관측값들 간의 상관관계가 높음을 나타낸다($r=0.99$). 심지어 12년 전의 관측값이 올해의 $rgdp$와 매우 밀접하게 관련된다($r=0.83$).

우리가 이상의 표를 그림으로 나타내면 다음과 같다.

$rgdp$의 상관도표

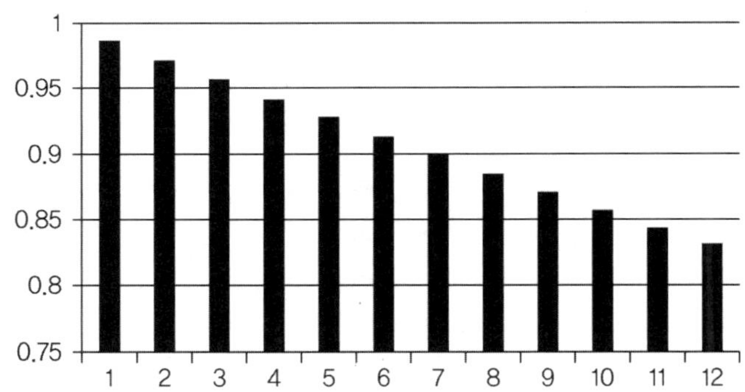

상관도표의 수직축은 표에서의 상관계수를 나타내고, 수평축은 k를 측정한다. 이상과 같이 $k=0$을 향해 빠르게 감소하지 않는 상관도표는 시계열이 불안정적임을 나타내는 전형적인 형태이다. 우리가 불안정적 자료를 사용해 회귀분석을 실행하면, 아마도 허위상관이 존재하고 편의된 결과가 생겨난다.

만약 시계열이 불안정하다면, 자료를 1차 차분해서 사용하는 것이 가장 좋은 방법이다. 1차 차분은 자료의 시계열이 한 기간에서 다음 기간까지의 변화를 나타낸다. 다음의 그래프는 $rgdp$의 1차 차분($fd1rgdp$)을 보여준다.

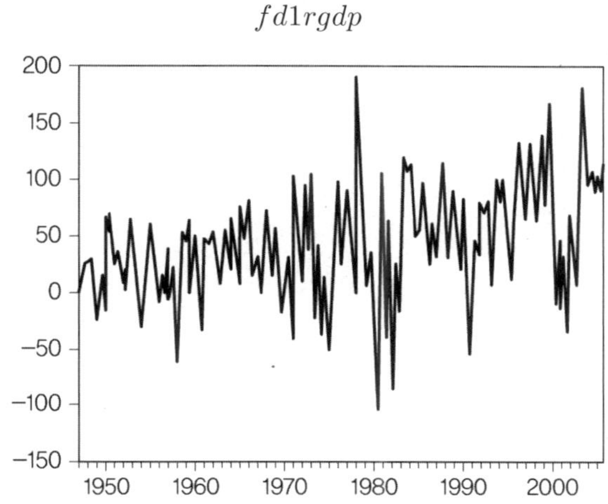

시각적인 검토는 (아마도) 일정한 평균을 제시하지만, 선의 후반부 분산이 전반부 분산에 비해 큰 것처럼 보인다. 그러나 우리가 시각적인 검토만으로 결론을 내리기는 어렵다. 상관도표는 $k=1$에서 4까지의 관측값들 간에 유의한 상관관계를 제시한다. 다시 말해 $rgdp$ 1차 차분은 4기간 이후 상관관계가 유의하지 않으므로 안정적일 수 있다.

k	r
1	0.42
2	0.38
3	0.21
4	0.20
5	0.11
6	0.13
7	0.07
8	0.02
9	0.14
10	0.11
11	0.10
12	−0.04

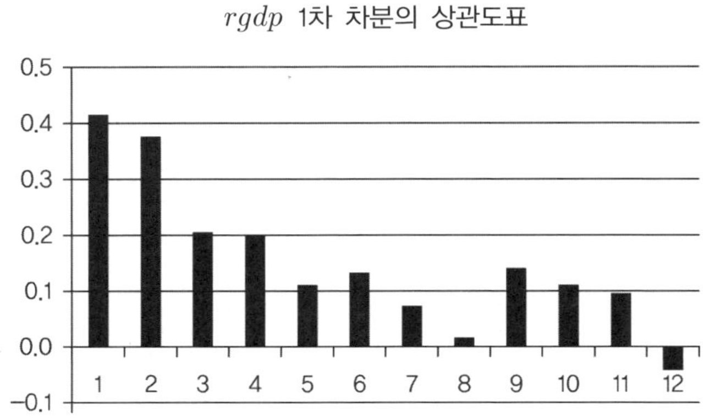

rgdp 2차 차분(*fd2rgdp*)은 *rgdp* 1차 차분의 차분 혹은 *rgdp* 변화의 변화이다.

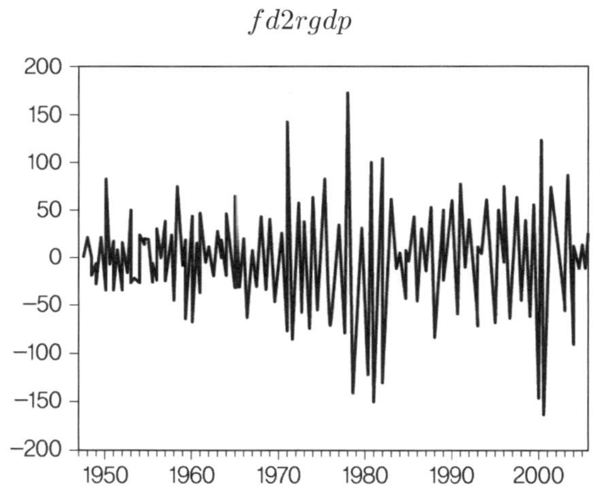

상관도표는 $k=1$ 이후 상관계수가 유의하지 않기 때문에 *rgdp* 2차 차분이 안정적이라고 제시한다.

k	r
1	−0.47
2	0.12
3	−0.14
4	0.08
5	−0.11
6	0.07
7	−0.01
8	−0.15
9	0.14
10	−0.02
11	0.12
12	−0.18

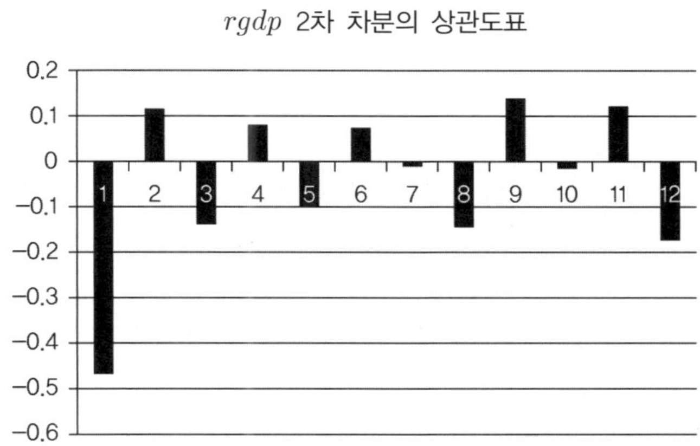

$rgdp$를 사용하는 모든 회귀분석은 마치 불안정적 변수를 사용하는 것처럼 보인다. 즉 연간 실질 GDP($rgdp$)를 사용한 회귀분석은 편의될 수 있기 때문에 그 결과는 심각하게 잘못된 주장일 수 있다. 따라서 상관도표의 검토에서 안정적으로 나타난 $rgdp$ 1차 차분을 사용하는 것이 나은 대안이다.

가장 널리 알려진 안정성 검정은 디키-플러(Dickey-Fuller) 혹은 단위근(unit root) 검정이다(Dickey and Fuller, 1979). 시계열 X_t가 안정적인지 여부의 검정은 다음과 같이 수행된다.

A) $(X_t - X_{t-1}) = \widehat{\beta_0} + \widehat{\beta_1} X_{t-1} + e_t$를 실행한다.

B) $\widehat{\beta_1}$에 대한 음(−)의 부호 검정을 수행한다.

1) H_0: $\beta_1 = 0$ (X는 불안정적)　　H_a: $\beta_1 < 0$ (X는 안정적)

2) 5%

3) 만약 $t-$통계량 $< -t^{c*}$이면, H_0 기각

4) t-통계량은 일반적 값이지만, t^{c*}는 통상 t-분포표의 t^c보다 약 60% 더 큼. n이 무한대로 나아감에 따라 t^{c*}는 더 높은 수준에서 2.86으로 접근함.

5) 검정 결과 설명

예를 들어 $rgdp$의 자료를 사용한 검정은 다음과 같다.

A) $(rgdp_t - rgdp_{t-1}) = 25.92 + 0.03\,rgdp_{t-1} + e_t$
(5.72) ← t − 통계량

B) $\widehat{\beta_1}$에 대한 음의 부호 검정

1) H_0: $\beta_1 = 0$ (X는 불안정적) H_a: $\beta_1 < 0$ (X는 안정적)
2) 5%
3) 만약 5.72 < −2.91이면, H_0 기각
4) 이뷰즈는 디키-플러 검정을 위한 t^c를 제공
5) H_0 기각하지 못함; $rgdp$는 불안정적

이제 $rgdp$ 1차 차분이 안정적인지 검정하면 다음과 같다.

A) $(d(rgdp_t) - d(rgdp_{t-1})) = 90.68 - 0.51\,d(rgdp_{t-1}) + e_t$
(-4.31) ← t통계량

B) $\widehat{\beta_1}$에 대한 음의 부호 검정

1) H_0: $\beta_1 = 0$ (X는 불안정적) H_a: $\beta_1 < 0$ (X는 안정적)
2) 5%
3) 만약 -4.31 < −2.91이면, H_0 기각
4) 이뷰즈는 디키-플러 검정을 위한 t^c를 제공
5) H_0 기각; $rgdp$ 1차 차분은 안정적

단위근(즉 불안정성)에 대한 확장된 디키-플러(augmented Dickey-Fuller) 검정은 시차가 적용된 종속변수를 우측변에 추가한다.

$$(X_t - X_{t-1}) = \widehat{\beta_0} + \widehat{\beta_1} X_{t-1} + \widehat{\beta_2}(X_{t-1} - X_{t-2}) + e_t$$

확장된 디키-플러 검정이 $rgdp$와 $rgdp$ 1차 차분의 안정성에 대해 동일한 결과를 제공하는지 여부의 확인은 독자에게 과제로 남겨둔다.

여러분은 1개 이상의 시계열 변수들이 불안정적이면, 허위상관을 회피하기 위해 1차 또는 2차 차분을 취할 수 있다. 그러나 변수들이 공적분(cointegration)된 회귀모형에서는 불안정적 변수들의 차분은 불필요하다. 공적분된 변수들은 동일한 정도로 불안정적이다.

다음의 회귀모형을 고려한다.

$$Y_t = \widehat{\beta_0} + \widehat{\beta_1} X_t + e_t$$

X와 Y가 모두 불안정적이므로 회귀모형에는 허위상관이 존재한다고 가정한다. 또한 X와 Y의 1차 차분은 안정적이라고 가정한다. 만약 X와 Y의 공적분 여부를 결정하기 위해서는 e_t에 대해 디키-플러 검정을 적용한다.

A) $Y_t = \widehat{\beta_0} + \widehat{\beta_1} X_t + e_t$의 회귀분석을 실행한다.

B) 디키-플러 회귀분석을 실행한다: $(e_t - e_{t-1}) = \widehat{\beta_0} + \widehat{\beta_1} e_{t-1} + z_t$.

C) $\widehat{\beta_1}$에 대해 음의 부호 검정을 수행한다.

1) H_0: $\beta_1 = 0$ (e_t는 불안정적) H_a: $\beta_1 < 0$ (e_t는 안정적)
   (X와 Y는 공적분되지 않음) (X와 Y는 공적분됨)
2) 5%
3) 만약 t-통계량 $< -t^{c*}$이면, H_0 기각
4) t-통계량은 일반적 값이지만, t^{c*}는 통상 t-분포표의 t^c보다 약 60% 더 큼. n이 무한대로 나아감에 따라 t^{c*}는 더 높은 수준에서 2.86으로 접근함.
5) 검정 결과 설명

공적분된 변수들은 허위상관의 걱정 없이 회귀분석에서 "그대로" 사용될 수 있다.

예를 들어 우리는 통화수요($m2$)가 상수항, 소득($ngdp$), 이자율(aaa) 및 가격(cpi)에 의해 설명되는 회귀모형을 살펴본다.

$$m2_t = \widehat{\beta_0} + \widehat{\beta_1} ngdp_t + \widehat{\beta_2} aaa_t + \widehat{\beta_3} cpi_t + e_t$$

$m2$, $ngdp$ 및 cpi는 명확히 상승하는 추세를 나타내기 때문에 확실히 불안정적이다. 단위근 검정은 네 가지 변수 모두 그들의 수준에서 불안정적이라고 제시한다. 또한 네 가지 변수 모두 안정성에 대한 확장된 디키-플러 검정을 통과하기 위해 2차 차분이 요구된다. 이상의 회귀모형에서 변수들이 공적분 되었는지 확인하기 위해 우리는 e_t에 대해 확장된 디키-플러 검정을 적용한 다음의 회귀분석을 실행한다.

$$(e_t - e_{t-1}) = \widehat{\beta_0} + \widehat{\beta_1} e_{t-1} + \widehat{\beta_2}(e_{t-1} - e_{t-2}) + z_t$$

이후 $\widehat{\beta_1}$에 대한 음의 부호 검정을 수행한다.

1) H_0: $\beta_1 = 0$ (e_t는 불안정적) H_a: $\beta_1 < 0$ (e_t는 안정적)
   (X와 Y는 공적분되지 않음) (X와 Y는 공적분됨)
2) 5%
3) 만약 $-2.84 < -2.94$이면, H_0 기각
4) 이뷰즈는 이상의 검정을 위한 t^c를 제공
5) H_0 기각하지 못함; 변수들은 공적분되지 않음

비록 t-통계량의 유의성이 5% 임계수준에 가깝지만, 회귀모형의 변수들은 공적분되지 않는다. 따라서 회귀분석의 실행 이전에 네 가지 모든 시계열에 2차 차분을 취하는 것이 허위상관을 회피하기 위한 가장 현명한 방안이다.

○ 용어정의

- 자기회귀 모형- 시차가 있는 종속변수를 독립변수로 사용하는 회귀모형
- 공적분된 변수들 - 회귀모형에서 시계열이 동일한 정도로 불안정적인 경우
- 상관도표 - k 공간만큼 떨어진 관측값들이 연관되어 있는 정도를 보여주는 도표
- 분포시차 모형 - 1개 이상의 설명변수가 1기간 이상의 시차를 갖는 회귀모형
- 1차 차분 - 특정 기간에서 다음 기간까지의 시계열 변화
- 코익 모형 - 가중치가 감소하는 분포시차 모형처럼 사용하기 위한 자기회귀모형
- 2차 차분 - 시계열 변화의 변화
- 허위상관 - 인과관계에 기초한 것이 아니라 통계적 우연의 결과로써 나타나는 변수들 간의 강력한 관련성
- 안정적 변수 - 어떤 주어진 거리만큼 떨어진 관측값들 간에 일정한 평균, 분산, 상관관계를 가진 시계열

12장 연습문제

1. 다음의 회귀모형을 고려하자.

$$M_t = 2.00 - 0.10R_t + 0.70Y_t + 0.60M_{t-1} + e_t$$
$$(0.10) \quad (0.35) \quad (0.10) \quad \leftarrow \text{표준오차}$$
$$R^2 = 0.9 \qquad DW = 1.80 \qquad n = 26$$

여기서, M = $M1$에 대한 수요
R = 10년 만기 국채 이자율
Y = 국민소득

A) 변수들은 예상된 부호로 추정되는가?

풀이 그렇다.

B) 이 회귀모형에는 계열상관이 존재하는지 5단계 절차를 사용해 검정하라.

풀이 1) H_0: 계열상관이 없음 H_a: 계열상관이 존재
2) 5%
3) 만약 $|h| > t^c$이면, H_0 기각 (자유도 = $n-k$)
4) h = (0.1)(5.93) = 0.59; t^c = 2.074
5) H_0 기각하지 못함; 계열상관이 없음

C) 이자율의 변동이 통화수요에 단기적인 영향을 미치는가?

풀이 −0.10

D) 장기적인 영향은 어떻게 나타나는가?

풀이 $\dfrac{\beta_1}{(1-\lambda)} = \dfrac{-0.10}{1-0.60} = -0.25$

2. CONS.XLS의 자료와 통계 소프트웨어를 사용해 다음의 회귀분석을 실행하라.

$$cons_t = \widehat{\beta_0} + \widehat{\beta_1} dpi_t + \widehat{\beta_2} dpi_{t-1} + \widehat{\beta_3} dpi_{t-2} + \widehat{\beta_4} dpi_{t-3} + \cdots + e_t$$

$cons$ – 실질 소비자지출의 변화
dpi – 실질 처분가능소득의 변화

A) 어느 정도의 시차가 적절하다고 생각하는가? 그 이유를 설명하라.
B) 다중공선성은 적정 시차를 가진 회귀모형에서 문제가 되는가? 그 이유를 설명하라.
C) 계열상관은 적정 시차를 가진 회귀모형에서 문제가 되는가? 그 이유를 설명하라.
D) 코익 분포시차 모형을 실행하라. 처분가능소득 변화가 소비자지출에 미치는 단기 영향은 어떻게 나타나는가?
E) 이상의 장기영향은 어떻게 나타나는가?
F) 코익 모형에는 다중공선성이 존재하는가? 그 이유를 설명하라.
G) 코익 모형에는 자기상관이 존재하는가? 그 이유를 설명하라.

3. QLEISCOIN의 자료와 통계 소프트웨어를 사용해 다음의 물음에 답하라.

$COIN$ = 동행 경제지표 종합지수의 변화율
$LEIS$ = 선행 경제지표 종합지수의 변화율

A) $COIN$이 $LEIS$ 및 1~8분기 시차의 $LEIS$에 의해 영향을 받는지 여부를 결정하기 위한 회귀분석를 실행하라. 여러분은 8분기 전의 $LEIS$가 이번 분기 $COIN$을 예측하는 데 도움이 된다고 생각하는가? 그 이유를 설명하라.

풀이 그렇지 않다. $LEIS(-8)$에 대한 부호는 음수이지만 통계적으로 유의하지 않다.

B) 얼마나 많은 $LEIS$의 시차가 $COIN$을 설명하기 위해 사용되어야 하는가? 여러분이 내린 결론의 근거를 설명하라.

풀이 7분기 시차가 적절함(모두 올바른 부호이며, 오직 5분기와 6분기 시차가 유의하지 않음); 6분기 시차가 적절함(모두 올바른 부호이며, 오직 5분기 시차가 유의하지 않음); 5분기 시차는 6분기 시차에 비해 향상되지 않음(모두 올바른 부호이며, 2분기 시차가 유의하지 않음); 4분기와 3분기 시차는 5분기 시차와 동일함; 마지막으로 2분기 시차는 모두 올바른 부호이며 통계적으로 유의함. 따라서 5분기, 6분기, 7분기 시차가 좋은 결과를 제시한다.

C) 여러분이 이상의 B)를 통해 결정한 회귀모형에는 계열상관이 존재하는지 더빈–왓슨

검정의 5단계 절차를 제시하라.

풀이 6분기 시차를 적용한 경우:

1) H_0: 양(+)의 계열상관이 없음 H_a: 양(+)의 계열상관이 존재

2) 5%

3) 만약 $0 < d < d_L$이면, H_0 기각
   만약 $d_L < d < d_U$이면, 판단불가

4) $d = 1.239550$; $d_L = 1.64$; $d_U = 1.83$ ($n = 173$; $k = 8$)

5) H_0 기각; 양(+)의 계열상관이 존재

D) 여러분이 이상의 B)를 통해 결정한 회귀모형에는 계열상관이 존재하는지 라그랑지 승수 검정의 5단계 절차를 제시하라.

풀이 라그랑지 승수 검정(6분기 시차)

1) H_0: 계열상관이 없음 H_a: 계열상관이 존재

2) 5%

3) 만약 $nR^2 > \chi^c$이면, H_0 기각(자유도 = 전기 잔차항의 수 = 1)

4) 30.19793 > 3.84

5) H_0 기각; 계열상관이 존재

E) 여러분이 이상의 B)를 통해 결정한 회귀모형에는 다중공선성이 존재하는가? 여러분의 답은 어떤 근거에 기반을 두는가?

풀이 VIF = 1.370이므로 다중공선성이 약하거나 심하지 않은 수준이다.

F) $COIN/LEIS$ 회귀모형에서 코익 시차구조를 사용하라. 이 회귀모형에는 h 검정에 따라 계열상관이 존재하는가? 5단계 절차를 제시하라.

풀이 1) H_0: 자기상관이 없음 H_a: 자기상관이 존재

$$h = (1 - \frac{d}{2})\sqrt{\frac{n}{1 - n(var(\hat{\beta}))}} \qquad h = (1 - \frac{2.13}{2})\sqrt{\frac{178}{1 - 178(0.05^2)}} = -1.16$$

2) 5%

3) 만약 $|h| > t^c$이면, H_0 기각(자유도 = $n - k$)

4) $|h| = 1.16$; $t^c = 1.984$ (자유도 = 178 − 3; 자유도 = 100 적용)

5) H_0 기각하지 못함; 자기상관이 없음

G) $COIN/LEIS$ 회귀모형에서 코익 시차구조를 사용하라. 이 회귀모형에는 라그랑지 승수 검정에 따라 계열상관이 존재하는가? 5단계 절차를 제시하라.

풀이 1) H_0: 계열상관이 없음 H_a: 계열상관이 존재

2) 5%

3) 만약 $nR^2 > \chi^c$이면, H_0 기각 (자유도 = 전기 잔차항의 수 = 1)

4) 5.808074 > 3.84

5) H_0 기각; 계열상관이 존재

H) $COIN/LEIS$ 회귀모형에서 코익 시차구조를 사용하라. 이 회귀모형에는 다중공선성이 존재하는가? 여러분의 답은 어떤 근거에 기반하는가?

풀이 VIF = 1.010이므로 다중공선성이 심하지 않은 수준이다.

I) 코익 모형에 따르면, $LEIS$의 1단위 증가는 단기적으로 $COIN$이 얼마만큼 더 높아지거나 혹은 낮아진다는 것을 의미하는가?

풀이 0.327359만큼 더 높아진다.

J) 장기적으로 $LEIS$의 1단위 증가는 $COIN$이 종국적으로 얼마만큼 변동할지를 의미하는가?

풀이 $\frac{\beta_1}{(1-\lambda)} = \frac{0.33}{(1-0.603959)} = 0.83$

4. MACRO.XLS의 자료와 통계 소프트웨어를 사용해 실질 처분가능 개인소득($RDPI$)의 변화가 실질 소비자지출($RCONS$)의 변화보다 먼저 발생하는지 혹은 그 반대 방향으로 발행하는지를 두 변수의 8 시차 기간을 적용해 결정하라.

A) $RDPI$가 $RCOIN$을 선행하지 않는다는 귀무가설이 5% 임계수준에서 기각되는가?

B) $RDPI$가 $RCOIN$을 선행하지 않는다는 귀무가설이 10% 임계수준에서 기각되는가? 그 이유를 설명하라.

C) $RCOIN$이 $RDPI$를 선행하지 않는다는 귀무가설이 5% 임계수준에서 기각되는가?

D) $RCOIN$이 $RDPI$를 선행하지 않는다는 귀무가설이 10% 임계수준에서 기각되는가? 그 이유를 설명하라.

5. QLEISCOIN의 자료와 통계 소프트웨어를 사용해 선행 경제지표($LEIS$)의 변화가 동행지표($COIN$)의 변화에 비해 선행해서 나타나는지 결정하기 위한 그랜저 검정을 수행하라.

A) 6 시차 기간을 사용해 $LEIS$의 변화가 $COIN$의 변화에 비해 선행하지 않는다는 그랜저 검정의 5단계 절차를 제시하라.

풀이 Pairwise Granger Causality Tests

Sample: 1959:1 2003:4

Lags: 6

Null Hypothesis	Obs	F-Statistic	Probability
$COIN$ does not Granger Cause $LEIS$	173	8.00292	1.5E-07
$LEIS$ does not Granger Cause $COIN$		15.6394	4.4E-14

1) H_0 : $LEIS$가 $COIN$을 선행하지 않음　　H_a : $LEIS$는 $COIN$을 선행함

2) 5%

3) 만약 $F > F^c$이면, H_0 기각

4) 15.6394 vs 2.18 (분자의 자유도 = $R = 6$; 분모의 자유도 = $n - k = 173 - 13 = 160$; 120 적용)

5) H_0 기각; $LEIS$의 변화는 $COIN$의 변화를 선행

B) 6 시차 기간을 사용해 $COIN$의 변화가 $LEIS$의 변화에 비해 선행하지 않는다는 그랜저 검정의 5단계 절차를 제시하라.

풀이 1) H_0 : $COIN$은 $LEIS$를 선행하지 않음　　H_a : $COIN$은 $LEIS$를 선행함

2) 5%

3) 만약 $F > F^c$이면, H_0 기각

4) 8.00292 vs 2.18 (분자의 자유도 = $R = 6$; 분모의 자유도 = $n - k = 173 - 13 = 160$; 120 적용)

5) H_0를 기각; $COIN$의 변화는 $LEIS$의 변화를 선행

Dependent Variable: LEIS

Method: Least Squares

Date: 04/16/10　　Time: 08:47

Sample(adjusted): 1960:4 2003:4

Included observations: 173 after adjusting endpoints

Variable	Coefficient	Std. Error	t-Statistic	Prob.
C	0.523021	0.131798	3.968344	0.0001
COIN(-1)	-0.990878	0.175292	-5.652734	0.0000
COIN(-2)	-0.051971	0.200176	-0.259625	0.7955
COIN(-3)	-0.119829	0.189817	-0.631286	0.5288
COIN(-4)	0.098743	0.178740	0.552438	0.5814

COIN(−5)	−0.052785	0.165461	−0.319020	0.7501
COIN(−6)	0.179148	0.144364	1.240950	0.2164
LEIS(−1)	0.653975	0.092049	7.104657	0.0000
LEIS(−2)	0.176288	0.109281	1.613163	0.1087
LEIS(−3)	0.277366	0.109328	2.537014	0.0121
LEIS(−4)	−0.019450	0.105757	−0.183911	0.8543
LEIS(−5)	0.125042	0.102509	1.219815	0.2243
LEIS(−6)	0.024625	0.085896	0.286678	0.7747
R−squared	0.438093	Mean dependent var		0.394833
Adjusted R−squared	0.395950	S.D. dependent var		1.183041
S.E. of regression	0.919467	Akaike info criterion		2.742126
Sum squared resid	135.2672	Schwarz criterion		2.979079
Log likelihood	−224.1939	F−statistic		10.39538
Durbin−Watson stat	1.975072	Prob(F−statistic)		0.000000

Dependent Variable: LEIS
Method: Least Squares
Date: 04/16/10 Time: 08:49
Sample(adjusted): 1960:4 2003:4
Included observations: 173 after adjusting endpoints

Variable	Coefficient	Std. Error	t−Statistic	Prob.
C	0.250640	0.089861	2.789191	0.0059
LEIS(−1)	0.508384	0.077577	6.553257	0.0000
LEIS(−2)	−0.068384	0.087131	−0.784839	0.4337
LEIS(−3)	0.140603	0.085915	1.636523	0.1036
LEIS(−4)	−0.196359	0.085897	−2.285992	0.0235
LEIS(−5)	−0.011192	0.086981	−0.128668	0.8978
LEIS(−6)	−0.013386	0.077324	−0.173115	0.8628
R−squared	0.369459	Mean dependent var		0.394833
Adjusted R−squared	0.243054	S.D. dependent var		1.183041
S.E. of regression	1.029277	Akaike info criterion		2.935211
Sum squared resid	175.8621	Schwarz criterion		3.062800
Log likelihood	−246.8957	F−statistic		10.20483
Durbin−Watson stat	1.993804	Prob(F−statistic)		0.000000

$$F=\frac{(SSR_R-SSR)/R}{SSR/(n-k)}=\frac{(175.8621-135.2672)/6}{135.2672/(173-13)}=\frac{6.7658}{0.84542}=8.0029059$$

C) 여러분은 이상의 A)와 B)의 결과를 바탕으로 *LEIS*의 변화가 *COIN*의 변화에 비해 선행한다고 명확히 결론내릴 수 있는가?

풀이 명확한 결론을 내릴 수 없다.

D) 10 시차 기간을 사용하면, 이상의 C)에 대한 여러분의 답변은 변하는가?

풀이 그렇지 않다.

Pairwise Granger Causality Tests
Sample: 1957:1 2003:4
Lags: 10

Null Hypotheses:	Obs	F-Statistic	Probability
COIN does not Granger Cause *LEIS*	169	4.36968	2.3E-05
LEIS does not Granger Cause *COIN*		10.9508	8.0E-14

E) 12 시차 기간을 사용하면, 이상의 C)에 대한 여러분의 답변은 변하는가?

풀이 변하지 않는다.

Pairwise Granger Causality Tests
Sample: 1959:1 2003:4
Lags: 12

Null Hypotheses:	Obs	F-Statistic	Probability
COIN does not Granger Cause *LEIS*	167	4.01460	2.4E-05
LEIS does not Granger Cause *COIN*		9.44066	2.8E-13

6. 다음의 회귀모형에는 역 인과관계의 문제점이 있는지 확인하기 위해 MACRO.XLS의 자료와 통계 소프트웨어를 사용한 그랜저 검정을 수행하라.

$$RGDP_t = \widehat{\beta}_0 + \widehat{\beta}_1 RINV_t + e_t$$

여기서, $RGDP$는 실질 GDP
$RINV$는 플랜트와 장비에 대한 실질 기업지출

이상의 회귀모형에는 역 인과관계의 문제점이 발생하는가? 여러분이 내린 결론의 근거를 설명하라.

7. $M2$의 변화가 $INFL$에 그랜져 영향을 미치는지 혹은 그 반대 방향으로 작용하는지 확인하기 위해 MACRO.XLS의 자료와 통계 소프트웨어를 사용한 그랜저 검정을 수행하라.

A) 적절한 시차의 기간은 어떻게 나타나는가? 그 이유를 설명하라.

풀이 낮은 시차(2~4)에서는 거의 가깝게 유의한 것으로 나타나지만, 적어도 12 시차까지는 어떤 시차에서도 가설이 기각되지 않는다.

B) 여러분은 어떻게 결론을 내릴 수 있는가? 그 이유를 설명하라.

풀이 거의 모든 시차의 기간에서 가설이 기각되지 않기 때문에 $M2$의 변화가 $INFL$을 선행하지 않으며 그 반대의 경우도 성립하는 것처럼 나타난다.

8. 다음에 제시된 일련의 변수들 중에서 허위상관이 존재할 가능성이 가장 큰 변수들은?

A) 미국의 인구와 다우존스 산업평균지수
B) GDP와 실업률
C) 인플레이션율과 정부지출
D) 통화공급의 변화와 연방기금금리

9. MACRO.XLS의 자료와 통계 소프트웨어를 사용하라. 다음의 변수 중 일정하지 않은 평균 혹은 일정하지 않은 분산으로 인해 불안정적으로 나타나는 것은? 각 변수에 대한 그래프를 그리고 일정하지 않은 것이 평균 혹은 분산인지, 둘 다인지, 혹은 둘 다 아닌지 제시하라.

A) 실질 투자($RINV$)

풀이 일정하지 않은 평균와 분산(?)으로 불안정적

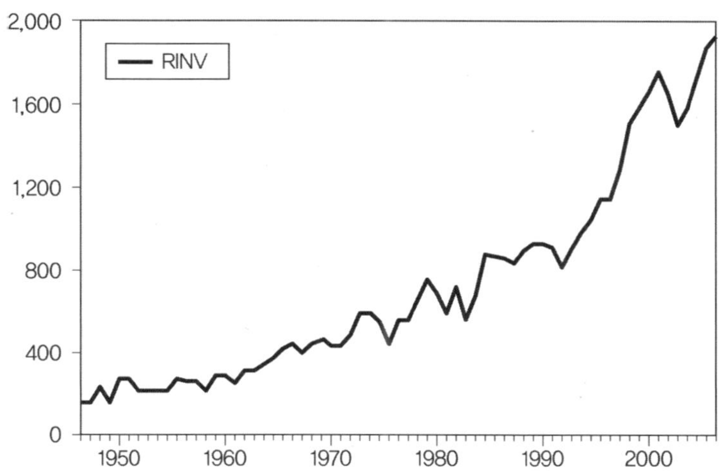

B) 실질 투자의 1차 차분

풀이 안정적 혹은 일정하지 않은 분산으로 불안정적

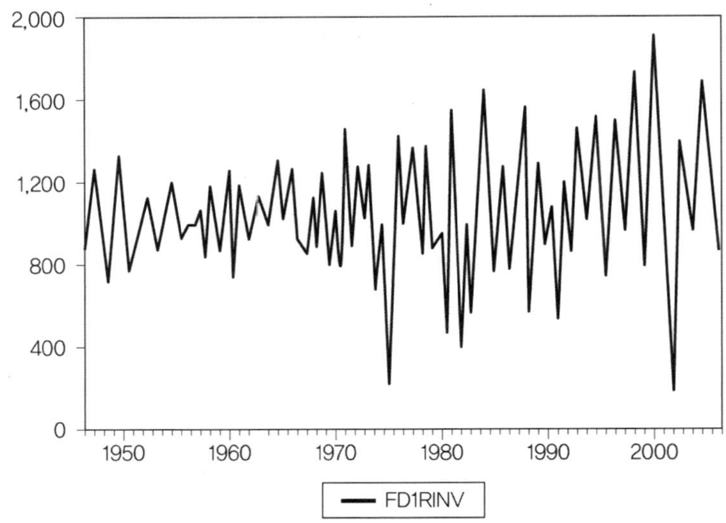

C) 실질 투자의 2차 차분

풀이 안정적 혹은 일정하지 않은 분산으로 불안정적

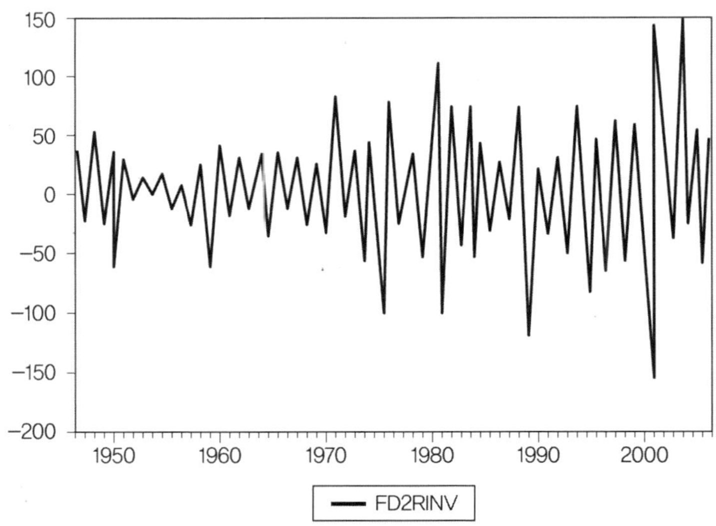

D) 통화공급($M2$)의 1차 차분

풀이 일정하지 않은 평균과 분산으로 불안정적

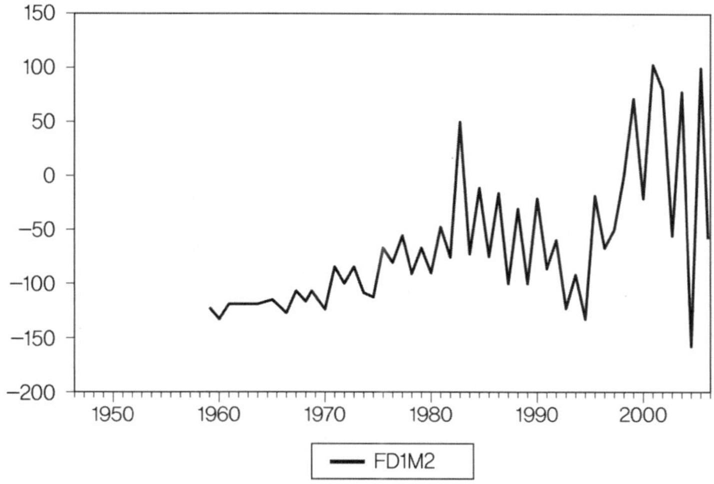

E) AAA 회사채(AAA) 이자율

풀이 일정하지 않은 평균으로 불안정적

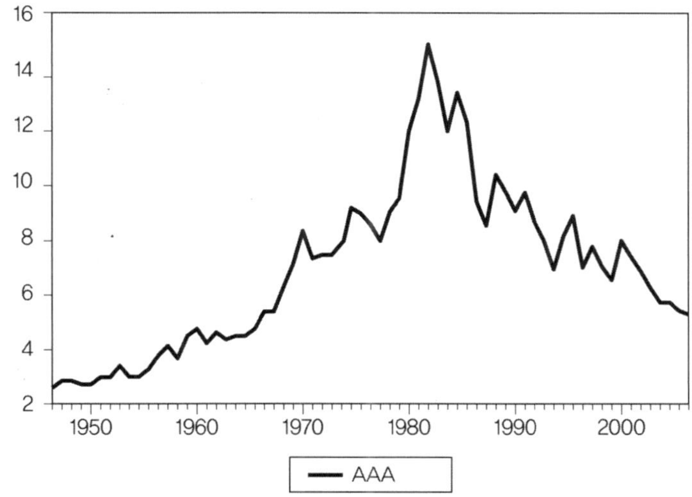

10. 이상의 변수들 중에서 자기상관 함수를 기반으로 불안정적으로 나타나는 것은? 각 변수에 대해 자기상관 함수를 작성하고, 변수들이 안정적인지, 불안정적인지, 혹은 불확실한지 제시하라.

11. 이상의 변수들 중 디키-플러 검정에 따라 어떤 변수가 불안정적인가? 각 검정에 대해 5단계 절차를 제시하라.

풀이 A) 실질 투자($RINV$)

ADF Test Statistic	2.548323	1% Critical Value* 5% Critical Value 10% Critical Value	−3.4597 −2.8739 −2.5733

1) $H_0 : \beta_1 = 0$(X는 불안정적) $H_a : \beta_1 < 0$(X는 안정적)
2) 5%
3) 만약 $t-$통계량 $< -t^{c^*}$이면, H_0 기각
4) 2.548323 > −2.8739
5) H_0를 기각하지 못함; $RINV$는 불안정적

B) 실질 투자의 1차 차분

ADF Test Statistic	−12.72571	1% Critical Value* 5% Critical Value 10% Critical Value	−3.4598 −2.8740 −2.5733

1) $H_0 : \beta_1 = 0$(X는 불안정적) $H_a : \beta_1 < 0$(X는 안정적)
2) 5%
3) 만약 $t-$통계량 $< -t^{c^*}$이면, H_0 기각
4) −12.72571 < −2.8740
5) H_0 기각; $FD1RINV$는 안정적

C) 실질 투자의 2차 차분

ADF Test Statistic	−26.49940	1% Critical Value* 5% Critical Value 10% Critical Value	−3.4599 −2.8740 −2.5734

1) $H_0 : \beta_1 = 0$(X는 불안정적) $H_a : \beta_1 < 0$(X는 안정적)

2) 5%

3) 만약 $t-$통계량 $< -t^{c*}$이면, H_0 기각

4) −26.49940 < −2.8740

5) H_0 기각; $FD2RINV$는 안정적

D) 화폐 공급($M2$)의 1차 차분

ADF Test Statistic	−4.709242	1% Critical Value* 5% Critical Value 10% Critical Value	−3.4667 −2.8771 −2.5750

1) $H_0 : \beta_1 = 0$(X는 불안정적) $H_a : \beta_1 < 0$(X는 안정적)

2) 5%

3) 만약 $t-$통계량 $< -t^{c*}$이면, H_0 기각

4) −4.709242 < −2.8771

5) H_0 기각; $FD1M2$ 안정적

E) AAA 회사채(AAA)에 대한 이자율

ADF Test Statistic	−1.432218	1% Critical Value* 5% Critical Value 10% Critical Value	−3.4597 −2.8739 −2.5733

1) $H_0 : \beta_1 = 0$(X는 불안정적) $H_a : \beta_1 < 0$(X는 안정적)

2) 5%

3) 만약 $t-$통계량 $< -t^{c*}$이면, H_0 기각

4) −1.432218 > −2.8739

5) H_0 기각하지 못함; AAA는 불안정적

12. RGDP.XLS의 자료를 사용해 확장된 디키-플러 검정을 실질 GDP($rgdp$)와 $rgdp$의 1차 차분에 적용하라. 각 검정에 대해 5단계 절차를 제시하라.

13. AJ.XLS의 자료를 사용해 상수항, 시차 적용된 통화공급($m2$)과 표준화된 연방정부 재정적자(fp)가 명목 GDP($ngdp$)에 미치는 영향에 대해 회귀분석을 실행한 것으로 유명한 안데르센-조던(Andersen-Jordan) 연구를 다시 실행하라.

$$ngdp_t = \widehat{\beta_0} + \widehat{\beta_1} m2_{t-1} + \widehat{\beta_2} fp_{t-1} + e_t$$

A) 어떤 설명변수가 명목 GDP에 더 큰 영향을 미치는가? 여러분의 대답에 대한 근거를 제시하라.

풀이 오직 $m2$ 추정계수가 통계적으로 유의하다.

B) 회귀모형에서 어떤 변수들이 불안정적인가? 그 이유를 설명하라.

풀이 선 그래프로는 판단하기 힘들다. 상관도표는 $m2$와 $ngdp$의 1차 차분이 불안정적이라고 제시한다. 또한 디키-플러 검정은 $m2$와 $ngdp$의 1차 차분이 불안정적임을 나타낸다.

C) 회귀모형에서 변수들 간의 공적분을 검정하라. 디키-플러 검정의 5단계 절차를 제시하라.

풀이 1) $H_0 : \beta_1 = 0$(e_t는 불안정적)　　$H_a : \beta_1 < 0$(e_t는 안정적)

2) 5%

3) 만약 $t-$통계량 $< -t^{c^*}$이면, H_0 기각

4) −3.11 < −2.9350

5) H_0 기각; 변수들은 공분적됨

12장 자체평가

1. 다음과 같은 회귀분석 결과가 주어진다.

Dependent Variable: WHY
Method: Least squares
Sample(adjusted): 1960 2001
Included observations: 42 after adjusting endpoints

Variable	Coefficient	Std. Error	t–Statistic	Prob.
C	−179.2567	163.7257	−1.094860	0.2803
EX	0.259430	0.091487	2.835696	0.0072
WHY(−1)	0.739760	0.198066	3.734916	0.0034
R-squared	0.997038	Mean dependent var		14665.26
Adjusted R-squared	0.996886	S.D. dependent var		4023.018
S.E. of regression	224.5044	Akaike info criterion		13.73442
Sum squared resid	1965686.	Schwarz criterion		13.85854
Log likelihood	−285.4227	F-statistic		6563.263
Durbin-Watson stat	0.866017	Prob(F-statistic)		0.000000

A) WHY에 대한 EX의 단기 영향은?

풀이 0.259430

B) WHY에 대한 EX의 장기 영향은?

풀이 0.259430 / (1 − 0.739760) = 0.99688

C) 이 회귀모형에는 더빈의 h 검정에 따라 계열상관이 존재하는가? 5단계 절차를 제시하라.

$$h = \left(1 - \frac{d}{2}\right)\sqrt{\frac{n}{1 - n(var(\hat{\beta}))}}$$

풀이 1. H_0: 자기상관이 없음　　　　　　　　　　H_a: 자기상관이 존재

2. 5%
3. 만약 $|h| > t^c$이면, H_0 기각 (자유도 = $n-k$)
4. h = 정의되지 않음; t^c = 2.042 (자유도 = 42 − 3; 자유도 = 30 적용)
5. H_0 기각하지 못함; 자기상관이 없음

$$h = \left(1 - \frac{d}{2}\right)\sqrt{\frac{n}{1 - n(var(\hat{\beta}))}}$$

$$h = \left(1 - \frac{0.866017}{2}\right)\sqrt{\frac{42}{1 - 42(0.198066^2)}} = \text{정의되지 않음}$$

D) 이 회귀모형에는 라그랑지 승수 검정에 따라 계열상관이 존재하는가? 5단계 절차를 제시하라.

Breusch−Godfrey Serial Correlation LM Test

F−statistic	20.57279	Probability	0.000056
Obs×R−squared	14.75185	Probability	0.000123

Test Equation:

Dependent Variable: RESID

Method: Least Squares

Date: 02/26/03　Time: 15:29

Presample missing value lagged residuals set to zero.

Variable	Coefficient	Std. Error	t−Statistic	Prob.
C	−93.87846	135.1921	−0.694408	0.4917
EX	0.104824	0.078148	1.341348	0.1878
WHY(−1)	−0.113005	0.083810	−1.348355	0.1855
RESID(−1)	0.622442	0.137231	4.535724	0.0001

풀이 1. H_0: 계열상관이 없음　　　　　　　　　　H_a: 계열상관이 존재

2. 5%
3. 만약 $nR^2 > \chi^c$이면, H_0 기각(자유도 = k (보조 회귀모형으로부터) − 1)
4. 14.75185 > 7.81
5. H_0 기각; 계열상관이 존재

E) 회귀모형에는 계열상관이 존재한다고 가정하자. 이때 심각한 문제점은 무엇인가?

풀이 편의된 추정량(또한 잔차 통계량)

2. A) 2개의 독립변수에 2기간의 시차를 사용해 닭이 달걀보다 먼저인지 검정하기 위한 그랜저 방정식을 작성하라.

풀이 $EGG_t = b_0 + b_1 EGG_{t-1} + b_2 EGG_{t-2} + b_3 CHICK_{t-1} + b_4 CHICK_{t-2} + e_t$

B) 다음의 이뷰즈 결과물이 주어질 때 닭이 달걀보다 먼저인가? 여러분은 이상의 내용을 어떻게 판단할 수 있는지 설명하라.

Pairwise Granger Causality Tests
Sample: 1951 1994
Lags: 2

Null Hypothesis:	Obs	F-Statistic	Probability
$CHICK$ does not Granger Cause EGG	42	0.09849	0.04644
EGG does not Granger Cause $CHICK$		12.55461	0.17900

풀이 그렇다. 우리는 5% 임계수준에서 닭($CHICK$)이 달걀(EGG)보다 선행하지 않는다는 가설을 기각할 수 있다. 그러나 우리는 달걀이 닭보다 선행하지 않는다는 가설을 기각하지 못한다.

3. $M1$($FDM1$)의 1차 차분은 안정적인가? 다음의 이뷰즈 결과물을 바탕으로 5단계 절차를 제시하라.

ADF Test Statistic	−0.615077	1% Critical Value*	−3.7667
		5% Critical Value*	−3.0038
		10% Critical Value*	−2.6417

$FDM1$에 대한 단위근 검정

풀이 1. H_0: $\beta_1 = 0$ ($FDM1$은 불안정적) H_a: $\beta_1 < 0$ ($FDM1$은 안정적)
2. 5%
3. 만약 $t-$통계량 $< -t^{c*}$이면, H_0 기각
4. −0.615077 > −3.0038
5. H_0 기각하지 못함; $FDM1$은 불안정적

4. A) 한 변수가 안정적이기 위한 세 가지 조건을 열거하라.

풀이 1) X의 평균이 시간의 흐름에 일정하다.
2) X의 분산이 시간의 흐름에 일정하다.
3) X_t와 X_{t-k} (모든 k에 대해) 간의 상관관계가 일정하다.

B) 허위상관의 의미는?

풀이 인과관계에 기초한 것이 아니라 통계적 우연의 결과로써 변수들 간의 강력한 관계

5. A) "그랜저 인과관계"란?

풀이 어떤 시계열의 변동이 다른 시계열의 변동을 선행(먼저 발생)

B) 회귀모형에서 독립변수가 종속변수에 "그랜저 영향(Granger-causing)"을 미치는 결과는 어떤 의미일까?

풀이 추정량들이 편의된다.

6. A) 항상소득가설이란?

풀이 소비는 기대되는 미래의 예상소득에 가장 크게 의존한다.

B) 항상소득가설을 검정하기 위한 코익 모형을 설정하고, 이 회귀모형이 가설 검정인 이유를 설명하라.

풀이 $CON_t = \beta_0 + \beta_1 DPI_t + \beta_2 CON_{t-1}$
만약 β_2가 양수이고 유의하다면, CON_t는 항상소득의 측정치이며 기하학적으로 감소하는 가중치를 가진 시차에서 DPI에 의존함을 의미한다.

7. A) 2개의 불안정적 시계열은 허위상관되어 있을 가능성이 높은 이유를 설명하라.

풀이 시계열 A가 시계열 B를 발생시키지 않는다고 가정한다. 그러나 A와 B 모두 상승하는 추세를 나타내면 이들은 양의 상관계수를 갖게 된다.

B) 불안정적 변수들을 사용하는 회귀모형에는 어떤 문제점이 있는가?

풀이 추정량과 잔차 통계량이 편의된다.

8. A) A의 변화가 B의 변화보다 앞서 이루어지는지 결정하기 위한 그랜저 회귀모형을 작성하라. 이때 2 기간의 시차를 가정하라.

풀이 $B_t = b_1 + b_2 B_{t-1} + b_3 B_{t-2} + b_4 A_{t-1} + b_5 A_{t-2} + e_t$

B) A의 변화가 B의 변화보다 앞서 이루어진다고 결론내리기 이전에 역 그랜저 검정을 실행해야 하는 중요한 이유는 무엇인가?

풀이 왜냐하면 B가 A보다 앞서 이루어지면 우리는 그랜저 검정에도 불구하고 A가 B보다 선행한다는 것을 확실하게 결론 내릴 수 없기 때문이다. 이 경우 선행관계는 판단하기 어렵다(불명확하다).

9. A) 안정적 변수의 상관도표(자기상관 함수)를 그려라(그림의 축에 명칭을 기명하라.).

풀이

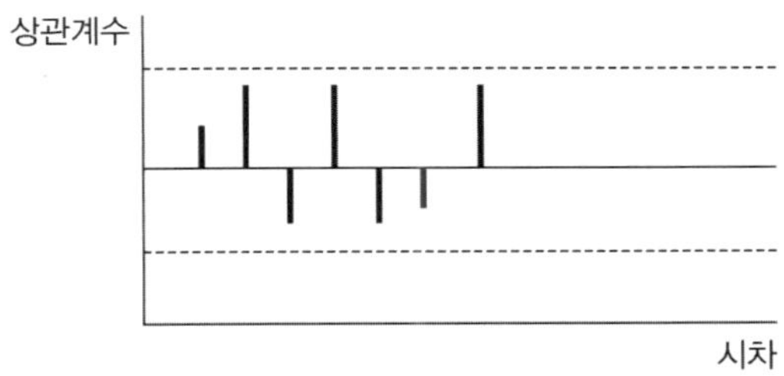

B) 불안정적 변수의 상관도표(자기상관 함수)를 그려라.

풀이

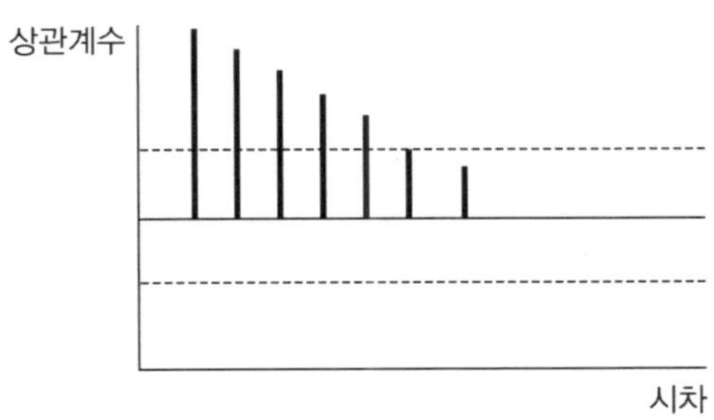

10. A) 공적분이란?

풀이 동일한 정도로 불안정적 변수들

B) $Y_t = \beta_0 + \beta_1 X_t + e_t$에서 Y와 X가 공적분되어 있는지를 어떻게 결정할 수 있는지 서술하라. 이때 관련이 있는 디키-플러 회귀모형을 제시하라.

풀이
- 회귀분석의 실행: $Y_t = \beta_0 + \beta_1 X_t + e_t$
- 디키-플러 회귀분석의 실행 : $(e_t - e_{t-1}) = \beta_0 + \beta_1 e_{t-1} + z_t$
- β_1에 대해 음의 부호 검정의 수행

1) H_0: $\beta_1 = 0$ (e_t는 불안정적) H_a: $\beta_1 < 0$ (e_t는 안정적)
   (X와 Y는 공적분되지 않음) (X와 Y는 공적분됨)

2) 5%

3) 만약 t − 통계량 < $-t^{c*}$이면, H_0 기각

4) t–통계량은 일반적 값이지만, t^{c*}는 통상 t–분포표의 t^c보다 약 60% 더 큼. n이 무한대로 나아감에 따라 t^{c*}는 더 높은 수준에서 2.86으로 접근함.

5) 검정 결과 설명

PART 13

회귀모형을 이용한 예측

13.1 회귀모형을 이용한 점 예측

회귀모형은 예측을 하는 데 쉽게 활용된다. 우리는 다양한 경영전문대학원(MBA)을 졸업한 학생들의 평균 초봉 차이를 설명하는 모형이 다음과 같다고 가정한다.

$$MBAPAY_i = \widehat{\beta}_0 + \widehat{\beta}_1 AVGMAT_i + \widehat{\beta}_2 ACRATE_i + e_i$$

여기서, $MBAPAY_i = i$ 경영전문대학원 학생의 평균 초봉

$AVGMAT_i = i$ 경영전문대학원 학생의 평균 입학시험(GMAT) 점수

$ACRATE_i = i$ 경영전문대학원의 합격률

이 모형의 구조적 모수를 추정하기 위해 통상 최소제곱을 적용한 결과는 다음과 같다.

$$MBAPAY_i = 679.83 + 146.12\,AVGMAT_i - 489.53\,ACRATE_i + e_i$$
$$(0.01) \qquad (2.08) \qquad\qquad (-3.30)$$
$$SER = 6383.53 \qquad R^2 = 0.66 \qquad n = 46$$

우리가 하버드대학교(Harvard University)의 평균 GMAT 점수($AVGMAT = 708$)와 합격률($ACRATE = 11$)을 알고 있다면, 이상의 회귀분석 결과를 이용해 하버드대학교를 최근 졸업한 MBA 학생들의 초봉을 예측할 수 있다. 즉 이상의 회귀분석 결과는 하버드대학교 출신 MBA 학생들의 평균 초봉을 다음과 같이 예측한다.

$$FORE(MBAPAY_i) = 679.83 + 146.12\,AVGMAT_i - 489.53\,ACRATE_i$$
$$FORE(MBAPAY_{Harvard}) = 679.83 + 146.12(708) - 489.53(11) = 98,454\$$$

하버드대학교 출신 MBA 학생들의 실제 평균 초봉은 105,896$였기 때문에 이상의 예측은 실제값보다 낮게 나타난다. 예측오차는 다음과 같이 계산된다.

$$e_i = Y_i - \widehat{Y}_i$$
$$7,442\$ = 105,896\$ - 98,454\$$$

우리는 이상의 예측에서 다음의 두 가지 사항을 인식해야 한다.

1) 이 예측은 값의 범위가 아닌 하나의 특정 값을 제시하기 때문에 "점" 예측이다.
2) 이 예측은 "외표본"(out-of-sample) 예측이다. 왜냐하면 하버드대학교의 자료는 구조적 모수를 추정할 때 사용되지 않았기 때문이다.

13.2 회귀모형을 이용한 구간 예측

하버드대학교 MBA 학생들의 평균 초봉에 대한 구간 예측을 위해 우리는 앞서 진행한 점 예측에 대한 신뢰구간을 설정해야 한다.

$$FORE\ -/+\ SERF(t^c)$$

여기서, $FORE$는 점 예측
$SERF$는 예측의 표준오차
t^c는 t 임계값(자유도$=n-k=46-3=43$)

단순회귀모형(1개의 설명변수)을 이용한 예측을 위해 요구되는 예측 표준오차는 다음과 같이 계산된다.

$$SERF = SER\sqrt{1 + \frac{1}{n} + \frac{(X_f - \overline{X})}{\sum(X_i - \overline{X})^2}}$$

여기서, SER는 회귀분석의 표준오차
X_f는 예측에 사용한 X의 값

다중회귀모형(여러 개의 설명변수)을 이용한 예측 표준오차 계산식은 단순회귀모형의 경우에 비해 훨씬 복잡하고 설명변수의 개수에 따라 달라진다.

예측 구간을 계산할 때 예측의 표준오차에 대한 근사값으로 회귀분석의 표준오차가 종종 이용된다.

예측 표준오차의 정확한 값을 이용한 95% 신뢰구간:

98,454$ −/+ 6,661.56 (2.017)   85,018$ − 111,890$

예측 표준오차의 정확한 값을 이용한 90% 신뢰구간:

98,454$ −/+ 6,661.56 (1.681)   87,256$ − 109,652$

우리가 아직 실제값이 105,896$라는 사실을 모른다고 가정하면, 하버드대학교 MBA 학생들의 평균 초봉은 85,018$에서 111,890$ 사이가 될 것으로 95% 확신할 수 있다. 그리고 90%의 확신으로는 87,256$에서 109,652$ 사이에 실제값이 포함된다.

우리는 이상의 결과를 보다 엄밀하게 표현할 수 있다. 즉 우리가 무수히 많은 반복시행을 통해 예측구간을 계산하면, 그 중에서 95%(혹은 90%)가 평균 초봉의 실제값을 포함한다.

다음은 이상의 결과와 비교를 위해 예측 표준오차가 아닌 회귀분석의 표준오차를 사용해 신뢰구간을 계산한 결과이다.

회귀모형의 표준오차를 이용한 95% 신뢰구간:

98,454$ −/+ 6,383.58 (2.017)   85,578$ − 111,330$

회귀모형의 표준오차를 이용한 90% 신뢰구간:

98,454$ −/+ 6,383.58 (1.681)   87,723$ − 109,185$

이상의 모든 신뢰구간들에서 점 예측값을 더하고 뺀 값의 크기는 “오차범위”이다. 이미 살펴보았듯이, 정확한 예측 표준오차를 이용해 계산한 하버드대학교 MBA 학생들의 평균 초봉에 대한 예측의 95% 신뢰구간은 다음과 같다.

98,454$ −/+ 6,661.56 (2.017)   85,018$ − 111,890$

이때 6,661.56 (2.017)의 계산 결과가 오차범위이다. 따라서 우리는 하버드대학교 MBA 학생들의 평균 초봉에 대한 예측값이 98,454$이고, 오차범위는 13,436$(= 6,661.56 × 2.017)라고 제시할 수 있다. 오차범위는 정상적인 경우 예측 오차에 대한 크기를 나타낸다.

13.3 내표본 예측

만약 회귀모형을 추정할 때 하버드대학교의 자료가 포함된다면, 앞의 내용들은 조금 달라진다.

$$MBAPAY_i = \widehat{\beta_0} + \widehat{\beta_1} AVGMAT_i + \widehat{\beta_2} ACRATE_i + e_i$$

여기서, $MBAPAY_i = i$ 경영전문대학원 학생의 평균 초봉
$AVGMAT_i = i$ 경영전문대학원 학생의 평균 입학시험(GMAT) 점수
$ACRATE_i = i$ 경영전문대학원의 합격률

이 모형의 구조적 모수를 추정하기 위해 통상 최소제곱을 적용한 결과는 다음과 같다.

하버드대학교 자료 포함

$$MBAPAY_i = -296.16 + 148.67 AVGMAT_i - 508.38 ACRATE_i + e_i$$
$$(-0.01) \quad (2.12) \quad (-3.44)$$
$$SER = 6401.49 \qquad R^2 = 0.68 \qquad n = 47$$

하버드대학교 자료 불포함

$$MBAPAY_i = 679.83 + 146.12 AVGMAT_i - 489.53 ACRATE_i + e_i$$
$$(0.01) \quad (2.08) \quad (-3.30)$$
$$SER = 6383.53 \qquad R^2 = 0.66 \qquad n = 46$$

앞선 절들에서는 "하버드대학교 자료 불포함" 결과를 사용한 점 예측과 구간 예측이며, 그 예측 결과들은 모두 "외표본"에 기초한다. 만약 우리가 "하버드대학교 자료 포함" 회귀분석 결과를 이용해 점 예측을 수행하면, 그 결과는 다음과 같은 "내표본"(in-sample) 예측이다.

$$FORE(MBAPAY_i) = -296.16 + 148.67\,AVGMAT_i - 508.38\,ACRATE_i$$
$$FORE(MBAPAY_{Harvard}) = -296.16 + 148.67\,(708) - 508.38\,(11) = 99{,}062\$$$

외표본 예측과 같이 내표본 예측의 결과도 하버드대학교 MBA 학생들의 실제 평균 초봉인 105,896$에 비해 작게 나타난다. 예측 오차는 다음과 같다.

$$e_i = Y_i - \widehat{Y}_i$$
$$6{,}834\$ = 105{,}896\$ - 99{,}062\$$$

신뢰구간의 계산법은 이전의 경우와 동일하며, 일부의 세부 사항만 상이하다.

$$FORE\ -/+\ SERF(t^c)$$

여기서, $FORE$는 점 예측값
$SERF$는 예측의 표준오차
t^c는 t 임계값(자유도$=n-k=47-3=44$)

예측 표준오차의 정확한 값을 이용한 95% 신뢰구간:
99,062$ −/+ 6,657.96 (2.015)　　85,646$ − 112,478$
예측 표준오차의 정확한 값을 이용한 90% 신뢰구간:
99,062$ −/+ 6,657.96 (1.680)　　88,308$ − 109,817$
회귀분석의 표준오차를 이용한 95% 신뢰구간:
99,062$ −/+ 6,401.49 (2.015)　　86,163$ − 111,961$
회귀분석의 표준오차를 이용한 90% 신뢰구간:
99,062$ −/+ 6,401.49 (1.680)　　88,308$ − 109,817$

우리가 아직 실제값이 105,896$이라는 사실을 모른다고 가정하면, 하버드대학교 MBA 학생들의 평균 초봉은 86,163$에서 111,961$ 사이가 될 것으로 95% 확신할 수 있다. 그리고 90%의 확신으로는 88,308$에서 109,817$ 사이에 실제값이 포함된다.

우리는 이상의 결과를 보다 엄밀하게 표현할 수 있다. 즉 우리가 무수히 많은 반복시행을 통해 예측구간을 계산하면, 그 중에서 95%(혹은 90%)가 평균 초봉의 실제값을 포함한다.

13.4 예측 정확도 측정

예측의 정확도를 측정하기 위한 다양한 통계량이 이용 가능하다.

평균 제곱근오차(Root Mean Squared Error, RMSE)

$$RMSE = \sqrt{\frac{1}{n}\Sigma(Y_t - \widehat{Y_t})^2}$$

여기서, Y는 Y의 실제값
$\widehat{Y}$ 는 Y의 예측값
n은 예측된 값들의 개수

이는 가장 널리 알려진 예측 정확도의 측정방법이다. 예측오차는 모든 값이 양수가 되도록 각 예측오차들을 제곱한 이후 평균을 계산한다. 마지막으로 값이 원래의 척도에 부합하도록 제곱근을 취한다. 우리는 작은 RMSE 값을 기대하지만, 이때 작다는 개념은 상대적이다. 일반적으로 RMSE는 Y의 평균을 기준으로 평가된다.

평균 절대편차(Mean Absolute Deviation, MAD)

$$MAD = \frac{1}{n}\Sigma\left| Y_t - \widehat{Y_t} \right|$$

이 방법은 RMSE와 거의 유사하고, 예측오차에 제곱 대신 절대값을 취한다는 점만 다르다. 또한 RMSE와 마찬가지로 MAD도 Y의 평균과 비교해 상대적으로 작은 값이 기대된다.

평균 절대 백분율오차(Mean Absolute Percentage Error, MAPE)

$$MAPE = \frac{1}{n}\sum\frac{|Y_t - \widehat{Y}_t|}{|Y_t|} \times 100$$

MAPE는 다른 값과 비교할 필요가 없다는 장점이 있다. 이 값은 평균 오류를 백분율로 나타낸다. 만약 MAPE = 7이면, 이는 오차의 평균 백분율이 7%임을 의미한다.

타일 부등계수(Theil's Inequality Coefficient)

$$U = \frac{\sqrt{\frac{1}{n}\sum(Y_t - \widehat{Y}_t)^2}}{\sqrt{\frac{1}{n}\sum\widehat{Y}_t^{\,2}} + \sqrt{\frac{1}{n}\sum Y_t^{\,2}}}$$

타일 U를 계산하는 데 사용된 공식에는 몇 가지 변형이 있다. 그러나 이하에서 설명하는 내용들은 어떤 변형에도 동일하게 적용된다. 타일 U는 항상 0에서 1 사이의 값을 갖는다. 만약 $U = 0$이면, 모든 예측에서 $Y = \widehat{Y}$이며 예측오차가 0이다. 만약 $U = 1$이면, 예측이 단순히 Y의 평균을 예측하는 것보다 더 효과적이지 않음을 의미한다.

타일 U 통계량은 세 가지 부등 비율, 즉 편의, 분산 및 공분산으로 분해할 수 있으며, 각각의 비율은 다음과 같이 해석된다.

편의 — 편의 비율은 체계적인 오류의 정도를 나타낸다. 예측값이 일관되게 높거나 혹은 낮은 경우에는 편의 비율이 0보다 큰 값을 갖게 된다. 이 값이 1에 가까울수록 편의의 일관성이 강해진다.

분산 — 분산 비율은 Y의 실제값 분산과 예측값 분산이 일치하는 정도를 측정한다. 분산 비율이 높을수록 예측값의 분산보다 실제값의 분산이 크다는 것을 제시한다.

공분산 — 공분산 비율은 예측오차가 예측되는 현상의 무작위성에 기인하는 정도를 측정한다.

타일 U에서 편의, 분산 및 공분산 비율은 각각 0에서 1 사이의 값이며, 총합은 항상 1이다. 훌륭한 예측은 편의 비율이 거의 없고, 분산 비율은 낮거나 없어야 한다. 즉 공분산 비율이 거의 1에 가까워야 한다.

13.5 추세 전망

본 절에서는 추세선을 어떻게 미래로 확장할지를 살펴본다. 우리는 예측할 변수를 종속변수로 하고 "시간"을 설명변수로 설정하는 회귀모형을 사용하고자 한다. 시간은 매 기간에 1단위씩 증가한다. 우리는 1948년~2007년의 미국 실질 국내총생산을 예시로 사용한다.

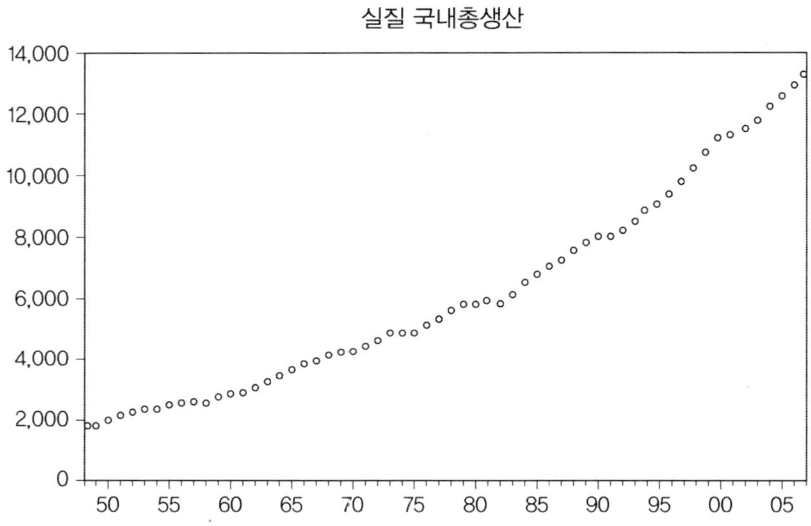

선형 추세

실질 국내총생산 자료에 선형 추세를 적합시키기 위해 다음의 회귀분석을 실행한다.

$$RGDP = 433.24 + 186.95time + e \qquad r^2 = 0.956$$

$$(0.023) \quad (0.000) \quad \leftarrow \text{P-값} \qquad n = 60$$

여기서, $RGDP$는 연간 실질 국내총생산

$time = 1, 2, 3, \cdots\cdots, 60$

다음은 적합한 추세선을 2016년까지 확장해 나타낸 그림이다.

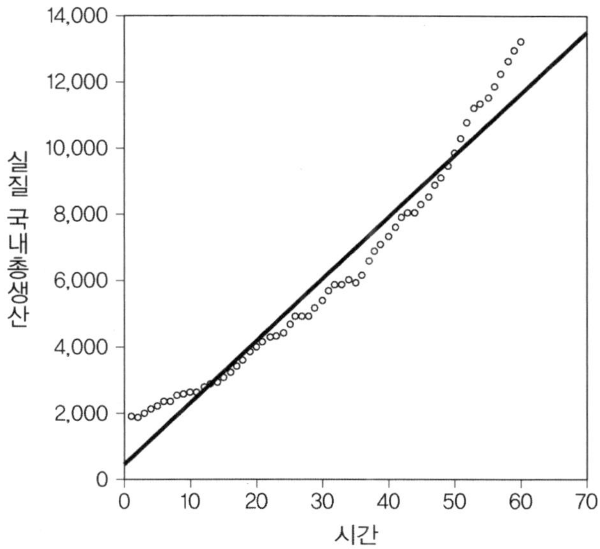

가로축은 각 연도를 숫자로 대체(1948 = 1, 1949 = 2, ……, 2016 = 69)해 나타낸다. 우리는 회귀분석 결과에 각 연도의 숫자를 대입함으로써 각 연도의 추세 예측값을 도출할 수 있다.

$RGDP(\text{hat}) = 433.24 + 186.95\,time$

	예측값	연도	실제값
61	11,837	2008	13,162
62	12,024	2009	12,757
63	12,211	2010	13,063
64	12,398	2011	13,299
65	12,585	2012	13,589

이상의 예측값들은 외표본에 기초하는데, 그 이유는 우리가 추세 회귀모형을 추정할 때 1948년~2007년의 자료를 사용하였기 때문이다. 그러나 우리는 이미 실제값을 알고 있으므로 이상의 5개 점 예측값의 정확성을 측정할 수 있다.

$RMSE = 984 \qquad MAE = 963 \qquad MAPE = 7.3\%$

타일 U=0.04 편의=0.96 분산=0.00 공분산 =0.04

비록 예측 정확도 측정들이 고무적이지만, 5개 예측값 모두가 실제값보다 작아서 편의 비율이 0.96이다. 선형 회귀선이 그려진 산점도를 살펴보면, 이 모형은 앞으로의 실질 국내총생산이 계속 과소평가될 가능성이 매우 높다. 그럼에도 불구하고 미래의 추세 예측값들은 다음과 같다.

$RGDP(\text{hat}) = 433.24 + 186.95\,time$	예측값	연도
66	12,772	2013
67	12,959	2014
68	13,146	2015
69	13,333	2016

선형-로그 추세

실질 국내총생산 자료에 감소하는 성장률을 가정하는 추세선을 적합시키기 위해 다음의 회귀분석을 실행한다.

$$RGDP = -3{,}405.7 + 3{,}034.8\log(time) + e \qquad r^2 = 0.670$$
$$(0.000) \quad (0.000) \leftarrow \text{P-값} \qquad n = 60$$

여기서, $RGDP$는 연간 실질 국내총생산
$\log(time)$ = 1, 2, 3, ……의 자연로그

이는 종종 "선형-로그" 회귀모형으로 불린다. 다음의 그림은 2016년까지 확장된 회귀선을 나타낸다.

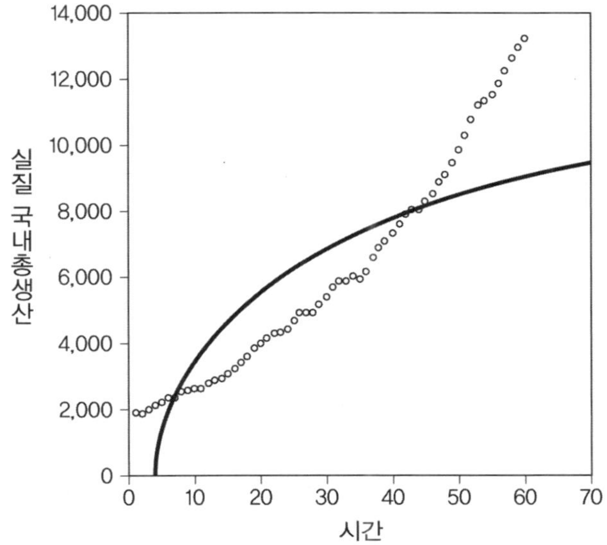

실제값에 대한 정보가 있는(사후적) 2008년~2012년의 외표본 예측값들은 다음과 같다.

$RGDP(\text{hat}) = 3{,}405.7 + 3{,}034.8\ \log(time)$	예측값	연도	실제값
61	9,070	2008	13,162
62	9,119	2009	12,757
63	9,168	2010	13,063
64	9,216	2011	13,299
65	9,263	2012	13,589

예측의 정확도 지표

$RMSE = 4{,}013$ $MAE = 4{,}007$ $MAPE = 30.4\%$

타일 U=0.18 편의=0.99 분산=0.00 공분산 =0.00

예측 정확도에 대한 측정들은 선형-로그 추세 예측값이 선형 추세의 경우에 비해 정확하지 못한 것으로 제시한다. 또한 이 회귀모형의 r^2 역시 선형 회귀모형의 경우에 비해 훨씬 낮다. 감소하는 성장률 추세가 회귀선에 포함된 산점도를 살펴보면, 추세선이 실질 국내총생산의 실제값을 적합시킨 모형으로는 부적절한 선택임을 분명히 나타낸다. 그럼에도 불구하고 미래의 추세 전망은 다음과 같다.

$RGDP(\text{hat}) = 3{,}405.7 + 3{,}034.8\ \log(time)$	예측값	연도
66	9,309	2013
67	9,355	2014
68	9,400	2015
69	9,444	2016

로그-선형 추세

실질 국내총생산 자료에 지수적으로 증가하는 성장률을 가정하는 추세선을 적합시키기 위해 다음의 회귀분석을 실행한다.

$$\log(RGDP) = 7.56 + 0.033\,time + e \qquad r^2 = 0.995$$
$$(0.000)\ (0.000) \quad \leftarrow \text{P-값} \qquad n = 60$$

여기서, $\log(RGDP)$는 연간 실질 국내총생산의 자연로그

$time = 1, 2, 3, \cdots\cdots$

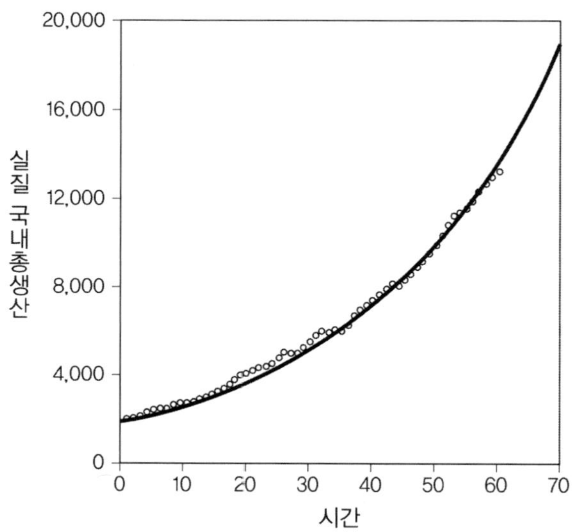

실제값에 대한 정보가 있는(사후적) 2008년~2012년의 외표본 예측값들은 다음과 같다.

log(*RGDP*)(hat) = 7.56 + 0.033 *time*	예측값	연도	실제값
61	14,397	2008	13,162
62	14,881	2009	12,757
63	15,382	2010	13,063
64	15,899	2011	13,299
65	16,434	2012	13,589

$RMSE = 2{,}292$ $MAE = 2{,}224$ $MAPE = 16.9\%$

타일 U=0.08 편의=0.94 분산=0.04 공분산 =0.02

이상의 예측 정확도 측정들을 앞의 두 모형과 비교하면, 우리는 선형 추세 모형이 가장 정확도가 높으며 지수모형이 두 번째로 정확함을 확인할 수 있다. 성장률이 감소하는 추세 모형에서는 2008년~2012년의 예측이 가장 부정확하다.

미래의 (사전적) 지수적 추세 전망은 다음과 같다.

log(*RGDP*)(hat) = 7.56 + 0.033 *time*	예측값	연도
66	16,987	2013
67	17,558	2014
68	18,149	2015
69	18,760	2016

다항 추세

실질 국내총생산 자료에 2차 함수 형태의 성장 추세 모형을 적합시키기 위해 다음의 회귀분석을 실행한다.

$$RGDP = 2{,}014.68 + 33.91\,time + 2.51\,time^2 + e \qquad r^2 = 0.997$$
$$(0.000) \qquad (0.000) \qquad (0.000) \leftarrow \text{P-값} \qquad n = 60$$

여기서, $RGDP$는 연간 실질 국내총생산

$time = 1, 2, 3, \cdots\cdots$

$time^2 = 2, 4, 9, \cdots\cdots$

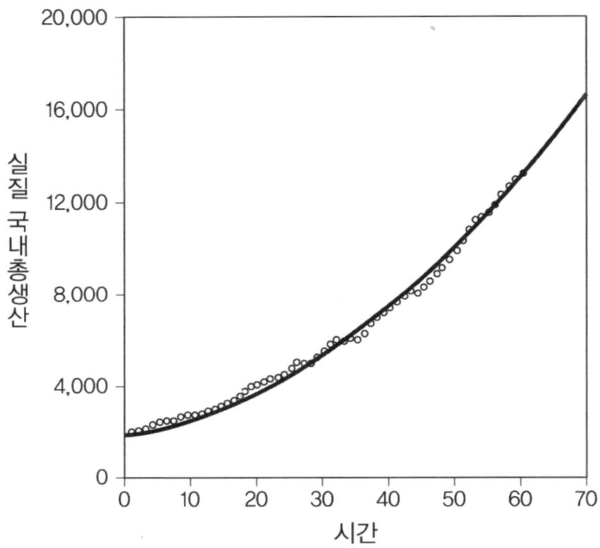

실제값에 대한 정보가 있는(사후적) 2008년~2012년의 외표본 예측값들은 다음과 같다.

$RGDP$(hat) = 2,014.68+ 33.91 $time$ + 2.51	$time^2$	예측값	연도	실제값
61	61^2	13,419	2008	13,162
62	62^2	13,716	2009	12,757
63	63^2	14,109	2010	13,063
64	64^2	14,461	2011	13,299
65	65^2	14,819	2012	13,589

$RMSE$ = 1,002 MAE = 940 $MAPE$ = 7.12%
타일 U=0.04 편의=0.88 분산=0.05 공분산 =0.07

2차 함수 추세 모형의 예측 정확도는 선형 추세 모형의 경우와 유사한 수준이다. 또한 선형모형과 2차 함수모형은 나머지 두 모형, 즉 성장률이 감소하는 추세 모형과 지수적 추세 모형보다 예측 정확도 측면에서 우월하다. 두 우월한 모형 중에서 다시 우월을 가리기는 쉽지 않다. 선형 추세 모형은 2008년~2012년의 실질 국내총생산을 과소예측한다.

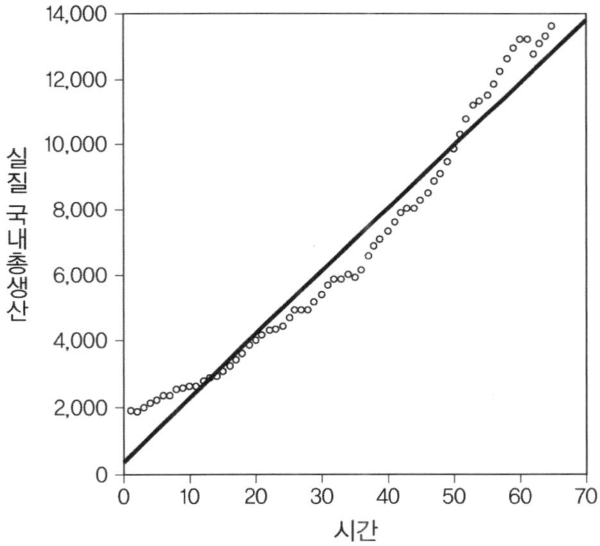

그러나 2차 함수 추세 모형은 동일 기간(2008년~2012년)의 실질 국내총생산을 과대예측한다.

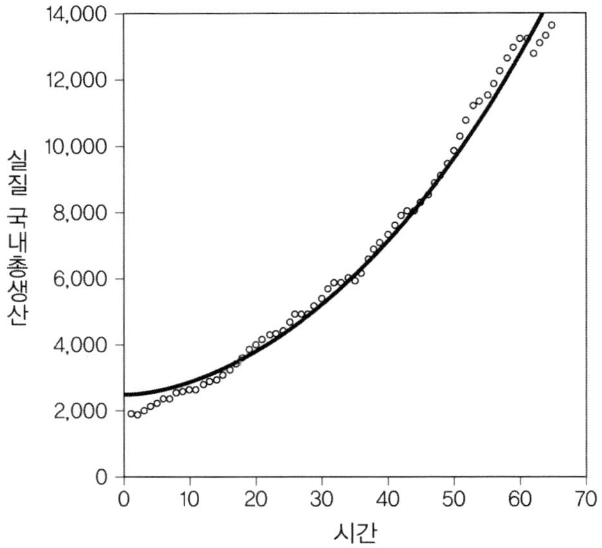

만약 미국이 해당 기간(2008년~2012년)에 심각한 경기침체를 겪지 않았다면, 2차 함수 추세 모형이 선형 추세 모형에 비해 더 나은 외삽법(extrapolation)일 수 있다. 이상의 이유로 인해 2013년 이후의 (사전적) 실질 국내총생산에 대한 예측값은 2차 함수 추세 모형이 더 신뢰할 만하며, 그 예측값은 다음과 같다.

$RGDP(\text{hat}) = 2{,}014.68 + 33.91\ time +$	$2.51\ time^2$	예측값	연도
66	66^2	15,181	2013
67	67^2	15,549	2014
68	68^2	15,922	2015
69	69^2	16,299	2016

13.6 요약

본 장에서는 회귀모형을 이용해 예측하는 방법을 소개하였다. 예측은 사전적, 사후적, 내표본 및 외표본 예측으로써 점 예측과 구간 예측이 가능하다. 비록 회귀모형을 이용한 추세선을 투영하는 방법을 통한 예측이 강조되었지만, 첫 번째 예시에서와 같이 반드시 추세선이 아니더라도 거의 모든 회귀모형을 이용한 예측이 가능하다.

지금까지의 모든 예시들에서는 중요한 사항을 간과하였다. 만약 회귀모형에 계열상관이 존재하면, 우리는 일반화 최소제곱(GLS)을 통해 계열상관을 제거한 이후 예측을 수행해야 한다. 계열상관은 오차항들이 서로 관련이 있음을 의미하며, 이 관계는 모형의 예측력을 개선하기 위해 이용될 수 있다.

우리는 양(+)의 자기상관이 존재하는 회귀모형을 고려한다. 이 경우에는 지난 기간의 값을 이용한 예측은 예측값($\widehat{Y}_t$)을 실제값(Y_t)보다 심각하게 과대 추정한다. 즉 회귀모형의 예측오차($e_t = Y_t - \widehat{Y}_t$)가 큰 음(−)의 값을 갖는다. 동일 회귀모형이 다음 기간을 예측하면, 양의 계열상관의 존재로 인해 예측오차 역시 음(−)의 값을 가질 가능성이 크다. 따라서 우리는 다음 기간의 예측값을 하향 조정해야 한다.

우리는 예측값을 정확히 얼마만큼 조정해야 하는가? 이 질문에 대해 걱정할 필요가 없다. 우리는 GLS로 계열상관을 단지 제거한 다음 예측을 위해 수정된 모형을 사용하면 된다.

앞 장에서 우리는 정상 시계열 자료를 사용해야 하는 중요성을 지적하였다. 비정상 시계열 자료를 이용한 회귀모형으로 수행되는 예측이 잘 이루어질 가능성은 낮다. 회귀모형이 좋을수록 예측값의 정확성이 높아진다. 따라서 여러분은 회귀모형이 정상 시계열 자료를 이용하고 자기상관이 존재하는지 반드시 확인해야 한다.

비정상 시계열 자료의 대표적 형태는 확률보행(random walk)이다. 시계열 자료가 확률보행을 따르면 한 시점에서 바로 다음 시점 간의 일련의 변화가 무작위로 결정된다. 다음과 같은 시계열 자료를 고려한다.

$$Y_t = \beta_0 + \beta_1 Y_{t-1} + \varepsilon_t$$

우리는 이상의 식에서 우측의 항들을 이동시켜 다음과 같이 표현할 수 있다.

$$Y_t - \beta_0 - \beta_1 Y_{t-1} = \varepsilon_t$$

만약 $\beta_0 = 0$이고 $\beta_1 = 1$이면, 다음과 같다.

$$Y_t - Y_{t-1} = \varepsilon_t$$

이상의 식은 확률보행의 정의를 나타낸다. ε_t는 확률 오차항이며 Y_t 값의 변동을 의미한다. 따라서 Y_t 값의 변동은 확률적이다. 여러분은 확률보행 시계열 자료를 사용한 회귀분석을 통해 예측하려는 어리석은 시도를 삼가야 한다. 이 경우 모든 예측이 불안정하다. 확률보행에 대한 적절한 예측은 바로 마지막 시점의 값이다. 이는 실제로 그 이후 미래의 모든 시점에 대한 예측값이기도 하다.

어떤 시계열 자료 Y_t가 확률보행의 특성을 갖는지 검정하려면 $Y_t = \widehat{\beta_0} + \widehat{\beta_1} Y_{t-1} + e_t$의 회귀분석을 실행한다. 만약 $\widehat{\beta_0} = 0$이고 $\widehat{\beta_1} = 1$이면, Y_t는 확률보행을 따른다. 또는 확률보행은 추세를 갖지 않기 때문에 확률보행 특성을 갖는지 여부를 검정할 수 있는 또 다른 방법은 $Y_t = \widehat{\beta_0} + \widehat{\beta_1} t + e_t$($t$는 시간)와 같은 회귀분석을 실행하면 된다. 만약 $\widehat{\beta_1} = 0$이면, Y_t는 확률보행을 따른다.

$Y_t = \beta_0 + \beta_1 Y_{t-1} + \varepsilon_t$에서 $\beta_1 = 1$이고 $\beta_0 \neq 0$이면, 표류(drift)가 있는 확률보행이라 부른다. 이 경우 시계열 자료의 기대되는 (한 시점에서 다음 시점) 변화는 $\beta_0 + \varepsilon_t$만큼씩 발생한다. 즉 변화분은 고정값인 β_0에 확률 오차항이 더해져서 결정된다. 표류가 있는 확률보행 특성을 가진 자료에 대한 적절한 예측값은 마지막 시점 값에 상수항의 추정량인 $\widehat{\beta_0}$을 더한 값이다. 그 이후 미래 시점의 값을 예측할 때에는 $\widehat{\beta_0}$을 추가로 더해 가면 된다.

○ 용어정의

- 사전적 예측 - 실제값을 알기 전에 이루어지는 예측으로 그 정확도를 확인할 수 없음
- 지수적 추세 - 지수적 성장률을 가정해 적합시킨 추세선
- 사후적 예측 - 실제값을 알고 있으면서 이루어지는 예측으로 그 정확도를 확인할 수 있음
- 내표본 예측 - 예측모형을 추정할 때 사용된 관측값에 대한 예측
- 구간 예측 - 하나의 값이 아닌 값의 범위를 예측
- 선형-로그 추세 - 감소하는 성장률을 가정해 적합시킨 추세선
- 로그-선형 추세 - 증가하는 성장률을 가정해 적합시킨 추세선
- 오차범위 - 예측 표준오차(SERF)와 신뢰구간에 대한 t^c를 곱한 값으로 점 예측값이 실제값과 차이가 날 수 있는 크기
- 평균 절대편차 - 예측의 정확도를 측정하는 방법, $MAD = \frac{1}{n}\Sigma \left| Y_t - \widehat{Y}_t \right|$
- 평균 절대비율 오차 - 예측의 정확도를 측정하는 방법, $MAPE = \frac{1}{n}\Sigma \frac{\left| Y_t - \widehat{Y}_t \right|}{\left| Y_t \right|} \times 100$
- 외표본 예측 - 예측모형을 추정할 때 사용하지 않은 관측값에 대한 예측
- 점 예측 - 예측값이 범위가 아닌 하나의 값
- 다항 추세 - 2차 성장률을 가정해 적합시킨 추세선

- 확률보행 - 각 이동의 크기가 무작위로 결정되는 일련의 순차적 이동

- 표류가 있는 확률보행 - 각 이동의 크기가 고정된 크기의 값과 무작위 값의 합으로 결정되는 일련의 순차적 이동

- 평균 제곱근 오차 - 예측의 정확도를 측정하는 방법, $RMSE = \sqrt{\frac{1}{n}\Sigma(Y_t - \widehat{Y}_t)^2}$

- 예측 표준오차(SERF) - 반복 표본추출을 통해 특정 관측값을 반복 예측하였을 때 예측값들이 차이가 생겨나는 정도

- 타일의 부등계수 - 예측의 정확도를 측정하는 방법, $U = \frac{\sqrt{\frac{1}{n}\Sigma(Y_t - \widehat{Y}_t)^2}}{\sqrt{\frac{1}{n}\Sigma\widehat{Y}_t^{\,2}} + \sqrt{\frac{1}{n}\Sigma Y_t^{\,2}}}$

13장 연습문제

1. 이뷰즈(Eviews)와 QUALLCOMM.XLS의 자료를 이용하고, 다음의 추세 모형을 가정해 11/22/1999 이후 4주(11/29/1999, 12/06/1999, 12/13/1999, 12/20/1999)의 퀄콤(quallcomm) 주식가격에 대한 내표본 예측을 수행하라.

   A) 선형 추세

풀이

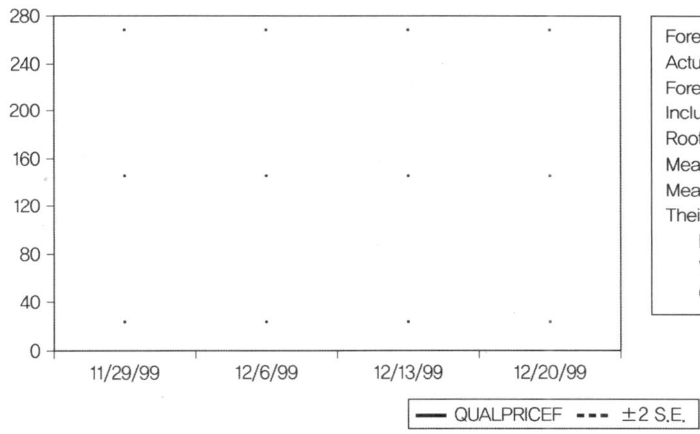

Forecast: QUALPRICEF
Actual: QUALPRICE
Forecast sample: 11/29/1999 12/20/...
Included observations: 4

Root Mean Squared Error	281.3159
Mean Absolute Error	278.9913
Mean Abs. Percent Error	65.49879
Theil Inequality Coefficient	0.492401
Bias Proportion	0.983542
Variance Proportion	0.016424
Covariance Proportion	0.000034

11/29/1999	384.44	144.4979
12/06/1999	391.50	145.0784
12/13/1999	455.00	145.6590
12/20/1999	466.50	146.2395

B) 선형-로그 추세

풀이

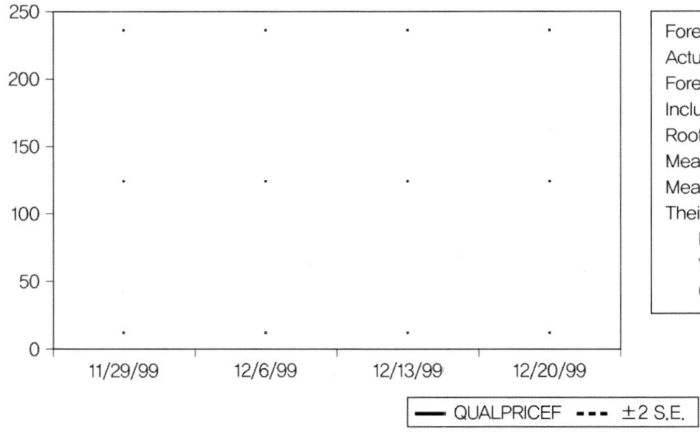

Forecast: QUALPRICEF
Actual: QUALPRICE
Forecast sample: 11/29/1999 12/20/...
Included observations: 4

Root Mean Squared Error	324.1509
Mean Absolute Error	322.0813
Mean Abs. Percent Error	75.71942
Theil Inequality Coefficient	0.613663
Bias Proportion	0.987271
Variance Proportion	0.012723
Covariance Proportion	0.000005

11/29/1999	384.44	102.0936
12/06/1999	391.50	102.2174
12/13/1999	455.00	102.3406
12/20/1999	466.50	102.4633

C) 로그-선형 추세

풀이

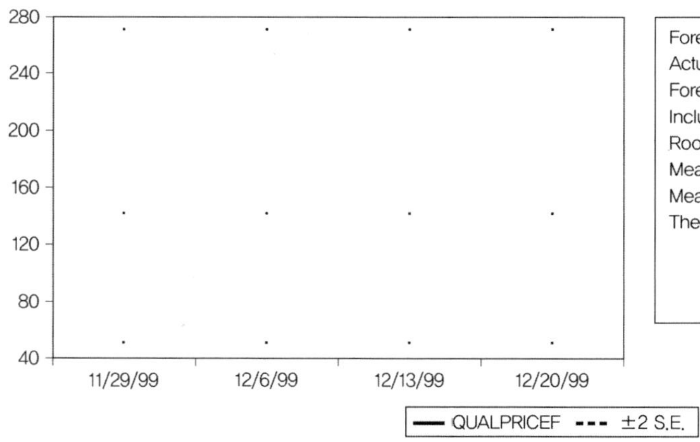

Forecast: QUALPRICEF
Actual: QUALPRICE
Forecast sample: 11/29/1999 12/20/...
Included observations: 4

Root Mean Squared Error	302.8925
Mean Absolute Error	300.7573
Mean Abs. Percent Error	70.67037
Theil Inequality Coefficient	0.551165
Bias Proportion	0.985951
Variance Proportion	0.014011
Covariance Proportion	0.000038

11/29/1999	384.44	122.4666
12/06/1999	391.50	123.2209
12/13/1999	455.00	123.9799
12/20/1999	466.50	124.7436

D) 다항 추세

풀이

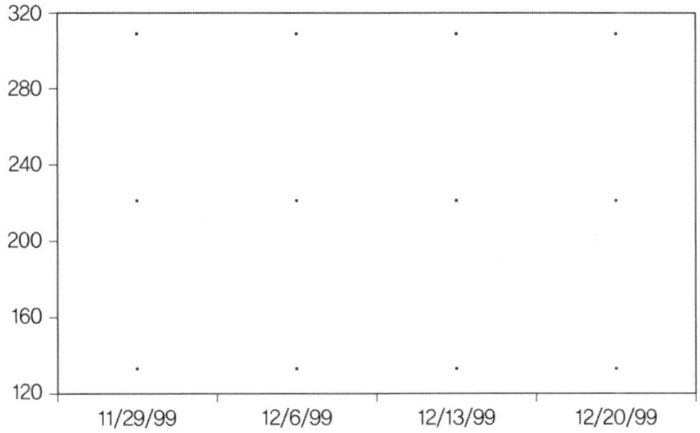

Forecast: QUALPRICEF	
Actual: QUALPRICE	
Forecast sample: 11/29/1999 12/20/...	
Included observations: 4	
Root Mean Squared Error	208.8244
Mean Absolute Error	205.9938
Mean Abs. Percent Error	48.20511
Theil Inequality Coefficient	0.324098
Bias Proportion	0.973074
Variance Proportion	0.026680
Covariance Proportion	0.000247

— QUALPRICEF --- ±2 S.E.

11/29/1999	384.44	214.8952
12/06/1999	391.50	217.2002
12/13/1999	455.00	219.5187
12/20/1999	466.50	221.8509

E) 6차항까지 포함한 다항 추세

$$(qualprice_t = \widehat{\beta}_0 + \widehat{\beta}_1 time_t + \widehat{\beta}_2 time_t{}^2 + \widehat{\beta}_3 time_t{}^3 + \widehat{\beta}_4 time_t{}^4 + \widehat{\beta}_5 time_t{}^5 + \widehat{\beta}_6 time_t{}^6 + e_t)$$

풀이

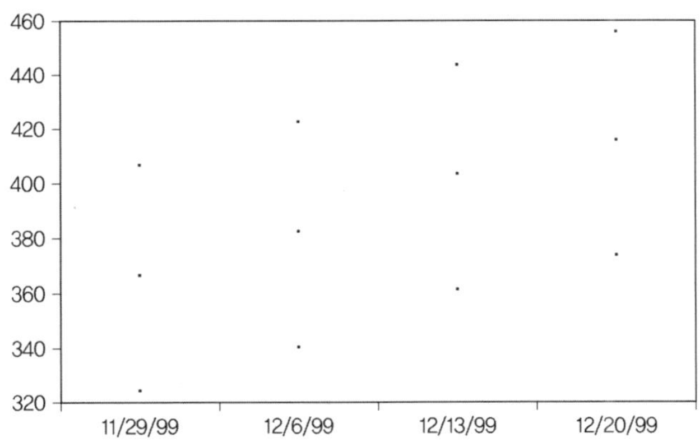

Forecast: QUALPRICEF	
Actual: QUALPRICE	
Forecast sample: 11/29/1999 12/20/...	
Included observations: 4	
Root Mean Squared Error	39.98314
Mean Absolute Error	34.85913
Mean Abs. Percent Error	7.896328
Theil Inequality Coefficient	0.049004
Bias Proportion	0.760115
Variance Proportion	0.190103
Covariance Proportion	0.049782

— QUALPRICEF ---- ±2 S.E.

11/29/1999	384.44	364.0065
12/06/1999	391.50	380.5348
12/13/1999	455.00	397.7595
12/20/1999	466.50	415.7027

F) 어떤 추세가 가장 부정확한 예측을 제시하는가? 어떤 기준으로 판단하였는가?

풀이 RMSE, MAE, MAPE, 타일 U를 기준으로 평가하였을 때 선형–로그 추세가 가장 정확도가 낮다.

2. 이뷰즈와 MATISSE.XLS의 자료를 이용하고, 그림 크기(size)에 대한 다음의 모형을 가정해 1,500제곱인치 크기의 마티스(Matisse) 그림 가격을 예측하라.

A) 선형 모형

B) 선형–로그 모형

C) 로그–선형 모형

D) 다항 모형

E) 어떤 모형이 모든 관측값에 대한 예측 정확도가 가장 낮은가? 어떤 기준으로 판단하였는가?

3. 이뷰즈와 RUPT1.XLS의 자료를 이용해 다음의 질문에 답하라.

A) COR 결정요인을 설명하기 위한 최적 모형을 설정하라.

풀이 COR을 설명하는 데 적절한 변수들은 $ECFREE$와 $OVER65$이다.

Dependent Variable: COR

Method: Least Squares

Date: 03/06/13 Time: 12:07

Sample: 1 48

Included observations: 48

Variable	Coefficient	Std. Error	t-Statistic	Prob.
C	11.86516	0.698706	16.98161	0.0000
ECFREE	−2.503604	0.326438	−7.669460	0.0000
OVER65	−0.116565	0.042427	−2.747461	0.0086

R-squared	0.694178	Mean dependent var	5.135417
Adjusted R-squared	0.680586	S.D. dependent var	2.343800
S.E. of regression	1.324639	Akaike info criterion	3.460618
Sum squared resid	78.96005	Schwarz criterion	3.577668
Log likelihood	−80.05483	Hannan−Quinn criter.	3.504814
F-statistic	51.07228	Durbin−Watson stat	2.204328
Prob(F−statistic)	0.000000		

B) 여러분이 설정한 모형은 다중공선성 정도가 미약한가, 적당한가 아니면 심각한가? 그 이유를 설명하라.

풀이 상관계수가 최대 0.4250이고, 0.321을 초과하는 경우가 3개 있다. 다중공선성은 심하지 않고 적당한 수준이다.

	ECFREE	*FINES*	*INDY*	*MIL*	*OVER*65	*POPSQ*
ECFREE	1.000000	−0.391304	−0.320851	0.074481	0.425012	0.329055
FINES	−0.391304	1.000000	0.145005	−0.102551	−0.211461	−0.078545
INDY	−0.320851	0.145005	1.000000	0.126057	−0.397867	0.033999
MIL	0.074481	−0.102551	0.126057	1.000000	0.102940	0.260075
*OVER*65	0.425012	−0.211461	−0.397867	0.102940	1.000000	−0.049151
POPSQ	0.329055	−0.078545	0.033999	0.260075	−0.049151	1.000000

C) 다중공선성이 여러분의 모형식별에 영향을 미쳤는가? 그 이유를 설명하라.

풀이 그렇지 않다. 2개의 설명변수를 이용한 실증분석 결과는 2개의 변수 모두 통계적으로 유의한 것으로 추정되었다.
그렇다. 3개의 설명변수를 이용한 실증분석 결과는 1개의 변수가 통계적으로 유의하지 않은 것으로 추정되었다.

D) 여러분의 모형을 사용해 아르헨티나의 *COR*를 예측하라.

풀이 예측값 = 3.416 (실제값 = 7.0)

E) D)의 예측에 대한 95% 신뢰구간을 제시하라.

풀이 3.416 +/− 1.325 (2.014) 자유도 = 48 − 3 = 45
예측구간 = (0.747, 6.085)

F) 48개 국가의 평균 *COR*은 5.135이다. 실질적으로 아르헨티나의 *COR*에 대한 "단순한" 예측값이 D)의 예측값보다 더 효과적으로 보인다. 평균값을 사용하는 것이 회귀모형을 통해 예측하는 것보다 모든 48개 국가의 *COR* 값들을 예측함에 있어 더 나은 방법이라 할 수 있는가? 그 이유를 설명하라.

풀이 "단순한" 예측값

Dependent Variable: COR
Method: Least Squares
Sample: 1 48
Included observations: 48

Variable	Coefficient	Std. Error	t-Statistic	Prob.
C	5.135417	0.338298	15.18014	0.0000

R-squared	0.000000	Mean dependent var	5.135417
Adjusted R-squared	0.000000	S.D. dependent var	2.343800
S.E. of regression	2.343800	Akaike info criterion	4.562038
Sum squared resid	258.1898	Schwarz criterion	4.601021
Log likelihood	−108.4889	Hannan−Quinn criter.	4.576770
Durbin−Watson stat	1.777375		

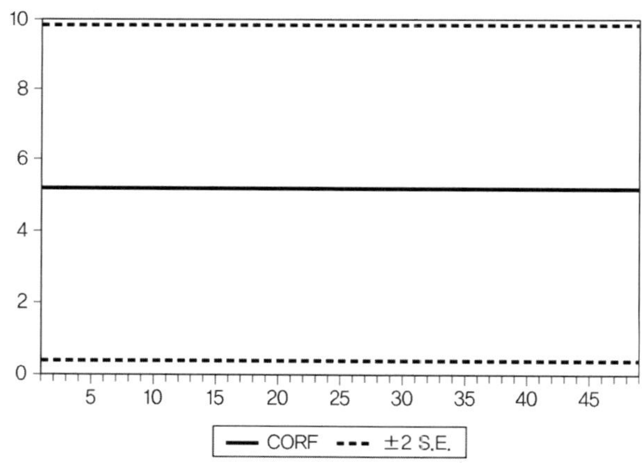

Forecast: CORF	
Actual: COR	
Forecast sample: 1 48	
Included observations: 48	
Root Mean Squared Error	2.319257
Mean Absolute Error	1.947656
Mean Abs. Percent Error	98.68947
Theil Inequality Coefficient	0.215339
Bias Proportion	0.000000
Variance Proportion	NA
Covariance Proportion	NA

회귀모형을 이용한 예측값

Dependent Variable: COR
Method: Least Squares
Sample: 1 48
Included observations: 48

Variable	Coefficient	Std. Error	t-Statistic	Prob.
C	11.86516	0.698706	16.98161	0.0000
ECFREE	-2.503604	0.326438	-7.669460	0.0000
OVER65	-0.116565	0.042427	-2.747461	0.0086

R-squared	0.694178	Mean dependent var	5.135417
Adjusted R-squared	0.680586	S.D. dependent var	2.343800
S.E. of regression	1.324639	Akaike info criterion	3.460618
Sum squared resid	78.96005	Schwarz criterion	3.577568
Log likelihood	-80.05483	Hannan-Quinn criter.	3.504814
F-Statistic	51.07228	Durbin-Watson stat	2.204328
Prob(F-statistic)	0.000000		

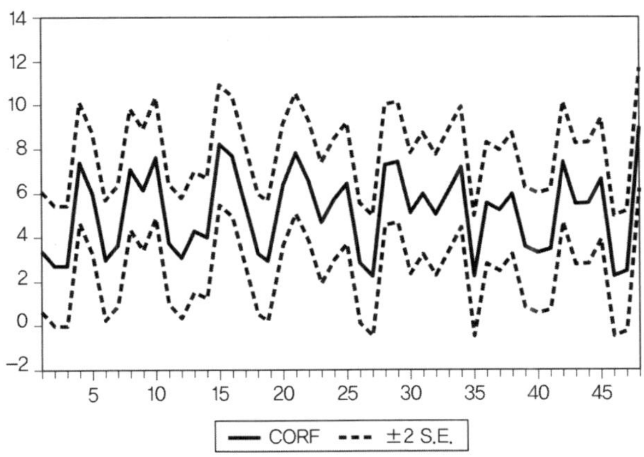

Forecast: CORF
Actual: COR
Forecast sample: 1 48
Included observations: 48

Root Mean Squared Error	1.282576
Mean Absolute Error	1.070592
Mean Abs. Percent Error	45.96385
Theil Inequality Coefficient	0.115321
Bias Proportion	0.000000
Variance Proportion	0.091004
Covariance Proportion	0.908996

RMSE, MAE, MAPE, 타일 U를 기준으로 평가할 때 회귀모형을 이용한 예측값이 더 낫다.
SER < SE(COR)(즉 1.3246<2.3438)이므로 회귀모형의 예측값이 더 낫다.

4. 이뷰즈와 QSP500.XLS의 자료를 이용해 다음 질문에 답하라.

A) 다음 모형의 회귀분석을 실행하라: $dsp500_t = \widehat{\beta_0} + \widehat{\beta_1} time_t + e_t$. 회귀분석 결과는 $dsp500$의 추세에 대해 어느 쪽을 지지하는가?

i) 추세가 있음

ii) 추세가 없음

B) 다음 모형의 회귀분석을 실행하라: $dsp500_t = \widehat{\beta_0} + \widehat{\beta_1} dsp500_{t-1} + e_t$. 회귀분석 결과는 $dsp500$의 확률보행 특성에 대해 다음 중 어느 쪽을 지지하는가?

i) 확률보행

ii) 표류가 있는 확률보행

iii) 확률보행을 따르지 않음

C) A)와 B)의 두 회귀분석에 대한 여러분의 답변을 고려할 때 1998년 4분기 $dsp500$에 대한 예측값으로 다음 중 적절한 것은?

i) 0

ii) ∞

iii) −2.2 (1998년 3분기 값)

iv) 3.4

v) 2.950129

PART 14

ARIMA 모형을 이용한 예측

14.1 ARIMA 모형

자기회귀누적이동평균(autoregressive integrated moving average, ARIMA) 모형(혹은 ARIMA 예측)은 이 주제와 관련된 독창적이고 권위 있는 연구(Box-Jenkins, 1970)의 저자들 이름을 따서 박스-젠킨스 접근법으로 종종 불리기도 한다. ARIMA 모형은 추세 투사(extrapolation)나 지수 평활화와 마찬가지로 활용하고자 하는 어떤 패턴이나 일관성이 있는지를 결정하기 위해 예측할 시계열의 과거 값들을 "되돌아본다." ARIMA 모형은 실제로 지수 평활화 모형을 일반화한 형태이다. 예측에 대한 박스-젠킨스 접근법은 대단히 널리 알려져 있으며, 우리는 이를 자세히 살펴보고자 한다.

ARIMA 모형은 자료의 과거 값들에 나타나는 패턴과 추세를 활용해 미래 값들의 예측을 시도한다. 이 접근법은 활용하기 위한 패턴이나 추세가 나타나지 않으면 무용지물이 될 수 있다. 최근의 연구결과에 의하면, 경제 자료의 추세는 패턴을 가지고 있지만 그 패턴은 예측할 수 없는 방향으로 지속적으로 변동한다. 본 절에서는 연구결과의 발전과 시계열 예측에 대한 시사점을 살펴본다.

14.2 자기회귀 모형

우리는 우선 ARIMA 모형의 "AR"부분인 간단한 자귀회귀 모형을 살펴본다. 자기회귀 모형은 자료의 현재 값이 과거 값들의 선형함수라고 규정한다. 따라서 인플레이션율($INFL$)은 과거 3년의 자체 값들에 의존한다.

$$INFL_t = \widehat{\beta_0} + \widehat{\beta_1}\, INFL_{t-1} + \widehat{\beta_2}\, INFL_{t-2} + \widehat{\beta_3}\, INFL_{t-3} + e_t$$

여기서 $\widehat{\beta_0}$은 상수항; $\widehat{\beta_1}$, $\widehat{\beta_2}$ 및 $\widehat{\beta_3}$은 $INFL$의 과거 값들에게 주어진 가중치; e_t는 이후 간단히 논의될 오차항이다. $\widehat{\beta_0}$, $\widehat{\beta_1}$, $\widehat{\beta_2}$ 및 $\widehat{\beta_3}$은 모형의 모수들이다. 우리가 예측을 위해 자기회귀 방정식을 사용하려면, 이상의 모수 값들이 반드시 결정되어야 한다. 이상의 값들을 결정하기 위해서는 통상 최소제곱을 포함한 여러 가지 기법의 적용이 가능하다. 모수 결정과 관련된 자세한 내용은 이후에 제시된다.

만약 우리가 모수 값들을 알고 있으며 오차항(e_t)을 무시한다고 가정하면, $INFL$에 대한 3개의 과거 값을 단순히 대입해 현재 $INFL$에 대한 예측값을 도출할 수 있다. 혹은 우리는 $INFL$의 현재 값($INFL_{t-1}$에 대입)과 2개의 과거 값을 대입해 다음 기간의 $INFL$에 대한 예측값을 얻을 수 있다. 눈치가 빠른 독자들은 자기회귀 예측이 지수 평활화 예측과 매우 유사하다는 사실을 인식할 수 있다. 이상의 두 경우는 예측을 형성하기 위해 과거 값들의 가중 평균을 사용한다. 지수 평활화는 사실상 자기회귀 예측의 특수한 경우에 불과하다. 지수 평활화의 가중치는 기하학적으로 감소되어야 하지만, 자기회귀 모형은 이상의 방식으로 제한되지 않는다.

자기회귀 모형의 오차항은 $INFL$과 그 과거 값들의 관계가 명확하지 않으며 무작위성이 존재한다는 사실을 나타낸다. $INFL$의 과거 값들에 기반을 둔 예측값과 실제값 간의 차이가 e_t이다. 우리는 상대적으로 작은 오차항(매 기간마다 하나씩 있음)을 희망한다. 오차항이 크다는 사실은 자기회귀 모형이 잘 작동하지 않거나 혹은 계량경제 용어로 표현해 모형이 적합하지 않음을 제시한다. 적합하지 않은 모형은 반드시 그런 것은 아니지만 부정확한 예측을 유도한다.

만약 $INFL$의 더 많은 과거 값들이 방정식에 포함되면, 아마도 모형의 더 나은 적합도가 확보된다. 따라서 자기회귀 모형에 포함할 적절한 시차 수를 결정하기 위한 방법들이 개발되었다. 비록 우리는 이 방법들을 사용할 수 있지만, 다양한 시도에 따른 시행착오는 적절한 시차의 결정과정의 전형적인 부분을 형성한다. 만약 더 많은 $INFL$의 과거 값들이 모형의 성과를 개선하면, 이 값들은 포함되어야 한다.

우리는 1952년~2012년의 연간 $INFL$ 자료를 사용한 자기회귀 모형의 값들이 다음과 같이 결정되었다고 가정한다.

$$\widehat{\beta_0} = 3.28;\ \widehat{\beta_1} = 0.92;\ \widehat{\beta_2} = -0.34;\ \widehat{\beta_3} = 0.24$$

우리는 이제 2012년에 대한 "예측"을 유도할 수 있다.

$$INFL_t = \widehat{\beta_0} + \widehat{\beta_1} INFL_{t-1} + \widehat{\beta_2} INFL_{t-2} + \widehat{\beta_2} INFL_{t-3} + e_t$$
$$\text{FORE}(INFL_{2012}) = 3.28 + 0.92 INFL_{2011} - 0.34 INFL_{2010} + 0.24 INFL_{2009}$$
$$\text{FORE}(INFL_{2012}) = 3.28 + 0.92(3.14) - 0.34(1.64) + 0.24(-0.32) = 2.83$$

이상의 예측은 2012년이 모형 추정을 위해 사용된 여러 연도 가운데 하나이기 때문에 "내표본" 예측으로 불린다. 또한 이상은 2012년의 예측값을 이미 지난 2012년의 $INFL$ 실제값(2.08)과 비교하기 때문에 "사후적" 예측이다. $INFL$의 실제값과 예측값의 차이인 2.08−2.83=−0.75는 2012년 오차항 e_t의 값이다.

우리는 2012년, 2011년 및 2010년의 $INFL$ 자료를 갖고 있기 때문에 2013년의 $INFL$을 유사한 방식으로 예측(1.82)할 수 있다.

$$\text{FORE}(INFL_{2013}) = 3.28 + 0.92INFL_{2012} - 0.34INFL_{2011} + 0.24INFL_{2010}$$
$$\text{FORE}(INFL_{2013}) = 3.28 + 0.92(2.08) - 0.34(3.14) + 0.24(1.64) = 1.82$$

2014년 이후의 예측은 "동적"(dynamic) 절차를 수행함으로써 구할 수 있다. 2014년의 예측을 위해서는 $INFL$에 대한 이전 3개 연도의 값이 요구된다. 그러나 우리가 1.82의 예측값을 사용하지 않는다면, (자료가 2012년까지만 이용 가능하다고 가정하면) 2013년의 $INFL$ 값을 알지 못한다.

$$\text{FORE}(INFL_{2014}) = 3.28 + 0.92INFL_{2013} - 0.34INFL_{2012} + 0.24INFL_{2011}$$
$$\text{FORE}(INFL_{2014}) = 3.28 + 0.92(1.82) - 0.34(2.08) + 0.24(3.14) = 2.32$$

따라서 우리는 2014년에 대한 예측값(2.32)을 구할 수 있다. 2015년의 예측을 위해서는 2012년의 실제값과 함께 2개의 예측값(2014년과 2013년의 $INFL$)을 사용해야 한다.

$$\text{FORE}(INFL_{2015}) = 3.28 + 0.92INFL_{2014} - 0.34INFL_{2013} + 0.24INFL_{2012}$$
$$\text{FORE}(INFL_{2015}) = 3.28 + 0.92(2.32) - 0.34(1.82) + 0.24(2.08) = 2.60$$

이와 같이 동적 절차는 무한히 수행될 수 있지만, 더 많은 예측을 수행하기 위해서는 예측값을 사용해야 하므로 예측의 정확성은 떨어질 수 있다. 한편 연속적인 기간의 예측오차는 서로 상쇄될 수 있다. 즉 예측오차는 누적되는 경향이 있다.

14.3 자기회귀이동평균 모형

본격적인 설명은 이제 시작된다. 우리는 자기회귀(AR) 방정식에 몇몇 이동평균(MA)

항들을 추가함으로써 자기회귀이동평균(ARMA) 모형을 구축할 수 있다.

이동평균 항들은 과거의 예측오차들로 구성된다. 우리는 예측이 이루어질 때마다 매번 오차항(e_t)이 생겨난다는 사실을 알고 있다. 이와 같은 오차들은 이후의 예측을 개선하는 데 도움이 된다. 예를 들어 만약 자기회귀 모형이 *INFL*의 마지막 기간을 크게 과대평가 하였다면, 아마도 다음 기간의 예측은 하향 조정되어야 한다. 우리는 사실상 바로 이전의 예측오차와 함께 여러 이전 기간의 오차들을 함께 고려한다. 왜냐하면 다음 기간의 예측을 개선하기 위해 활용되는 이전 기간의 예측오차들에는 어떤 종류의 패턴이 있을 수 있기 때문이다.

ARMA 모형은 과거 자료 및 과거의 예측오차들에 기초해 예측을 형성한다. 즉 우리는 분석 모형에 이동평균 항들을 포함함으로써 이전의 예측오차들을 고려해 예측의 정확성을 개선하고자 한다.

$$INFL_t = \hat{\beta_0} + \hat{\beta_1} INFL_{t-1} + \hat{\beta_2} INFL_{t-2} + \hat{\beta_3} INFL_{t-3} + \hat{\gamma_1} e_{t-1} + \hat{\gamma_2} e_{t-2} + e_t$$

이동평균 항들은 e_{t-1}과 e_{t-2}로 나타나 있다. 각각의 이동평균 항들에는 $\hat{\gamma_1}$과 $\hat{\gamma_2}$의 모수가 곱해져 있다. 이미 언급한 바와 같이 이동평균 항들의 값은 과거의 방정식에 의해 생성된 예측오차들이다. 예를 들어 ARMA 방정식이 2012년의 *INFL*을 0.75만큼 과대평가 하였다면, $e_{t-1}(t=2013)$에 -0.75가 포함되어져야 한다. 2011년의 예측오차는 e_{t-2}에 대입되는 값이다.

우리는 이동평균 항들에 곱해져 있는 모수들의 값을 결정해야 하는데, 그 결정 과정은 잠시 후에 설명한다. 현재로서는 $\hat{\gamma_1}$과 $\hat{\gamma_2}$이 이전 예측오차들의 가중치를 나타낸다고 이해하면 충분하다.

ARMA 모형은 1개 이상의 이동평균 항들을 포함할 수 있다. 본 절의 예시에서는 e_{t-1}과 e_{t-2}의 2개를 고려한다. 어떤 주어진 모형에 포함되는 최적의 이동평균 항들의 수는 항상 쉽게 결정되지 않는다. 이상의 결정에 도움이 되는 몇 가지 절차가 존재하지만, 자귀회귀 항들에 대한 시차의 결정과 마찬가지로 다양한 시도에 따른 시행착오가 요구된다. 만약 두 기간 전의 예측오차가 현재의 예측을 개선한다면, 이를 모형에 포함하면 된다. 우리가 직면한 본질적인 문제는 얼마나 멀리 떨어진 과거를 고려할지 결정하는 데 있다. 즉 얼마나 많은 과거의 예측오차들이 고려되어져야 하는가? ARMA 모형은 2개 혹은 3개 이상의 이동평균 항들을 흔히 포함한다.

ARMA 모형은 이동평균 항들을 포함함에도 불구하고 여전히 완전하게 정확하지는 않다. 모든 모형은 자체의 예측오차(ϵ_t)를 갖게 된다. ARMA 모형의 예측오차가 자기회귀(AR) 모형의 예측오차에 비해 작게 관측되는 것이 바람직하다. 만약 그렇지 않다면, 이동평균 항들의 포함이 예측오차의 크기를 감소시키지 않기 때문에 단순히 자기회귀 모형을 고수하는 것이 더 나은 방안이다.

14.4 누적

통계 이론은 예측을 위해 사용하는 일련의 자료에 다소 특별한 특성이 없다면 ARMA 모형은 정확한 예측을 제공할 수 없다고 지적한다. 특히 고려 대상인 시계열은 반드시 "안정적"이어야 한다. 이는 ARMA 모형이 어떻게 작동하는지를 보여주기 때문에 이상의 개념을 직관적으로 이해하기 위해 다음의 내용을 제시한다.

시계열 회귀모형은 안정적 자료, 즉 시간의 흐름에 따라 변동하지 않는 기본적 속성을 가진 시계열 자료를 사용하는 것이 가장 이상적이다. 구체적으로 시계열 X는 다음의 경우 안정적이다.

1) X의 평균이 시간의 흐름에 일정하다.
2) X의 분산이 시간의 흐름에 일정하다.
3) X_t와 X_{t-k} (모든 k에 대해) 간의 상관관계가 일정하다.

만약 이상의 속성들 중 1개 이상이 충족되지 않는다면, X는 불안정적이다. 회귀분석에서 불안정적 시계열의 사용은 허위상관을 생겨나게 만들어 구조적 모수의 추정량이 편의 되게 한다.

다음의 그림은 1948년 이후 연간 실질 GDP($RGDP$)를 보여준다. 이 시계열은 눈에 띄게 상향하는 추세를 나타내며 일정한 평균을 갖지 않는다.

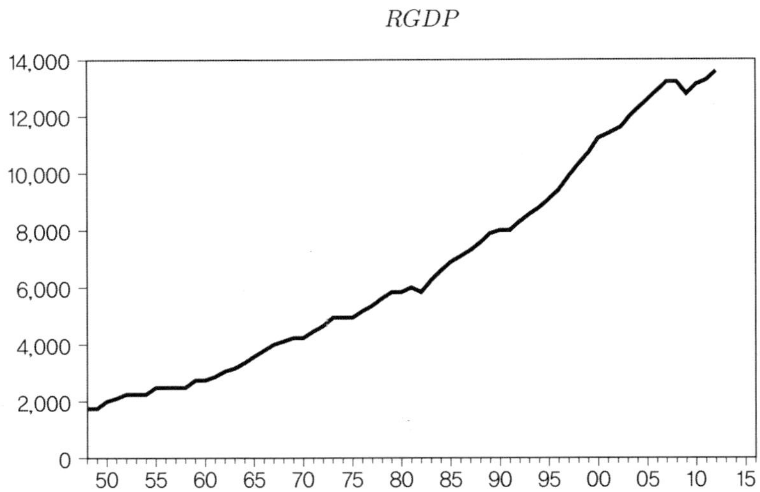

*RGDP*의 분산이 시간의 흐름에 일정한지 여부는 육안으로 확인하기 어렵다. 우리는 시계열 전체를 전반부와 후반부로 나누어 분산을 비교할 수 있다.

주어진 거리만큼 떨어진 관측값들이 일정한 상관관계를 갖는지는 시각적인 검토로는 파악할 수 없다. X_t와 X_{t-k} 간의 상관관계를 확인하기 위해서는 상관도표(correlogram), 즉 k 공간만큼 떨어진 관측값들이 연관되어 있는 정도를 나타내는 도표가 요구된다. 이때 영(0)에 접근하지 않는 상관도표는 불안정적 자료를 나타낸다.

우리가 상관도표를 손으로 직접 만든다는 것은 대단히 지루하고 힘든 일이지만, 이는 컴퓨터를 이용해 쉽게 수행할 수 있다. *RGDP*와 같은 시계열 자료가 주어지면, 인접한 관측값들 간의 쌍을 만든다. 이는 첫 번째와 두 번째 관측값, 두 번째와 세 번째 관측값, 세 번째와 네 번째 관측값 등을 의미한다. 이제 이상의 모든 쌍들 간의 상관계수(r)를 계산한다.

우리는 예시로 돌아와서 우선 공간적으로 떨어져 있는 *RGDP*의 관측값들을 확인한다. 이는 관측값 1과 3, 2와 4, 3과 5 등이다. 우리는 이상의 모든 쌍들 간의 상관계수(r)를 계산한다. 이상의 과정은 12개의 떨어진 공간($k=12$)까지 모든 쌍들의 관측값에 대해 반복적으로 수행한다.

k	r
1	0.99
2	0.97
3	0.96
4	0.94
5	0.93
6	0.91
7	0.90
8	0.89
9	0.87
10	0.86
11	0.85
12	0.83

이상의 표는 $RGDP$의 인접한 관측값들 간의 상관관계가 높음을 나타낸다($r=0.99$). 심지어 12년 전의 관측값들이 올해의 $RGDP$ 수준과 매우 밀접하게 관련된다($r=0.83$).

우리가 이상의 표를 그림으로 나타내면 다음과 같다.

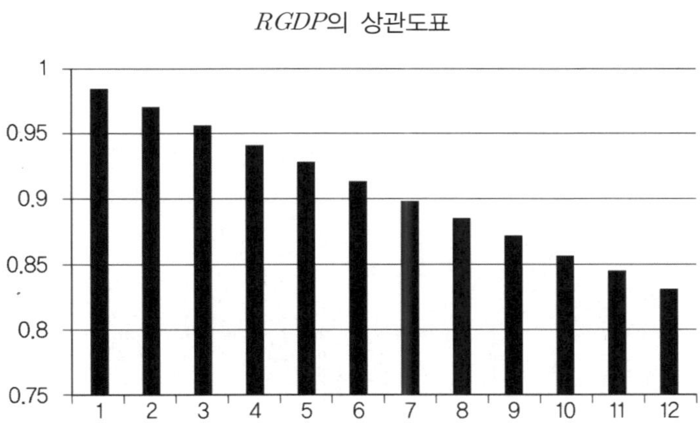

상관도표의 수직축은 표에서의 상관계수를 나타내고, 수평축은 k를 측정한다. 이상과 같이 $r=0$을 향해 빠르게 감소하지 않는 상관도표는 시계열이 불안정적임을 나타내는 전형적인 형태이다. 우리가 불안정적 자료를 사용해 회귀분석을 실행하면, 아마도 허위상관이 존재하고 편의된 결과가 생겨난다.

융-박스(Ljung and Box, 1978)가 개발한 Q 통계량은 시차 k까지 시계열의 자기상관 여부를 결정하기 위해 사용된다.

$Q = n(n=2)\sum \frac{r_k^2}{n-k}$; 여기서, r_k^2은 k 공간 떨어진 관측값 간의 상관계수

Q 통계량을 사용하는 가설 검정은 시계열에서 시차 k까지 자기상관이 없다는 귀무가설로 인해 종종 "포트맨토"(portmanteau) 검정으로 불린다.

1) H_0: 시차 k까지 자기상관이 없음
   H_a: 시차 k까지 적어도 하나의 유의한 자기상관이 존재
2) 5%
3) 만약 $Q > \chi^{2c}$ 이면, H_0 기각
4) Q와 χ^{2c}을 구함
5) H_0 기각 혹은 기각하지 못함

만약 시계열이 불안정하다면, 자료를 1차 차분해서 사용하는 것이 가장 좋은 방법이다. 1차 차분은 자료의 시계열이 한 기간에서 다음 기간까지의 변화를 나타낸다. 다음의 그래프는 *RGDP*의 1차 차분(*FD1RGDP*)을 보여준다.

FD1RGDP

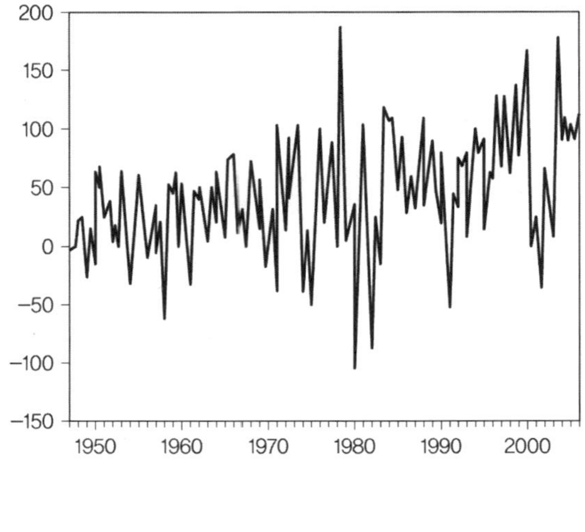

시각적인 검토는 (아마도) 일정한 평균을 제시하지만, 선의 후반부 분산이 전반부 분산에 비해 큰 것처럼 보인다. 그러나 우리가 시각적인 검토만으로 결론을 내리기는 어렵다. 상관도표는 $k=1$에서 4까지의 관측값들 간에 유의한 상관관계를 제시한다. 다시 말해 *RGDP* 1차 차분은 4기간 이후 상관관계가 유의하지 않으므로 안정적일 수 있다.

k	r
1	0.42
2	0.38
3	0.21
4	0.20
5	0.11
6	0.13
7	0.07
8	0.02
9	0.14
10	0.11
11	0.10
12	−0.04

RGDP 1차 차분의 상관도표

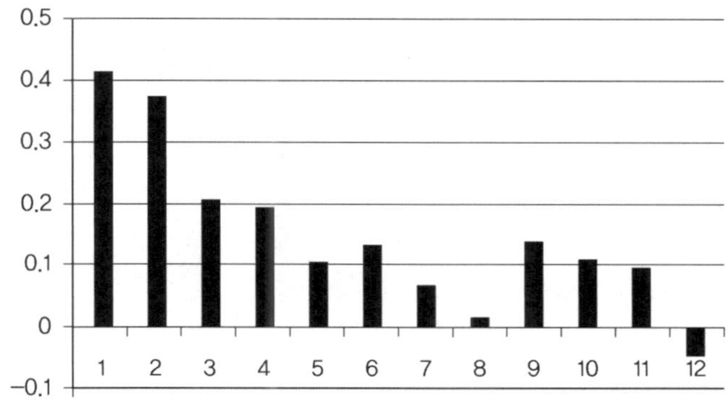

*RGDP*의 2차 차분(*FD2RGDP*)은 *RGDP* 1차 차분의 차분 혹은 *RGDP* 변화의 변화이다.

FD2RGDP

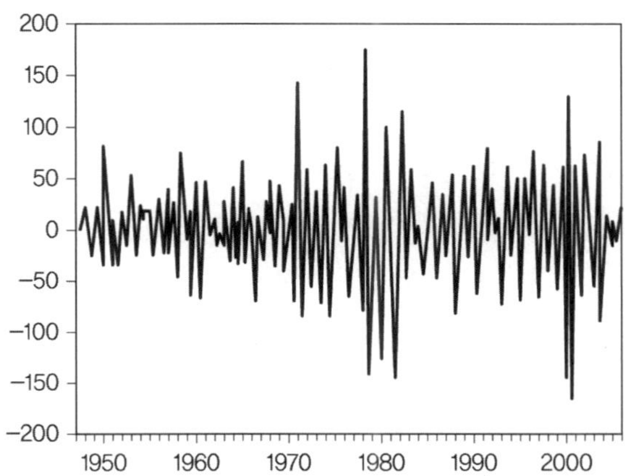

상관도표는 $k=1$ 이후 상관계수가 유의하지 않기 때문에 *RGDP* 2차 차분이 안정적이라고 제시한다.

k	r
1	−0.47
2	0.12
3	−0.14
4	0.08
5	−0.11
6	0.07
7	−0.01
8	−0.15
9	0.14
10	−0.02
11	0.12
12	−0.18

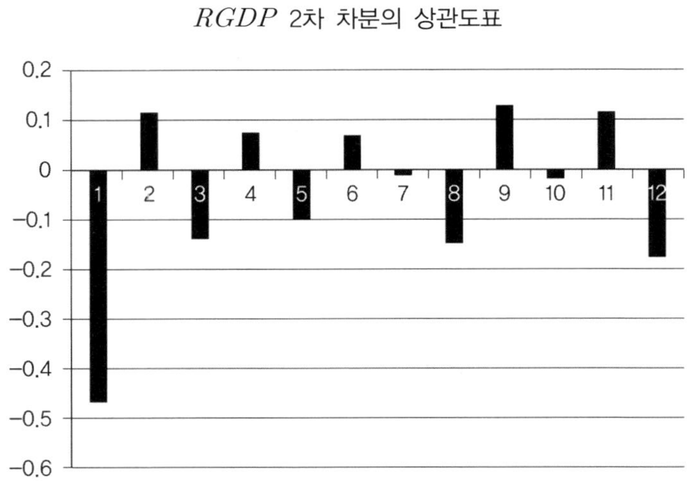

*RGDP*를 사용하는 모든 회귀분석은 마치 불안정적 변수를 사용하는 것처럼 보인다. 즉 *RGDP*를 사용한 회귀분석은 편의될 수 있기 때문에 그 결과는 심각하게 잘못된 주장일 수 있다. 따라서 상관도표의 검토에서 안정적으로 나타난 *RGDP*의 1차 차분을 사용하는 것이 나은 대안이다.

가장 널리 알려진 안정성 검정은 디키−플러(Dickey−Fuller) 혹은 단위근(unit root) 검정이다(Dickey and Fuller, 1979). 시계열 X_t가 안정적인지 여부의 검정은 다음과 같이 수행된다.

A) $(X_t - X_{t-1}) = \widehat{\beta_0} + \widehat{\beta_1} X_{t-1} + e_t$를 실행한다.

B) $\widehat{\beta_1}$에 대한 음(−)의 부호 검정을 수행한다.

1) H_0: $\beta_1 = 0$(X는 불안정적) H_a: $\beta_1 < 0$ (X는 안정적)

2) 5%

3) 만약 $t-$통계량 $< -t^{c*}$이면, H_0 기각

4) t−통계량은 일반적 값이지만, t^{c*}는 통상 t−분포표의 t^c보다 약 60% 더 큼. n이 무한대로 나아감에 따라 t^{c*}는 더 높은 수준에서 2.86으로 접근함.

5) 검정 결과 설명

예를 들어 $RGDP$의 자료를 사용한 검정은 다음과 같다.

A) $(RGDP_t - RGDP_{t-1}) = 91.97 + 0.01RGDP_{t-1} + e_t$
$(2.70) \leftarrow t-$통계량

B) $\widehat{\beta_1}$에 대한 음의 부호 검정

1) H_0: $\beta_1 = 0$(X는 불안정적) H_a: $\beta_1 < 0$(X는 안정적)

2) 5%

3) 만약 $2.70 < -2.91^*$이면, H_0 기각

4) 이뷰즈는 t−통계량과 디키−플러 검정을 위한 t^c를 제공

5) H_0 기각하지 못함; $RGDP$는 불안정적

이제 $RGDP$의 1차 차분이 안정적인지 검정하면 다음과 같다.

A) $(d(RGDP_t) - (d(RGDP)_{t-1}) = 114.53 - 0.60\,d(RGDP)_{t-1} + e_t$
$(-5.19) \leftarrow t-$통계량

B) $\widehat{\beta_1}$에 대한 음의 부호 검정

1) H_0: $\beta_1 = 0$(X는 불안정적) H_a: $\beta_1 < 0$ (X는 안정적)

2) 5%

3) 만약 $-5.19 < -2.91^*$이면, H_0 기각

4) 이뷰즈는 t−통계량과 디키−플러 검정을 위한 t^c를 제공

5) H_0 기각; $RGDP$의 1차 차분은 안정적

단위근(즉 불안정성)에 대한 확장된 디키−플러(augmented Dickey−Fuller) 검정은 시차가 적용된 종속변수를 우변에 추가한다.

$$(X_t - X_{t-1}) = \widehat{\beta}_0 + \widehat{\beta}_1 X_{t-1} + \widehat{\beta}_2 (X_{t-1} - X_{t-2}) + e_t$$

확장된 디키-플러 검정이 $RGDP$와 $RGDP$ 1차 차분의 안정성에 대해 동일한 결과를 제공하는지 여부의 확인은 독자들에게 과제로 남겨둔다.

ARMA 모형은 불안정적 시계열을 사용할 때 좋은 성과를 나타내지 않는다. 대부분 경제 자료는 추세를 가지기 때문에 불안정적이며, 이는 이미 언급한 바와 같이 경제 예측을 위해 ARMA 모형을 사용하는 데 장애요인으로 작용하지는 않는다. 왜냐하면 우리가 안정적 시계열을 얻기 위해 1차 차분을 취하면 되기 때문이다. 1차 차분 시계열이 추세를 계속해서 나타내는 경우도 있다. 이 경우에는 2차 차분으로 알려진 차분의 차분을 취하면 된다. 시계열 자료는 사실상 일정한 평균을 가질 때까지 여러 번 차분될 수 있다. 3차 차분이 요구되는 경제 자료는 거의 없다.

다소 잘못된 명칭이지만, 시계열 예측에서 안정성을 확보하기 위해 차분을 취하는 것은 "누적"(integration)으로 알려져 있다. 따라서 자귀회귀이동평균(ARMA) 모형이 예측을 위해 일련의 시계열 자료를 차분하면 자기회귀누적이동평균(ARIMA) 모형이 된다.

본 절의 지금까지 내용을 요약하면, ARMA 모형은 불안정적 시계열에는 적용되지 않는다. 안정적 시계열은 세 가지 조건, 즉 일정한 (1) 평균, (2) 분산 및 (3) 관측값 간의 상관관계를 충족해야 한다. 우리는 시계열이 안정적인지를 확인하기 위해 상관도표를 고려하거나 디키-플러 검정을 적용할 수 있다. 만약 시계열이 안정적이지 않으면, 시계열이 안정적일 때까지 한 번 이상 차분해야 한다. ARMA 모형에서는 이상의 차분 과정을 "누적"이라 부른다.

마지막으로 상관도표와 유사한 형태의 부분상관도표(partial correlogram)는 주어진 시계열에서 얼마나 많은 자기회귀 항과 이동평균 항이 적절한지를 제안한다. 부분자기상관은 관련되는 k-1 관측값들에 의해 설명되는 상관관계를 배제하고, k 공간 떨어진 관측값들이 선형으로 상관되어 있는 정도이다. 만약 시계열이 안정적이면, 상관도표와 부분상관도표에 의해 나타나는 패턴들은 다음의 표에 따라 해석될 수 있다.

상관도표/ 부분상관도표	해석
감쇠 / 절단	AR 항들만
감쇠 / 감쇠	AR 항들과 MA 항들
절단 / 감쇠	MA 항들만
절단 / 절단	백색잡음

14.5 완전한 예제

우리가 *INFL*을 예측하기 위해 ARIMA 모형을 사용하려면, *INFL*의 과거 값들만이 요구되는 자료의 전부이다. 모형의 설정 과정에서 활용할 수 있는 과거 자료는 많으면 많을수록 좋다. ARIMA 모형을 사용해 예측하려는 연구자들은 직전 과거의 연속적인 표본기간을 포함해 적어도 50개 관측값의 사용을 선호한다. 이는 관측값들 간의 상관관계를 확실하게 형성하기 위해 요구된다. 또한 ARIMA 모형의 모수를 추정하기 위해 선호되는 절차는 과거 관측값들의 수가 많을수록 더욱 신뢰할 수 있다. 경제 문헌에서는 50개 미만의 관측값들을 사용해 추정한 ARIMA 모형을 예시로 제공하고 있지만, 이는 일반적으로 자료 부족에 대한 주의를 포함한다.

우리는 1949년~2012년의 *INFL*에 대한 64년 연간 관측값들을 사용한다고 가정한다. 첫 번째 작업은 이상의 자료가 안정적인지 식별해야 한다. 다음은 확장된 디키-플러 검정 결과이다.

A) $(INFL_t - INFL_{t-1}) = 1.12 - 0.30\,INFL_{t-1} + 1.12(INFL_{t-1} - INFL_{t-2}) + e_t$

(−3.35) ← t−통계량

B) $\widehat{\beta_1}$에 대한 음의 부호 검정

1) H_0: $\beta_1 = 0$ (*INFL*은 불안정적) H_a: $\beta_1 < 0$ (*INFL*은 안정적)

2) 5%

3) 만약 t−통계량 $< -t^{c*}$이면, H_0 기각

4) −2.06 > −2.91

5) H_0 기각하지 못함; *INFL*은 불안정적

1차 차분한 *INFL*은 아마도 안정적이다.

1) H_0: $\beta_1 = 0$ (D(*INFL*)은 불안정적) H_a: $\beta_1 < 0$ (D(*INFL*)은 안정적)

2) 5%

3) 만약 $t-$통계량 $< -t^{c*}$이면, H_0 기각

4) $-8.75 < -2.91$

5) H_0 기각; D(*INFL*)은 안정적

따라서 우리는 *INFL*의 1차 차분을 사용해 진행한다. 다음 단계는 모형에 포함할 자기회귀 항의 수와 이동평균 항의 수를 결정해야 한다. 이 결정에는 도움이 되는 몇 가지 절차가 있다(예를 들어 상관도표와 부분상관도표의 패턴 고려).

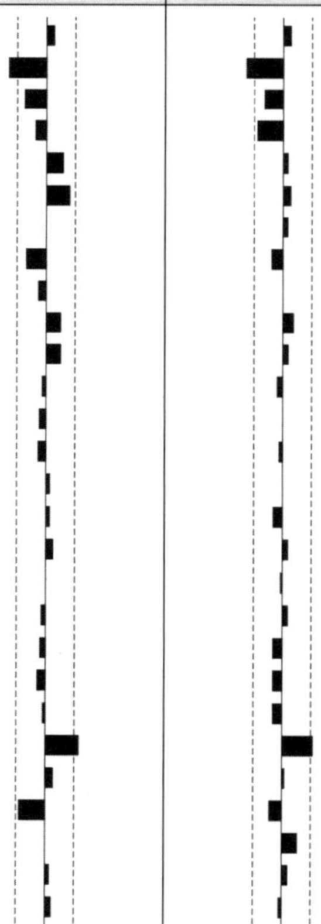

Autocorrelation	Partial Correlation		AC	PAC	Q-Stat	Prob
		1	0.050	0.050	0.1642	0.685
		2	−0.328	−0.331	7.3749	0.025
		3	−0.194	−0.175	9.9435	0.019
		4	−0.112	−0.240	10.822	0.029
		5	0.138	0.015	12.164	0.033
		6	0.197	0.055	14.943	0.021
		7	0.006	0.009	14.945	0.037
		8	−0.182	−0.110	17.423	0.026
		9	−0.072	−0.002	17.815	0.037
		10	0.109	0.066	18.726	0.044
		11	0.101	0.036	19.534	0.052
		12	−0.039	−0.058	19.654	0.074
		13	−0.064	0.002	19.995	0.095
		14	−0.068	−0.033	20.383	0.119
		15	0.008	−0.007	20.389	0.158
		16	0.021	−0.091	20.427	0.202
		17	0.049	0.011	20.643	0.243
		18	−0.007	−0.018	20.647	0.298
		19	−0.029	0.015	20.727	0.352
		20	−0.058	−0.087	21.043	0.395
		21	−0.081	−0.112	21.681	0.418
		22	−0.011	−0.084	21.693	0.478
		23	0.272	0.251	29.289	0.171
		24	0.047	−0.020	29.525	0.201
		25	−0.231	−0.127	35.287	0.083
		26	0.004	0.112	35.289	0.106
		27	0.012	0.037	35.306	0.131
		28	0.031	−0.015	35.416	0.158

두 번째와 세 번째의 자기상관과 두 번째와 네 번째의 부분자기상관이 유의한 것처럼 보인다. 마지막 열의 Q 통계량과 P-값은 $INFL$ 1차 차분의 자기상관이 $k=2$부터 유의하다고 제시한다. 우리가 이상의 상관도표와 부분상관도표로는 자기상관이 갑자기 끊어지거나(절단) 혹은 사라지는지(감쇠) 여부를 판단하기 어렵다. 그렇지만 우리는 이상의 결과로부터 $INFL$의 1차 차분이 시차 2부터 자기상관이 존재하며, 그 정도는 그다지 크지 않다는 사실을 알 수 있다. 따라서 우리는 주요 모형을 결정하는 기법으로 다양한 시도에 따른 시행착오를 사용해야 할 것 같다.

만약 추가적인 자기회귀 혹은 이동평균 항을 포함해 모형의 예측 정확성이 개선된다면, 이들 항들은 반드시 포함되어야 한다. 우리가 일단 모형을 설정한 이후에는 잔차가 백색잡음인지 여부와 함께 이전 연도에 대한 사후적 예측을 통해 예측 정확성을 확인할 수 있다.

연간 $INFL$의 1차 차분에 대해서는 다음의 모형이 적합한 것처럼 보인다.

$$INFL_t = \widehat{\beta}_0 + \widehat{\beta}_1 INFL_{t-1} + \widehat{\beta}_2 INFL_{t-2} + \widehat{\gamma}_1 e_{t-1} + \varepsilon_t$$

이상의 모형은 ARIMA(2,1,1)로 불린다. 즉 이상의 모형에는 2개의 자기회귀 항들이 포함되고, 1차 차분이 취해졌으며, 1개의 이동평균 항이 존재한다. 우리는 내표본 사후적 예측을 2000년~2012년까지 매년 실시한다. 다음은 이상의 예측에 대한 요약 통계량이다.

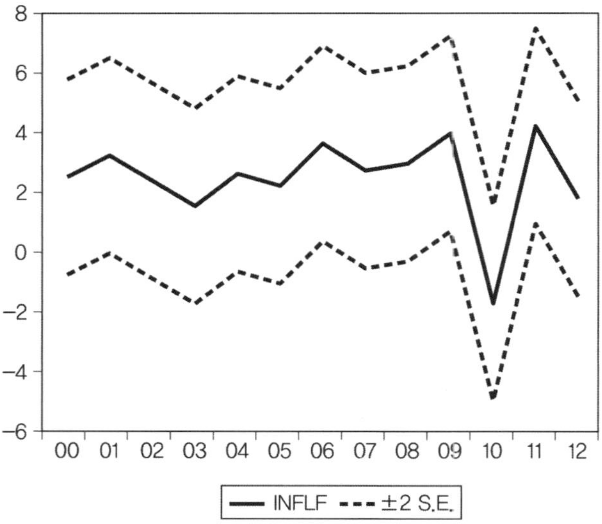

Forecast: INFLF	
Actual: INFL	
Forecast sample: 2000 2012	
Included observations: 13	
Root Mean Squared Error	1.664095
Mean Absolute Error	1.113577
Mean Abs. Percent Error	139.3412
Theil Inequality Coefficient	0.298793
Bias Proportion	0.000882
Variance Proportion	0.062806
Covariance Proportion	0.936312

평균 제곱근오차(root mean square error)와 평균 절대오차(mean absolute error)는 우리의 예측값이 통상적으로 약 1.1%~1.7%만큼 벗어나 있음을 제시한다. 이는 *INFL* 차분의 절대값이 평균 1.44임을 감안할 때 좋은 예측값은 아니다. 타일(Theil)의 부등계수도 좋은 결과를 제공하지 않는다. 그러나 타일의 비율은 양호하고 모형의 잔차에는 라그랑지 승수 검정에 따라 자기상관이 존재하지 않는다.

1) H_0: 계열상관 없음 H_a: 계열상관 존재
2) 5%
3) 만약 $nR^2 > \chi^c$이면, H_0 기각 (자유도 = 시차 적용된 잔차항의 수 = 1)
4) 0.023 < 3.84
5) H_0 기각하지 못함; 계열상관 없음

우리는 1949년~1999년의 ARIMA(2,1,1) 모형을 재추정한 이후 2000년~2013년의 외표본 동적예측을 고려한다. 이와 같은 예측은 1999년까지 *INFL*에 대한 실제 자료만을 사용한다는 의미에서 동적이다. 그 다음에는 모형에 기초한 *INFL* 예측값이 사용된다. 예를 들어 2010년 *INFL*을 예측하기 위해서는 2009년과 2008년의 *INFL*이 필요하며, 이 연도의 *INFL*은 실제값 대신 예측값을 사용한다. 우리는 이상의 방식으로 2013년 *INFL*에 대한 예측을 13년 앞당긴다.

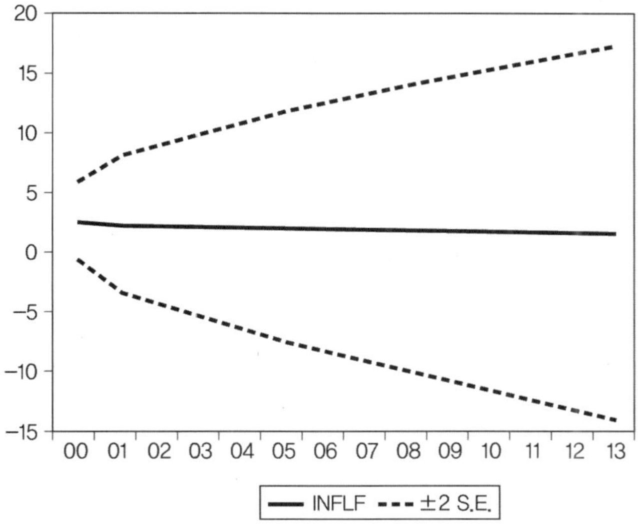

Forecast: INFLF	
Actual: INFL	
Forecast sample: 2000 2013	
Included observations: 13	
Root Mean Squared Error	1.081313
Mean Absolute Error	0.882391
Mean Abs. Percent Error	78.16469
Theil Inequality Coefficient	0.223936
Bias Proportion	0.139677
Variance Proportion	0.529827
Covariance Proportion	0.330496

따라서 외표본 동적예측은 내표본 정적예측보다 더 정확하게 나타난다. 비록 타일의 비율들이 동적예측보다 다소 나쁘다고 할지라도, 모든 정확성 측정들은 좋게 나타난다.

14.6 최대우도 절차

지금까지 우리는 ARIMA 모형에서 구조적 모수 값을 정확히 어떤 방법으로 구할 수 있는지에 대해 무시하였다. 우리의 일반적인 접근방식인 통상 최소제곱(OLS)은 오차항 제곱의 합을 최소화하므로 ARIMA 모형에서는 작동하지 않는다. 그 이유는 이동평균항(시차가 적용된 e_t)들에 사용될 값이 ARIMA 모형의 오차항(e_t)과 동시에 결정되기 때문이다.

우리는 방대한 양의 계산을 수행하기 위해 다행스럽게도 컴퓨터 소프트웨어를 쉽게 활용할 수 있다. ARIMA 모형에서 모수 결정을 위한 우수한 기법으로 “최대우도”(maximum likelihood) 절차가 알려져 있다. 이 절차는 $\sum e_t^2$을 최소화하는 모수 값을 선택한다. 이는 $\sum e_t^2$이 $\widehat{\beta_0}$, $\widehat{\beta_1}$, $\widehat{\beta_2}$ 및 $\widehat{\gamma_1}$ 값들에 의존하는 e_t에 의존하기 때문에 복잡한 작업이다. 또한 이 값들은 다시 e_t에 의존한다. 따라서 이 모든 값들($\widehat{\beta_0}$, $\widehat{\beta_1}$, $\widehat{\beta_2}$, $\widehat{\gamma_1}$, e_t)이 동시에 추정되어야 한다. 다음은 최대우도 절차가 이상의 절차를 어떻게 수행하는지 제시한다.

1) $\widehat{\beta_0}$, $\widehat{\beta_1}$, $\widehat{\beta_2}$ 및 $\widehat{\gamma_1}$에 대한 초기 값들을 선택한다. 일반적으로 예측자에게는 적절한 값들에 대한 단서가 없으므로 처음에는 모두 0.5와 같다고 설정된다. 어떤 경우에도 초기 값들의 선정은 임의적이다.
2) 초기 값들은 표본 기간에 대한 "예측"을 생성하는 데 사용된다. 우리는 표본 기간의 실제 *INFL* 자료를 가지고 있으므로 이들 예측의 정확성을 확인할 수 있다.
3) 모수의 값들은 최대우도 알고리즘(algorithm)에 따라 수정되어 제곱 예측오차의 합계를 줄인다.
4) 수정된 모수 추정량들을 갖고 (2)단계로 돌아간다.
5) 이 절차는 (3)단계에서 행한 모수 값들의 수정이 유의하지 않을 때 중지된다.

최대우도 절차는 *INFL* 값과 모형이 주어진 상황에서 가장 가능성이 높은 $\widehat{\beta_0}$, $\widehat{\beta_1}$, $\widehat{\beta_2}$ 및 $\widehat{\gamma_1}$ 값들을 산출한다.

14.7 마지막으로 생각할 사항들

경제 및 금융 시계열의 ARIMA 예측은 회귀분석이나 심지어 대규모 계량경제 모형들과 비교해 잘 실행된다. 이 모형은 미래를 예측하기 위해 과거를 사용하기 때문에 급격한 전환점은 거의 예측되지 않는다. 그러나 회귀분석이나 대규모 계량경제 모형들도 전환점을 잘 예측하지 못하기는 마찬가지이다.

우리는 ARIMA 예측에서 예측할 시계열을 제외하고는 별도의 자료가 필요하지 않다는 사실을 주목해야 한다. 이는 이 기법의 가장 큰 장점이며, 예측을 무한히 진행할 수 있게끔 한다. 우리는 단지 2012년까지의 *INFL* 자료를 가지고 있지만, 예측된 미래 값들을 사용해 시계열 자료를 확장할 수 있다. 다음은 2016년까지의 *INFL* 예측값들이다.

2013	2.419623
2014	2.446868
2015	2.297717
2016	2.278627

○ 용어정의

- ARIMA 모형 - 여러 번 차분될 수 있으며 자기회귀와 이동평균 항들을 사용하는 시계열 모형
- 자귀회귀 모형 - 시차를 가지는 종속변수를 설명변수로 사용하는 시계열 모형
- 상관관계 - 두 변수가 선형으로 관련되는 정도
- 상관도표 - 주어진 공간만큼 떨어진 관측값들 간의 상관관계를 나타내는 도표
- 1차 차분 - 시계열의 기간에서 기간까지 변화
- 누적 - 안정적인 시계열을 만들기 위해 1번 이상의 차분
- 최대우도 절차 - 회귀모형의 모수들을 추정하기 위한 절차
- 이동평균 항 - 설명변수로서 사용되는 회귀모형의 시차를 가지는 오차항
- 부분자기상관 - 관련되는 관측값들에 의해 설명되는 상관관계를 배제하고, 주어진 공간만큼 떨어진 시계열의 관측값들이 상관되어 있는 정도
- 부분상관도표 - 주어진 공간만큼 떨어진 관측값들에 대한 시계열의 부분자기상관을 나타내는 도표
- Q 통계량- 특정 시차까지 시계열의 자기상관 여부를 결정하기 위해 사용되는 검정
- 2차 차분- 시계열의 1차 차분의 기간에서 기간까지 변화
- 안정적 시계열- k 공간만큼 떨어진 관측값들 간의 일정한 평균, 분산 및 상관관계를 갖는 시계열(k는 임의의 정수)

14장 연습문제

1. 이뷰즈(Eviews)와 RGDP.XLS의 자료를 사용해 다음의 물음에 답하라.

A) $SP500$의 상관도표를 작성하라. $SP500$의 수준은 안정적인가? 그 이유를 설명하라.

풀이 안정적이지 않다. 자기상관이 영(0)으로 감쇠할 때까지 12시차가 걸린다.

B) $SP500$의 1차 차분에 대한 상관도표를 작성하라. $SP500$의 1차 차분은 안정적인가? 그 이유를 설명하라.

풀이 안정적이다. 자기상관은 6 시차까지 감쇠하지 않으며 유의하지도 않다.

C) 5단계 절차를 사용해 $SP500$의 수준에 대한 확장된 디키–플러 검정을 수행하라.

풀이 1) $H_0 : \beta_1 = 0$ ($SP500$은 불안정적) $H_a : \beta_1 < 0$ ($SP500$은 안정적)
2) 5%
3) 만약 $t-$통계량 $< -t^{c*}$이면, H_0 기각
4) $-0.464290 > -2.92$
5) H_0 기각하지 못함; $SP500$은 불안정적

D) 5단계 절차를 사용해 $SP500$의 1차 차분에 대한 확장된 디키–플러 검정을 수행하라.

풀이 1) $H_0 : \beta_1 = 0$ ($DSP500$은 불안정적) $H_a : \beta_1 < 0$ ($DSP500$은 안정적)
2) 5%
3) 만약 $t-$통계량 $< -t^{c*}$이면, H_0 기각
4) $-6.059915 < -2.92$
5) H_0 기각; $SP500$의 1차 차분은 안정적

E) $SP500$의 1차 차분을 이용해 분석을 수행할 때 어떤 종류의 모형이 상관도표와 부분상관도표의 패턴에 의해 제시되는가?

1) 오직 자기회귀
2) 오직 이동평균
3) 자기회귀와 이동평균

4) 시계열이 백색잡음이기 때문에 자기회귀와 이동평균 둘 다 아님

풀이 1) 오직 자기회귀, 3) 자기회귀와 이동평균

F) *SP*500의 1차 차분에 대해 적절히 설정한 ARIMA 모형을 찾아 그 결과를 ARIMA(?, 1, ?)에 기입하라.

풀이 ARIMA(4,1,3), ARIMA(1,1,2), ARIMA(2,1,4), ARIMA(4,1,2)는 모두 좋은 선택들이다.

• ARIMA(4,1,3)의 경우

Dependent Variable: D(SP500)
Method: Least Squares
Date: 04/17/13 Time: 12:29
Sample(adjusted): 1962 2012
Included observations: 51 after adjustments
Convergence achieved after 25 iterations
MA Backcast: 1959 1961

Variable	Coefficient	Std. Error	t-Statistic	Prob.
C	21.62865	10.94312	1.976461	0.0545
AR(1)	0.562303	0.139624	4.027275	0.0002
AR(2)	-0.982842	0.098802	-9.947580	0.0000
AR(3)	0.188724	0.169543	1.113134	0.2718
AR(4)	-0.589554	0.128169	-4.599823	0.0000
MA(1)	-0.099959	0.165587	-0.603662	0.5492
MA(2)	0.602995	0.135616	4.446346	0.0001
MA(3)	0.582075	0.167245	3.480373	0.0012
R-squared	0.595979	Mean dependent var		25.74667
Adjusted R-squared	0.530208	S.D. dependent var		103.4175
S.E. of regression	70.88374	Akaike info criterion		11.50306
Sum squared resid	216053.7	Schwarz criterion		11.80609
Log likelihood	-285.3280	Hannan-Quinn criter.		11.61886
F-statistic	9.061452	Durbin-Watson stat		1.922143
Prob(F-statistic)	0.000001			
Inverted AR Roots	0.55-0.80i	0.55+0.80i	-0.27-0.75i	-0.27+.075i
Inverted MA Roots	0.34-0.94i	0.34+0.94i	-0.58	

G) 여러분이 찾은 모형을 사용해 2012년 *SP*500(1차 차분 아님)의 내표본의 사후적 예측을 수행하고, 다음의 값들을 기입하라.
2012년 *SP*500의 예측값=
이 예측값의 표준오차 =
예측오차=

풀이 2012년 *SP*500의 예측값 = 1,345.760
이 예측값의 표준오차 = 75.43875
예측오차 = 1,379.350–1,345.760 = 33.590

H) 2013년~2016년의 *SP*500에 대한 외표본 예측을 수행하고, 그 결과를 제시하라.

풀이

	*SP*500 외표본 예측	SERF
2013	1,572.204	86.17779
2014	1,507.856	153.7650
2015	1,286.888	183.6600
2016	1,235.811	216.1574

I) 여러분은 이상의 예측을 얼마나 신뢰하는가? 그 이유를 설명하라.

풀이 *SP*500이 3년 동안 감소하고, SERF가 시간의 흐름에 따라 증가하기 때문에 신뢰하기 어렵다.

• ARIMA(1,1,2)의 경우

Dependent Variable: D(SP500)
Method: Least Squares
Date: 04/17/13 Time: 12:34
Sample(adjusted): 1959 2012
Included observations: 54 after adjustments
Convergence achieved after 21 iterations
MA Backcast: 1957 1958

Variable	Coefficient	Std. Error	*t*–Statistic	Prob.
C	33.45761	8.001003	4.181677	0.0001
AR(1)	0.808162	0.095152	8.493391	0.0000
MA(1)	−0.244147	0.114522	−2.131879	0.0380
MA(2)	−0.709669	0.107500	−6.601581	0.0000

R-squared	0.365131	Mean dependent var	24.68796
Adjusted R-squared	0.327039	S.D. dependent var	100.5541
S.E. of regression	82.48877	Akaike info criterion	11.73439
Sum squared resid	340219.9	Schwarz criterion	11.88172
Log likelihood	-312.8285	Hannan-Quinn criter.	11.79121
F-statistic	9.585482	Durbin-Watson stat	1.910677
Prob(F-statistic)	0.000042		
Inverted AR Roots	0.81		
Inverted MA Roots	0.97	-0.73	

G) 여러분이 찾은 모형을 사용해 2012년 *SP*500(1차 차분 아님)의 내표본의 사후적 예측을 수행하고, 다음의 값들을 기입하라.

2012년 *SP*500의 예측값=

이 예측값의 표준오차 =

예측오차=

풀이 2012년 *SP*500의 예측값 = 1,268.788

이 예측값의 표준오차 = 85.75823

예측오차 = 1,379.350 − 1,268.788 = 110.522

H) 2013년~2016년의 *SP*500에 대한 외표본 예측을 수행하고, 그 결과를 제시하라.

풀이

	*SP*500 외표본 예측	SERF
2013	1,489.380	87.77443
2014	1,506.258	163.4299
2015	1,526.317	205.2800
2016	1,548.946	234.1602

I) 여러분은 이상의 예측을 얼마나 신뢰하는가? 그 이유를 설명하라.

풀이 SERF가 시간의 흐름에 따라 크게 증가하기 때문에 신뢰하기 어렵다.

• ARIMA(2,1,4)의 경우

Dependent Variable: D(SP500)
Method: Least Squares
Date: 04/17/13 Time: 12:45
Sample(adjusted): 1960 2012
Included observations: 53 after adjustments
Convergence achieved after 50 iterations
MA Backcast: 1956 1959

Variable	Coefficient	Std. Error	t-Statistic	Prob.
C	23.55675	11.03544	2.134647	0.0382
AR(1)	1.007930	0.097226	10.36690	0.0000
AR(2)	-0.875699	0.098685	-8.873654	0.0000
MA(1)	-0.496056	0.153019	-3.241793	0.0022
MA(2)	0.353915	0.146511	2.415619	0.0197
MA(3)	0.491186	0.137388	3.575185	0.0008
MA(4)	-0.450775	0.149264	-3.019977	0.0041
R-squared	0.495684	Mean dependent var		24.94226
Adjusted R-squared	0.429904	S.D. dependent var		101.4989
S.E. of regression	76.63644	Akaike info criterion		11.63852
Sum squared resid	270164.6	Schwarz criterion		11.89875
Log likelihood	-301.4209	Hannan-Quinn criter.		11.73859
F-statistic	7.535442	Durbin-Watson stat		2.047301
Prob(F-statistic)	0.000012			
Inverted AR Roots	0.50+0.79i	0.50-0.79i		
Inverted MA Roots	0.60	0.34-0.91i	0.34+0.91i	-0.78

G) 여러분이 찾은 모형을 사용해 2012년 SP500(1차 차분 아님)의 내표본의 사후적 예측을 수행하고, 다음의 값들을 기입하라.

2012년 SP500의 예측값=

이 예측값의 표준오차 =

예측오차=

풀이 2012년 SP500의 예측값 = 1,388.922

이 예측값의 표준오차 = 86.25280

예측오차 = 1,379.350−1,388.922 = −9.572

H) 2013년~2016년의 $SP500$에 대한 외표본 예측을 수행하고, 그 결과를 제시하라.

풀이

	$SP500$ 외표본 예측	SERF
2013	1,503.993	88.87085
2014	1,430.838	161.5567
2015	1,295.824	205.3845
2016	1,248.558	237.7782

I) 여러분은 이상의 예측을 얼마나 신뢰하는가? 그 이유를 설명하라.

풀이 SERF가 시간의 흐름에 따라 크게 증가하기 때문에 신뢰하기 어렵다.

2. 이뷰즈와 RGDP.XLS의 자료를 사용해 다음의 물음에 답하라.

A) CPI의 상관도표를 작성하라. CPI의 수준은 안정적인가? 그 이유를 설명하라.

B) CPI의 1차 차분에 대한 상관도표를 작성하라. CPI의 1차 차분은 안정적인가? 그 이유를 설명하라.

C) 5단계 절차를 사용해 CPI의 수준에 대한 확장된 디키-플러 검정을 수행하라.

D) 5단계 절차를 사용해 CPI의 1차 차분에 대한 확장된 디키-플러 검정을 수행하라.

E) CPI의 1차 차분을 이용해 분석을 수행할 때 어떤 종류의 모형이 상관도표와 부분상관도표의 패턴에 의해 제시되는가?

1) 오직 자기회귀

2) 오직 이동평균

3) 자기회귀와 이동평균

4) 시계열이 백색잡음이기 때문에 자기회귀와 이동평균 둘 다 아님

F) CPI의 2차 차분에 대해 적절히 설정한 ARIMA 모형을 찾아 그 결과를 ARIMA(?, 2, ?)에 기입하라.

G) 여러분이 찾은 모형을 사용해 2012년 CPI(1차 차분 아님)의 내표본의 사후적 예측을 수행하고, 다음의 값들을 기입하라.

2012년 CPI의 예측값=

이 예측값의 표준오차 =

예측오차=

H) 2013년~2016년의 CPI에 대한 외표본 예측을 수행하고, 그 결과를 제시하라.

I) 여러분은 이상의 예측을 얼마나 신뢰하는가? 그 이유를 설명하라.

13장과 14장 자체평가

1. 다음의 문장들이 참 혹은 거짓인지 판별하라.

A) 다중회귀모형에서 내표본 점 예측의 표준오차를 계산하기 위해 다음의 식을 사용한다.

$$SERF = SER\sqrt{1+\frac{1}{n}+\frac{(X_f-\overline{X})}{\sum(X_i-\overline{X})^2}}$$

풀이 거짓

B) 전체 표본기간 동안 내표본 회귀모형의 예측에서 타일의 편의 비율은 항상 영(0)이다.

풀이 참

C) 사전적 예측은 내표본에서 수행할 수 없다. **풀이** 참

D) OLS를 사용해 ARIMA (2,1,0)의 추정이 가능하다. **풀이** 참

E) ARIMA (3,1,2) 모형은 예측 기간이 2011년~2015년이 아니라 2010년~2015년이면 다른 동적 예측값을 산출한다. **풀이** 참

F) t 시점까지 자료를 가진 대규모 계량경제 모형을 사용해 $t+1$과 $t+2$ 기간에 대한 사전적, 외표본, 점 예측을 수행하기 위해서는 $t+1$과 $t+2$ 기간의 외생변수에 대한 값들을 가정해야 한다. **풀이** 참

G) 만약 회귀모형에 계열상관이 존재한다면, 이 회귀모형에 기초한 예측값들은 오차항들 간의 관계를 활용해 개선할 수 있다. **풀이** 참

H) ARIMA 모형을 설정하고 예측을 수행하기 위해서는 예측할 시계열 이외의 다른 자료는 필요하지 않다. **풀이** 참

I) 일단 시계열이 확률보행으로 설정되면, 시계열 예측을 위한 회귀모형의 설정은 무의미하다. **풀이** 참

J) 표류(drift)가 있는 확률보행은 추세를 가진 시계열이다. **풀이** 거짓

2. 이뷰즈와 TC.XLS의 자료를 사용해 다음의 물음에 답하라.

A) 지난 5개월 간의 자료를 제외한 모든 자료를 사용해 *TC*에 대한 선형 추세를 적합시켜라. 지난 5개월 간의 자료에 대한 외표본 사후적 예측을 수행하라. 다섯 가지 예측값들에 기초해 다음을 기입하라.

i) RMSE=
ii) MAD=
iii) MAPE=
iv) 타일 U=
v) 2012년 12월 TC의 점 예측값=
vi) 예측오차=
vii) 이 예측값의 표준오차(SERF)=
viii) 점 예측값의 95% 신뢰구간=

풀이 i) RMSE = 1.07
ii) MAD = 0.926
iii) MAPE = 0.57%
iv) 타일 U = 0.003
v) 2012년 12월 TC의 점 예측값 = 162.76
vi) 예측오차 = 163.28 − 162.76 = 0.52
vii) 이 예측값의 표준오차(SERF) = 4.78
viii) 점 예측값의 95% 신뢰구간 = 162.76− / +4.78 (1.97) 자유도 = 331 − 2 = 329
153.34~172.18

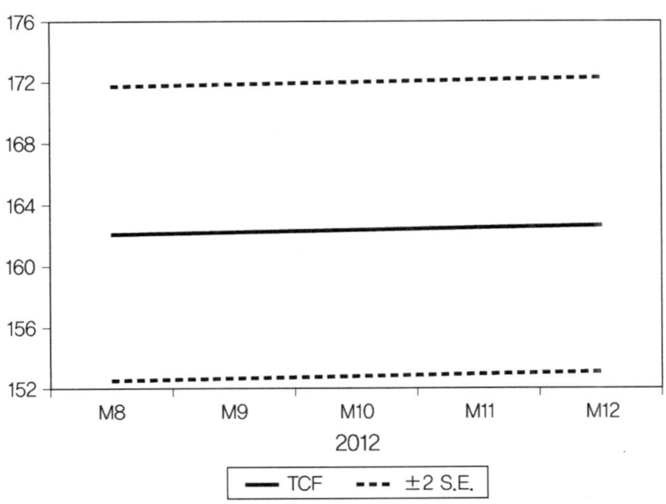

Forecast: TCF	
Actual: TC	
Forecast sample: 2012M08 2012M12	
Included observations: 5	
Root Mean Squared Error	1.071402
Mean Absolute Error	0.925672
Mean Abs. Percent Error	0.565472
Theil Inequality Coefficient	0.003289
Bias Proportion	0.746464
Variance Proportion	0.139955
Covariance Proportion	0.113580

B) 지난 5개월 간의 자료를 제외한 모든 자료를 사용해 *TC*에 대한 증가율 추세선을 적합시켜라. 지난 5개월 간의 자료에 대한 외표본 사후적 예측을 수행하라. 다섯 가지 예측값들에 기초해 다음을 기입하라.

i) RMSE=

ii) MAD=

iii) MAPE=

iv) 타일 U=

v) 2012년 12월 TC의 점 예측값=

vi) 예측오차=

vii) 이 예측값의 표준오차(SERF)=

viii) 점 예측값의 95% 신뢰구간=

풀이 i) RMSE = 1.47

ii) MAD = 1.37

iii) MAPE = 0.84%

iv) 타일 U = 0.004

v) 2012년 12월 TC의 점 예측값 = 165.14

vi) 예측오차 = −1.86

vii) 이 예측값의 표준오차(SERF) = 6.55

viii) 점 예측값의 95% 신뢰구간 = 165.14− /+6.55 (1.97) 자유도 = 331 − 2 = 329

152.24~178.04

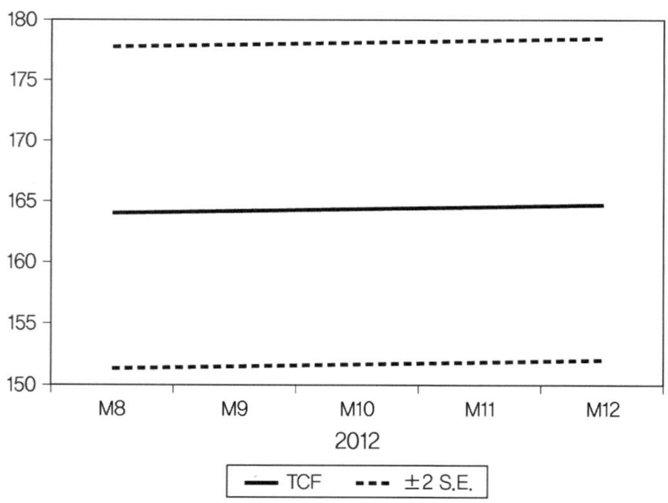

Forecast: TCF	
Actual: TC	
Forecast sample: 2012M08 2012M12	
Included observations: 5	
Root Mean Squared Error	1.472520
Mean Absolute Error	1.373920
Mean Abs. Percent Error	0.842192
Theil Inequality Coefficient	0.004488
Bias Proportion	0.870564
Variance Proportion	0.054731
Covariance Proportion	0.074705

C) 만약 여러분이 사전적, 외표본 및 점 예측을 수행하였다면, 이상의 두 모형 중 어떤 모형을 선택해야 하는가? 그 이유를 설명하라.

풀이 선형 추세를 적합시킨 첫 번째 모형이 선택된다. 왜냐하면 첫 번째 모형이 예측 정확성의 모든 측정에서 우수하기 때문이다.

D) 1985년 1월~2012년 12월의 자료를 사용해 이상의 C)에서 선택한 모형을 재추정하라. 이 모형을 사용해 2013년 12개월 동안의 외표본 점 예측을 수행하고, 예측값들을 제시하라.

풀이

2013M01	162.9801
2013M02	163.1454
2013M03	163.3107
2013M04	163.4760
2013M05	163.6413
2013M06	163.8066
2013M07	163.9719
2013M08	164.1372
2013M09	164.3025
2013M10	164.4678
2013M11	164.6331
2013M12	164.7984

3. 이뷰즈와 WHYZEE.XLS의 자료를 사용해 다음의 물음에 답하라.

A) WHY는 확률보행, 표류가 있는 확률보행 혹은 둘 중 아무것도 따르지 않는가? 여러분은 어떻게 결론에 도달하였는지 설명하라.

풀이 어떤 검정이 수행되느냐에 따라 다른 결론에 도달한다.
확률보행 — 자기회귀 모형에서 β_1이 통계적으로 1과 다르지 않고, β_0이 통계적으로 0과 다르지 않기 때문이다: $WHY_t = \widehat{\beta_0} + \widehat{\beta_1} WHY_{t-1} + e_t$

1) $H_0 : \beta_1 = 1 \qquad H_a : \beta_1 \neq 1$

2) 5%

3) 만약 $|t-\text{통계량}| > t^{c^*}$이면, H_0 기각

4) 1.455 $<$ 2.026 (자유도 = $n-k$ = 39 − 2 = 37); (t−통계량 = (1.016 − 1)/0.011 = 1.455)

5) H_0 기각하지 못함; β_1은 1과 유의하게 다르지 않음

아무것도 따르지 않음 — 선형 추세 회귀모형에서 β_1은 0과 유의하게 다르기 때문이다: $WHY_t = \widehat{\beta}_0 + \widehat{\beta}_1 time_t + e_t$

확률보행 — $WHY_t = \widehat{\beta}_0 + \widehat{\beta}_1 WHY_{t-1} + \widehat{\beta}_2 time_t + e_t$에서 β_1은 1과 유의하게 다르지 않으며, β_0와 β_2는 0과 유의하게 다르지 않기 때문이다.

아무것도 따르지 않음 — $WHY_t = \widehat{\beta}_0 + \widehat{\beta}_1 WHY_{t-1} + \widehat{\beta}_2 WHY_{t-2} + e_t$에서 $\widehat{\beta}_2 \neq 0$이기 때문이다.

B) 이상의 답변을 바탕으로 2013년~2020년의 WHY 예측을 수행하라.

풀이 확률보행 예측값

2013	24.216
2014	24.216
2015	24.216
2016	24.216
2017	24.216
2018	24.216
2019	24.216
2020	24.216

선형 추세 예측값

2013	23.30193
2014	23.66017
2015	24.01841
2016	24.37665
2017	24.73489
2018	25.09313
2019	25.45136
2020	25.80960

C) ZEE는 확률보행, 표류가 있는 확률보행 혹은 둘 중 아무것도 따르지 않는가? 여러분은 어떻게 결론에 도달하였는지 설명하라.

풀이 어떤 검정이 수행되느냐에 따라 다른 결론에 도달한다.
확률보행 — 자기회귀 모형에서 β_1이 통계적으로 1과 다르지 않고, β_0이 통계적으로 0과 다르지 않기 때문이다: $ZEE_t = \widehat{\beta}_0 + \widehat{\beta}_1 ZEE_{t-1} + e_t$

확률보행 — 선형 추세 회귀모형에서 β_1은 0과 유의하게 다르지 않기 때문이다:
$ZEE_t = \widehat{\beta_0} + \widehat{\beta_1} time_t + e_t$
확률보행 — $ZEE_t = \widehat{\beta_0} + \widehat{\beta_1} ZEE_{t-1} + \widehat{\beta_2} time_t + e_t$에서 β_1은 1과 유의하게 다르지 않으며, β_0와 β_2는 0과 유의하게 다르지 않기 때문이다.
아무것도 따르지 않음 — $ZEE_t = \widehat{\beta_0} + \widehat{\beta_1} ZEE_{t-1} + \widehat{\beta_2} ZEE_{t-2} + e_t$에서 $\widehat{\beta_2} \neq 0$이기 때문이다.

D) 이상의 답변을 바탕으로 2013년~2020년의 ZEE 예측을 수행하라.

풀이 확률보행 예측값

2013	1.282
2014	1.282
2015	1.282
2016	1.282
2017	1.282
2018	1.282
2019	1.282
2020	1.282

$ZEE_t = \widehat{\beta_0} + \widehat{\beta_1} ZEE_{t-1} + \widehat{\beta_2} ZEE_{t-2} + e_t$에 기초한 예측값

2013	0.027058
2014	0.027050
2015	0.027046
2016	0.027046
2017	0.027047
2018	0.027050
2019	0.027052
2020	0.027054

참고문헌

- Andersen, Leonall C., and Jordan, Jerry L. 1969. "Monetary and Fiscal Actions: A Test of Their Relative Importance in Economic Stabilization." *Federal Reserve Bank of St. Louis Review* 51(4): 12–16.
- Box, George, and Jenkins, Gwilym. 1970. *Time Series Analysis: Forecasting and Control*. San Francisco: Holden-Day.
- Breusch, T. S. 1978. "Testing for Autocorrelation in Dynamic Linear Models." *Australian Economic Papers* 17: 334–355.
- Caudill, Steven. 1990. "Econometrics in Theory and Practice." *Eastern Economic Journal* 16(3): 249–256.
- Dasgupta, S., Laplante, B., Wang, H., and Wheeler, D. 2002. "Confronting the Environmental Kuznets Curve." *Journal of Economic Perspectives* 16(1): 147–168.
- Dickey, D. A., and Fuller, W. A. 1979. "Distribution of the Estimators for Autoregressive Time Series with a Unit Root." *Journal of the American Statistical Association* 74: 427–431.
- Durbin, J. 1970. "Testing for Serial Correlation in Least-Squares Regression When Some of the Regressors Are Lagged Dependent Variables." *Econometrica* 38: 410–421.
- Durbin, J., and Watson, G. S. 1951. "Testing for Serial Correlation in Least-Squares Regression." *Biometrika* 38: 159–177.
- Godfrey, L. G. 1978. "Testing against General Autoregressive and Moving Average Error Models When the Regressors Include Lagged Dependent Variables." *Econometrica* 46: 1293–1302.
- Granger, C. W. J. 1969. "Investigating Causal Relations by Econometric Models and Cross Spectral Methods." *Econometrica* 37: 24–36.
- Keynes, John Maynard. 1936. *The General Theory of Employment, Interest, and Money*. New York: Macmillan.
- Koyck, L. M. 1954. *Distributed Lags and Investment Analysis*. Amsterdam: North-Holland Publishing Company.

- Leamer, Edward. 1983. "Let's Take the Con Out of Econometrics." *American Economic Review* 73(1): 31–43.
- Levitt, Steven D., and Dubner, Stephen J. 2009. *Freakonomics: A Rogue Economist Explores the Hidden Side of Everything*. New York: Harper Perennial.
- Ljung, G. M., and Box, G. E. P. 1978. "On a Measure of a Lack of Fit in Time Series Models." *Biometrika* 65(2): 297–303.
- Marshall, Alfred. 1890. *Principles of Economics*. London: Macmillan.
- Newey, W. K., and West, K. D. 1987. "A Simple, Positive Semi-Definite Heteroskedasticity and Autocorrelation Consistent Covariance Matrix." *Econometrica* 55(3): 703–708.
- Okun, Arthur M. 1962. "Potential GNP: Its Measurement and Significance." *Proceedings of the Business and Economic Statistics Section of the American Statistical Association*, 89–104.
- Park, R. E. 1966. "Estimation with Heteroscedastic Error Terms." *Econometrica* 34(4): 888.
- Ramsey, J. B. 1969. "Tests of Specification Errors in Classical Linear Least Squares Regression Analysis." *Journal of the Royal Statistical Society, Series B* 31: 350–371.
- Spector, Lee C., and Mazzeo, Michael. 1980. "Probit Analysis and Economic Education." *Journal of Economic Education* 11(2): 37–44.
- Theil, Henri. 1971. *Principles of Econometrics*. New York: Wiley.
- White, H. 1980. "A Heteroskedasticity Consistent Covariance Matrix Estimator and a Direct Test of Heteroskedasticity." *Econometrica* 48(4): 817–818.

임계값 통계표

t-분포의 임계값

아래 그림에 표시된 바와 같이 표의 맨 위에 주어진 영역은 표 내부의 t-값(t-통계량)에 대한 오른쪽 꼬리 영역이다. 만약 자유도가 6이고 5% 임계수준에서 단측검정을 수행하면, t^c는 5% 열과 여섯 번째 행(자유도 = 6)에 해당하는 1.943이 된다. 또한 자유도가 6이고 5% 임계수준에 대한 양측검정의 경우 t^c는 2.5% 열과 여섯 번째 행에 해당하는 2.447이다.

자유도	10%	5%	2.5%	1%
1	3.078	6.314	12.71	31.82
2	1.886	2.920	4.303	6.965
3	1.638	2.353	3.182	4.541
4	1.533	2.132	2.776	3.747
5	1.476	2.015	2.571	3.365
6	1.440	1.943	2.447	3.143
7	1.415	1.895	2.365	2.998
8	1.397	1.860	2.306	2.896
9	1.383	1.833	2.262	2.821
10	1.372	1.812	2.228	2.764
11	1.363	1.796	2.201	2.718
12	1.356	1.782	2.179	2.681
13	1.350	1.771	2.160	2.650
14	1.345	1.761	2.145	2.624
15	1.341	1.753	2.131	2.602
16	1.337	1.746	2.120	2.583
17	1.333	1.740	2.110	2.567
18	1.330	1.734	2.101	2.552
19	1.328	1.729	2.093	2.539
20	1.325	1.725	2.086	2.528
21	1.323	1.721	2.080	2.518
22	1.321	1.717	2.074	2.508
23	1.319	1.714	2.069	2.500
24	1.318	1.711	2.064	2.492
25	1.316	1.708	2.060	2.485
26	1.315	1.706	2.056	2.479
27	1.314	1.703	2.052	2.473
28	1.313	1.701	2.048	2.467
29	1.311	1.699	2.045	2.462
30	1.310	1.697	2.042	2.457
40	1.303	1.684	2.021	2.423
50	1.295	1.676	2.009	2.403
60	1.296	1.671	2.000	2.390
80	1.292	1.664	1.990	2.374
100	1.290	1.660	1.984	2.364
1000	1.282	1.646	1.962	2.330
∞	1.282	1.640	1.960	2.326

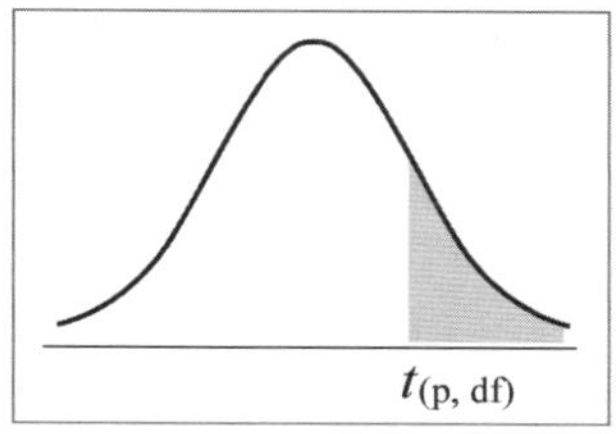

F-분포의 임계값(5%)

아래 표는 5% 유의수준에서 F 분포의 임계값을 제시한다. 예를 들어 분자의 자유도는 3, 분모의 자유도가 25인 F 임계값(F^c)는 2.99이다.

분자의 자유도	분모의 자유도										
	1	2	3	4	5	6	7	8	12	24	∞
5	6.61	5.79	5.41	5.19	5.05	4.95	4.88	4.82	4.68	4.53	4.37
6	5.99	5.14	4.76	4.53	4.39	4.28	4.21	4.15	4.00	3.84	3.67
7	5.59	4.74	4.35	4.12	3.97	3.87	3.79	3.73	3.57	3.41	3.23
8	5.32	4.46	4.07	3.84	3.69	3.58	3.50	3.44	3.28	3.12	2.93
9	5.12	4.26	3.86	3.63	3.48	3.37	3.29	3.23	3.07	2.90	2.71
10	4.96	4.10	3.71	3.48	3.33	3.22	3.14	3.07	2.91	2.74	2.54
11	4.84	3.98	3.59	3.36	3.20	3.09	3.01	2.95	2.79	2.61	2.41
12	4.75	3.89	3.49	3.26	3.11	3.00	2.91	2.85	2.69	2.51	2.30
13	4.67	3.81	3.41	3.18	3.03	2.92	2.83	2.77	2.60	2.42	2.21
14	4.60	3.74	3.34	3.11	2.96	2.85	2.76	2.70	2.53	2.35	2.13
15	4.54	3.68	3.29	3.06	2.90	2.79	2.71	2.64	2.48	2.29	2.07
16	4.49	3.63	3.24	3.01	2.85	2.74	2.66	2.59	2.42	2.24	2.01
17	4.45	3.59	3.20	2.96	2.81	2.70	2.61	2.55	2.38	2.19	1.96
18	4.41	3.55	3.16	2.93	2.77	2.66	2.58	2.51	2.34	2.15	1.92
19	4.38	3.52	3.13	2.90	2.74	2.63	2.54	2.48	2.31	2.11	1.88
20	4.35	3.49	3.10	2.87	2.71	2.60	2.51	2.45	2.28	2.08	1.84
21	4.32	3.47	3.07	2.84	2.68	2.57	2.49	2.42	2.25	2.05	1.81
22	4.30	3.44	3.05	2.82	2.66	2.55	2.46	2.40	2.23	2.03	1.78
23	4.28	3.42	3.03	2.80	2.64	2.53	2.44	2.37	2.20	2.01	1.76
24	4.26	3.40	3.01	2.78	2.62	2.51	2.42	2.23	2.18	1.98	1.73
25	4.24	3.39	2.99	2.76	2.60	2.49	2.40	2.34	2.16	1.96	1.71
26	4.23	3.37	2.98	2.74	2.59	2.47	2.39	2.32	2.15	1.95	1.69
27	4.21	3.35	2.96	2.73	2.57	2.46	2.37	2.31	2.13	1.93	1.67
28	4.20	3.34	2.95	2.71	2.56	245	2.36	2.29	2.12	1.91	1.66
29	4.18	3.33	2.93	2.70	2.55	2.43	2.35	2.28	2.10	1.90	1.64
30	4.17	3.32	2.92	2.69	2.53	2.42	2.33	2.27	2.09	1.89	1.62
40	4.08	3.23	2.84	2.61	2.45	2.34	2.25	2.18	2.00	1.79	1.51
60	4.00	3.15	2.76	2.53	2.37	2.25	2.17	2.10	1.92	1.70	1.39
80	3.96	3.11	2.72	2.49	2.33	2.21	2.13	2.06	1.88	1.65	1.33
100	3.94	3.09	2.70	2.46	2.31	2.19	2.10	2.03	1.85	1.63	1.28
120	3.92	3.07	2.68	2.45	2.29	2.18	2.09	2.02	1.83	1.61	1.26
∞	3.84	3.00	2.61	2.37	2.22	2.10	2.01	1.94	1.74	1.52	1.00

χ^2-분포의 임계값 (5%)

자유도	10%	5%	1%
1	2.71	3.84	6.63
2	4.61	5.99	9.21
3	6.25	7.81	11.34
4	7.78	9.49	13.23
5	9.24	11.07	15.09
6	10.64	12.53	16.81
7	12.02	14.07	18.48
8	13.36	15.51	20.09
9	14.68	16.92	21.67
10	15.99	18.31	23.21
11	17.29	19.68	24.72
12	18.55	21.03	26.22
13	19.81	22.36	27.69
14	21.06	23.68	29.14
15	22.31	25.00	30.58
16	23.54	26.30	32.00
17	24.77	27.59	33.41
18	25.99	28.87	34.81
19	27.20	30.14	36.19
20	28.41	31.41	37.57
21	29.62	39.67	38.93
22	30.81	33.92	40.29
23	32.01	35.17	41.64
24	33.20	36.42	42.98
25	34.38	37.65	44.31
26	35.56	38.89	45.64
27	36.74	40.11	46.96
28	37.92	41.34	48.28
29	39.09	42.56	49.59
30	40.26	43.77	50.89
40	51.81	55.76	63.69
50	63.17	67.50	76.15
60	74.40	79.08	88.38
80	96.58	101.90	112.30
100	118.50	124.30	135.80

더빈-왓슨 통계량 (유의수준 5%)

k=구조적 모수의 수, n=관측값의 수

n	k=2		k=3		k=4		k=5		k=6	
	d_L	d_U	d_L	d_U	d_L	d_U	d_L	d_U	d_L	d_U
8	0.76	1.33	0.56	1.78	0.37	2.29				
9	0.82	1.32	0.63	1.70	0.46	2.13	0.30	2.59		
10	0.88	1.32	0.70	1.64	0.53	2.02	0.38	2.41	0.24	2.82
11	0.93	1.32	0.66	1.60	0.60	1.93	0.44	2.28	0.32	2.65
12	0.97	1.33	0.81	1.57	0.66	1.86	0.51	2.18	0.38	2.51
13	1.01	1.34	0.86	1.56	0.72	1.82	0.57	2.09	0.45	2.39
14	1.05	1.35	0.91	1.55	0.77	1.78	0.63	2.03	0.51	2.30
15	1.08	1.36	0.95	1.54	0.82	1.75	0.69	1.97	0.56	2.21
16	1.10	1.37	0.98	1.54	0.86	1.73	0.74	1.93	0.62	2.15
17	1.13	1.38	1.02	1.54	0.90	1.71	0.78	1.90	0.67	2.10
18	1.16	1.39	1.05	1.53	0.93	1.69	0.92	1.87	0.71	2.06
19	1.18	1.40	1.08	1.53	0.97	1.68	0.86	1.85	0.75	2.02
20	1.20	1.41	1.10	1.54	1.00	1.68	0.90	1.83	0.79	1.99
21	1.22	1.42	1.13	1.54	1.03	1.67	0.93	1.81	0.83	1.96
22	1.24	1.43	1.15	1.54	1.05	1.66	0.96	1.80	0.96	1.94
23	1.26	1.44	1.17	1.54	1.05	1.66	0.99	1.79	0.90	1.92
24	1.27	1.45	1.19	1.55	1.10	1.66	1.01	1.78	0.93	1.90
25	1.29	1.45	1.21	1.55	1.12	1.66	1.04	1.77	0.95	1.89
26	1.30	1.46	1.22	1.55	1.14	1.65	1.06	1.76	0.98	1.88
27	1.32	1.47	1.24	1.56	1.16	1.65	1.08	1.76	1.01	1.86
28	1.33	1.48	1.26	1.56	1.18	1.65	1.10	1.75	1.03	1.85
29	1.34	1.48	1.27	1.56	1.20	1.65	1.12	1.74	1.05	1.84
30	1.35	1.49	1.28	1.57	1.21	1.65	1.14	1.74	1.07	1.83
31	1.36	1.50	1.30	1.57	1.23	1.65	1.16	1.74	1.09	1.83
32	1.37	1.50	1.31	1.57	1.24	1.65	1.18	1.73	1.11	1.82
33	1.38	1.51	1.32	1.58	1.26	1.65	1.19	1.73	1.13	1.81
34	1.39	1.51	1.33	1.58	1.27	1.65	1.21	1.73	1.15	1.81
35	1.40	1.52	1.34	1.58	1.28	1.65	1.22	1.73	1.16	1.80
36	1.41	1.52	1.35	1.59	1.29	1.65	1.24	1.73	1.18	1.80
37	1.42	1.53	1.36	1.59	1.31	1.66	1.25	1.72	1.19	1.80
38	1.43	1.54	1.37	1.59	1.32	1.66	1.26	1.72	1.21	1.79
39	1.43	1.54	1.38	1.60	1.33	1.66	1.27	1.72	1.22	1.79
40	1.44	1.54	1.39	1.60	1.34	1.67	1.29	1.72	1.23	1.79
45	1.48	1.57	1.43	1.62	1.38	1.67	1.34	1.72	1.29	1.78
50	1.50	1.59	1.46	1.63	1.42	1.68	1.38	1.72	1.34	1.77
55	1.53	1.60	1.49	1.64	1.45	1.69	1.41	1.72	1.38	1.77
60	1.55	1.62	1.51	1.65	1.48	1.70	1.44	1.73	1.41	1.77
65	1.57	1.63	1.54	1.66	1.50	1.70	1.47	1.73	1.44	1.77
70	1.58	1.64	1.55	1.67	1.52	1.71	1.49	1.74	1.46	1.77
75	1.60	1.65	1.57	1.68	1.54	1.72	1.51	1.74	1.49	1.77
80	1.61	1.66	1.59	1.69	1.56	1.72	1.53	1.74	1.51	1.77
85	1.62	1.67	1.60	1.70	1.57	1.73	1.55	1.75	1.52	1.77
90	1.63	1.68	1.61	1.70	1.59	1.73	1.57	1.75	1.54	1.78
95	1.64	1.69	1.62	1.71	1.60	1.73	1.58	1.75	1.56	1.78
100	1.65	1.69	1.63	1.72	1.61	1.74	1.59	1.76	1.57	1.78
150	1.72	1.75	1.71	1.76	1.19	1.77	1.69	1.79	1.66	1.80
200	1.76	1.78	1.75	1.79	1.74	1.80	1.73	1.81	1.72	1.82

더빈-왓슨 통계량 (유의수준 5%)

k=구조적 모수의 수, n=관측값의 수

n	k=7		k=8		k=9		k=10		k=11	
	d_L	d_U	d_L	d_U	d_L	d_U	d_L	d_U	d_L	d_U
11	0.20	3.01								
12	0.27	2.83	0.17	3.15						
13	0.33	2.70	0.23	2.99	0.15	3.27				
14	0.39	2.57	0.29	2.85	0.20	3.11	0.13	3.36		
15	0.45	2.47	0.34	2.73	0.25	2.98	0.18	3.22	0.11	3.44
16	0.50	2.39	0.40	2.62	0.30	2.86	0.22	3.09	0.16	3.30
17	0.55	2.32	0.45	2.54	0.36	2.76	0.27	2.98	0.20	3.18
18	0.60	2.26	0.50	2.47	0.41	2.67	0.22	2.87	0.24	3.07
19	0.65	2.21	0.55	2.40	0.46	2.59	0.37	2.78	0.29	2.97
20	0.69	2.16	0.60	2.34	0.50	2.52	0.42	2.70	0.34	2.89
21	0.73	2.12	0.64	2.30	0.55	2.46	0.46	2.63	0.38	2.81
22	0.77	2.09	0.68	2.25	0.59	2.41	0.51	2.57	0.42	2.73
23	0.80	2.06	0.72	2.21	0.63	2.36	0.55	2.51	0.47	2.67
24	0.84	2.04	0.75	2.17	0.67	2.32	0.58	2.46	0.51	2.61
25	0.87	2.01	0.78	2.14	0.70	2.28	0.62	2.42	0.54	2.56
26	0.90	1.99	0.82	2.12	0.74	2.24	0.66	2.38	0.58	2.51
27	0.93	1.97	0.85	2.09	0.77	2.22	0.69	2.34	0.62	2.47
28	0.95	1.96	0.87	2.07	0.80	2.19	0.72	2.31	0.65	2.43
29	0.98	1.94	0.90	2.05	0.83	2.16	0.75	2.28	0.68	2.40
30	1.00	1.93	0.93	2.03	0.85	2.14	0.78	2.25	0.71	2.36
31	1.02	1.92	0.95	2.02	0.88	2.12	0.81	2.23	0.74	2.33
32	1.04	1.91	0.97	2.00	0.90	2.10	0.84	2.20	0.77	2.31
33	1.06	1.90	0.99	1.99	0.93	2.09	0.86	2.18	0.80	2.28
34	1.08	1.89	1.02	1.98	0.95	2.07	0.89	2.16	0.82	2.26
35	1.10	1.88	1.03	1.97	0.97	2.05	0.91	2.14	0.85	2.24
36	1.11	1.88	1.05	1.96	0.99	2.04	0.93	2.13	0.87	2.22
37	1.13	1.87	1.07	1.95	1.01	2.03	0.95	2.11	0.89	2.20
38	1.50	1.86	1.09	1.94	1.03	2.02	0.97	2.10	0.91	2.18
39	1.16	1.86	1.10	1.93	1.05	2.01	0.99	2.09	0.93	2.16
40	1.18	1.85	1.12	1.92	1.06	2.00	1.01	2.07	0.95	2.15
45	1.24	1.84	1.19	1.90	1.14	1.96	1.09	2.02	1.04	2.09
50	1.29	1.82	1.25	1.88	1.20	1.93	1.16	1.99	1.11	2.04
55	1.33	1.81	1.29	1.86	1.25	1.91	1.21	1.96	1.17	2.01
60	1.37	1.81	1.34	1.85	1.30	1.89	1.26	1.94	1.22	1.98
65	1.40	1.81	1.37	1.84	1.34	1.88	1.30	1.92	1.27	1.96
70	1.43	1.80	1.40	1.84	1.37	1.87	1.34	1.91	1.31	1.95
75	1.46	1.80	1.43	1.83	1.40	1.87	1.367	1.90	1.34	1.94
80	1.48	1.80	1.45	1.83	1.43	1.86	1.40	1.89	1.37	1.93
85	1.50	1.80	1.47	1.83	1.49	1.86	1.42	1.89	1.40	1.92
90	1.52	1.80	1.49	1.83	1.47	1.85	1.45	1.88	1.42	1.91
95	1.54	1.80	1.51	1.83	1.49	1.85	1.46	1.88	1.44	1.90
100	1.55	1.80	1.53	1.83	1.50	1.85	1.48	1.87	1.46	1.90
150	1.65	1.82	1.64	1.83	1.62	1.85	1.60	1.86	1.59	1.88
200	1.71	1.83	1.70	1.84	1.69	1.85	1.68	1.86	1.67	1.87

찾아보기